不要怕学不会，只要决心认真学
不要怕起步晚，只要从现在开始
不要怕小麻烦，否则会有大麻烦

李飞／著

散户制胜宝典

THE BIBLE OF RETAIL INVESTOR

华夏出版社

图书在版编目(CIP)数据

散户制胜宝典/李飞著.－北京:华夏出版社,2009.1
ISBN 978－7－5080－4849－9

Ⅰ.散… Ⅱ.李… Ⅲ.股票－证券投资－基本知识 Ⅳ.F830.91

中国版本图书馆 CIP 数据核字(2008)第 151913 号

散户制胜宝典

李 飞 著

出版发行:	华夏出版社
	(北京市东直门外香河园北里 4 号 邮编:100028)
经　　销:	新华书店
印　　刷:	北京建筑工业印刷厂
装　　订:	三河市兴达印务有限公司
版　　次:	2009 年 1 月北京第 1 版
	2009 年 4 月北京第 3 次印刷
开　　本:	787×1092　1/16 开
印　　张:	16.5
字　　数:	300 千字
插　　页:	2
定　　价:	32.00 元

本版图书凡印刷、装订错误,可及时向我社发行部调换

目　录

第1章　理念篇　001

第1节　投资理念概述　003

当我们选择并步入股市之中，准备在这个高风险的市场里进行搏弈，并想做一名成功者的时候，首先必备的条件就是："树立正确的投资理念！"

第2节　明确投资目的　004

投资股市，是一种高风险伴随高收益的投资行为，闭着眼睛，带着一副挨打的架势，就想暴富，还不想承担风险，你投资的目的能实现吗？

第3节　如何树立正确的投资理念　005

股票市场有个"七二一"铁律，即七个人赔，两个人平，一个人赚。为什么叫铁律？就是因为它历经几百年也没有被打破。它告诉我们，正确的投资理念必定基于充分认识市场的风险。

第2章　心态篇　009

第1节　心态对投资行为的影响　011

决定成败胜负的，不一定是一个人的技术水平，而是一个人的心态。当一个人患得患失，心有所虑的时候，他所有的经验和技术水平都不能得到很好地发挥。

第2节　投资大众心态透视　012

在股市里，广大股民组成了一个庞大的、特殊的群体，而每个投资者在整个投资过程中都会受到这个"特殊"群体长期形成的价值取向和行为规则的影响。

第3节　投资心态变化分析　015

投资者由于自身不同的心理状态，在同一时间内、同一环境下，使用同种工具可以作出完全不同的结论！

第4节　市场参与主体心态解析　017

正是由于庄家有着与散户截然不同的思维方式和操作方式，才能最终成为市场的赢家。如果我们散户也能谦虚地多向庄家学习，学习他们的思维方式、操盘技巧、耐心和心态，就能洞悉庄家的运作意图，搭上庄家的顺风车免费带我们走一程。

第5节　牛熊格局转化中不同人群心态解析　019

不同心态的投资者在大盘不同时期、不同阶段会作出不同的买卖选择。我们可以清楚地看到，股市在绝望中企稳，在犹豫中上升，在欢笑中见顶，周而复始，生生不息！

第6节　投资心态案例分析　022

股市犹如人生的一个大舞台，我们在这个大舞台上扮演着各种角色并力求完美，即实现利润"最大化"。同时，人的"劣根性"也会体现得淋漓尽致，阻碍我们踏上成功的道路。

第7节　如何培养良好的投资心态　031

良好心态的培养，绝不是一日之功，不可能一朝一夕就奏效，只有当你真正认识到心态会对投资行为造成很大影响的时候，才能有意识地去调节和培养良好的心态。

第3章　实战篇　035

第1节　投资者所处位置　037

股市是一个投资的市场，但也是一个看不见刀光剑影，听不见战鼓擂鸣的战场。你想克敌制胜，首先要做到知己知彼，换句话说，你应该知道自己在战场上所处的位置。

目 录

第2节 坚持目标，适时调整目标 038

很多人之所以失败，是因为他们的目标是不现实的。我们在股市中常常看到一些股民雄心勃勃地宣称，要用半年的时间把自己的本金翻上几倍，这简直是痴人说梦！

第3节 坚持写投资日记 039

我可以肯定地告诉您一件事，当您开始做交易记录日记时，您会发现您的获利能力竟戏剧性地大幅提高了！不信从今天开始试试看！

第4节 解密庄家技法 041

庄家从诞生那日起，注定要与散户成为"天敌"，为广大散户编织一个又一个精心设计的"骗局"。他们机关算尽，设下无数陷阱，与散户斗智斗勇！

第5节 短线投资——盘口解密 059

进行短线交易，就意味着我们在追求单位时间内股票价格的上升速度，就意味着我们正在从事着一种标准的投机活动。短线交易关键在于，对股票的基本趋势的判断和买入时间的厘定。

第6节 长线投资——耐心人的游戏 065

在一轮行情收局的时候，短线投资者往往羡慕长线投资者取得的丰厚收益，面对在底部曾经被自己买卖过，目前已经翻番，乃至翻几番的股票往往后悔不已，或者自嘲一番。然而，短线投资者又怎么能够理解长线投资者在此期间的付出与痛苦。

第7节 长线短炒技法 071

"长线短炒"者就是通过每天坚持不懈的努力，去赚取一份"工资"，像一只聪明的老鼠，偷了一点奶酪就跑，长年累月地把胜利果实积攒起来！

第8节 K线玄机 077

所有的股票分析工具，几乎没有一种是速成的，但只有手绘K线图是一个例外。不管是业界高手还是初学者，没有一个人不承认用这个方法能让自己对行情的敏锐度大幅提升。

第 9 节　股票技术形态精解　084

一种形态的形成，总的来说是在某一时段多空双方搏杀的结果，虽是过去战场的体现，但加强对形态的研判，却有助于我们把握未来的方向。

第 10 节　实用技术指标精解　104

技术指标是股价运行情况的反映。股票总是在强弱之间相互转化，反映在技术指标上，则意味着技术指标强到一定程度就会转弱，而弱到一定程度就会转强。

第 11 节　实战图例技法　109

要从赢在偶然，走向赢在必然，做到这一点单靠运气是不行的，将系统的实战技法融于血液，做到下意识的条件反射，此时，"真正的技巧就是没有技巧"。

第 12 节　熊市生存的"必修课"　194

2008 年全国的"新股民"听到最多的一句话就是：熊来了！这位熟悉又陌生的"熊先生"似乎一夜之间把我们辛辛苦苦的劳动果实全部"吃掉"了，而且它的兄弟好像遍布世界各地。面对这位从来没有主动离开市场的"熊先生"，我们该如何应对呢？

第 4 章　未来 3 年最具潜力行业分析及龙头金股　209

第 1 节　"军工"承载着中国人的梦想开始腾飞　211

军工集团的资产重组、收购兼并和产业整合，将是目前军工行业最大的投资机会。军工集团虽然上市公司众多，但大多数核心资产仍在上市公司之外，因此未来资源整合的空间很大。

第 2 节　"新三农"孕育农业历史性机遇　233

农业丰则基础强，农民富则国家盛，农村稳则社会安。为保障农业稳定发展，国家的惠农强农政策，在广度和深度都会有大发展、大跨越。

后　记　257

序

　　认识李飞的时间已经不算短了。他进入证券行业也已十几年。在这十几年里，他刻苦努力、不畏困难、虚心好学，为自己所从事的事业付出了很大的心血。经过多年的努力，李飞现已是证券持牌分析师，具有证券、期货的双重投资资格。现担任央视（数字）证券资讯频道、北京5台"天下财经"栏目、和讯、新浪财经网站、大连电视台长期特约股评嘉宾、北京《晨报》证券版特约撰稿人，及《独立操盘》一书的作者。具备丰富的操盘经验和敏锐的市场感觉。作为一个老金融工作者，看到年轻人的成长和进步，我感到后生可畏，很高兴亦很欣慰。

　　前些天，李飞拿来最近撰写的《散户制胜宝典》一书，请我提提建议并希望写个序。他告诉我，曾有一位老大爷哭着对他讲，多年从牙缝省下来的钱因为炒股都赔掉了。老伴成天和他吵架，儿女们也埋怨，他说连死的心都有了。李飞说，大爷的话让他心里很难受。许多中小投资者一心想赚钱，却没有树立正确的投资理念，缺乏投资知识和良好的心态，尽管2007年千载难逢的大牛市让许多股民疯狂，但最终有多少人赚到钱呢？

　　李飞说，我是一名证券从业人员，有义务有责任把自己的经验和知识传授给大家，特别是想多为中小投资者服务。实际上他也是这样做的。不论是有钱的大户，还是邻居的大妈大爷，这么多年李飞总是耐心地为他们解答疑问。有位朋友曾对我说："李飞不但有很高的专业投资水平，而且人也很难得，所以很多人都喜欢他。"

　　听到这些评价，我很为他高兴。这些年他的进步我也是看在眼里，李飞确实是一个勤勤恳恳做事、踏踏实实做人的年轻人。所以我愿意为这本书写上几句话。

　　我认真翻阅了《散户制胜宝典》一书。李飞结合自己多年的实战经验和体会，从投资理念、投资心态和实战技巧等方面都作了较为详细的阐述和讲解。理论深入浅出，例子生动易解，技法具体易学，对新股民是一本很好的入门读物，对老股民则是一本能再提高的参考书，相信对大家都会有很大的启发和帮助，值得细细地学习和阅读。

书中有一段话我印象很深:"最后,我想引用一部大家都熟悉的电视剧中的一段歌词来警示大家,迷迷瞪瞪上山,稀里糊涂下河,再也不能这样过,再也不能那样活,生活就得前思后想,想好了你再做。人生如此,股市投资亦如此。"话说得很百姓,但寓意很深,可见作者的良苦用心。

当然,每个人都有缺点和不足,李飞是这样,此书也是这样。我更希望广大读者在获取知识的同时,能够诚心诚意地多提意见(这也是李飞的意愿)。同时,更希望李飞能再接再厉,尽快再有新作面世。

最后,祝李飞在自己所爱的事业大道上走得更远、更高、更好。

魏少华　高级会计师
（曾任华夏银行总行副行长）
（现任环球投资亚太地区首席顾问）
2008 年 3 月于北京

the Bible of Retail Investor

第 1 章
理 念 篇

世界上永远不会有让投资人一夜暴富的奇迹发生，想急功近利的投资者得到的一定是教训和失望。当然，彩票中奖会叫人一夜暴富，但要记住，那不是投资，是运气。

本章概要

第1节 投资理念概述
第2节 明确投资目的
第3节 如何树立正确的投资理念
　一、获取长期稳定的收益
　二、确定可投资数量，制定投资计划
　三、尽快纠正错误的投资理念

第1节 投资理念概述

投资股市,是众多投资渠道中的一种投资方式。当我们选择并步入股市之道,准备在这个高风险的市场里进行博弈,并想做一名成功者的时候,首先必备的条件就是:"树立正确的投资理念!"

什么是理念?从来自希腊语的"理念"一词,到英国唯物主义经验论者洛克,还有黑格尔和现在的人们,对理念的定义都各持一词。本人认为,理念是一种认识,对事物的客观认识,是一种世界观。理念是人们经过长期的理性思考及实践所形成的思想观念、精神向往、理想追求和哲学信仰所形成的观念体系的抽象概括,它是对观念的总结与提炼,是观念的集合体,是对大部分事件的最合理的解释。

什么是投资理念?投资理念是对投资行为的认识,是一种作用于投资行为的世界观,它可以对股市的规律和变化进行认识和把握。投资理念应该是一种具有相对稳定性、延续性和指向性的投资认识,应该形成一个投资观念体系。不同的投资主体由于对投资的体验和感悟不同,形成的投资理念不但存在对错之别,而且还存在层次高低之分,当然,每个投资者都希望自己的投资理念是正确的,并且随着时间的推移,使自己的理念从较为低级渐渐向更高的层次跃进,最终以成功者站稳股市,获得收益。

投资理念是投资主体在投资实践、投资思维活动中形成的对"投资应然"的理性认识和主观要求。它是关于对"投资的应然状态"的判断,是渗透了人们对投资的价值取向或价值追求,是投资观念的集合与总结。它要回答投资的全部活动所涉及的三个最基本问题:为什么?做什么?怎么做?应该说这三个问题基本解决了投资的终极问题。

正确的投资理念能够使投资者获得长期的、可持续的盈利,并使投资风险控制到最低状态。反之,错误的投资理念将导致虽有短期的盈利,但最终会导致长期的亏损。因为理念决定思路,思路促成决策,也就是:理念+技巧+心态=成功。

如果投资者进入股市,首先就要问自己两个最重要的问题:

1. 你进入股市投资的目的是什么?
2. 如何才能树立正确的投资理念?

第 2 节　明确投资目的

说到进入股市的投资目的，大家都会异口同声地回答：赚钱！没错，是为了赚钱，但只有美好的愿望，是绝对赚不到钱的。

下面看一段我与刚刚入市不久的一位散户朋友对话的内容：

作者：您入市的目的是什么？

股民：赚钱呀！最好用最短的时间赚最多的钱。

作者：您知道股市是个高风险的市场吗？您能承受亏损吗？那些可是您的血汗钱呀！

股民：没关系，我这个人不贪，赚点就走，挣个生活费我就知足，不会亏的。

作者：您根据什么买卖股票？听股评、看报纸，还是自己分析？

股民：我什么都看，也经常听股评，只要大家都说好的股票一定错不了，买了肯定能涨！

作者：那您不自己分析吗？

股民：自己分析太累，而且我也看不懂那些 K 线图，再说，那么多专业人士都帮咱分析好了，我从中选几只不就行了吗。

作者：那您在操作过程中有没有自己的操作思路和操作策略？

股民：有呀，低买高卖！

作者：还有吗？

股民：噢，对！还有专做主升浪，因为主升浪赚钱最多。

作者：那您想用多长时间，赚多少钱呀？

股民：当然钱赚得越多越好！用多长时间？我还真没想过，反正我想一夜变富翁！（他笑着说，我也笑了）

我不想对这位股民评价什么，我只想让大家从这段对话中有所领悟。面对这样一个高风险的市场，面对手眼通天的庄家千方百计设下的陷阱，赤手空拳的中小投资者与手握千亿资金、拥有数名精英的机构进行博弈，在既不了解宏观经济环境，又没有自己严格系统的操作方法，资金少、信息不灵通的绝对弱势下，面对强敌竟然毫无惧色之意，英雄气概固然令人佩服，人常说，艺高人胆大，但这

"无知无畏"的精神是不是显得有些无奈和悲凉？

股市里曾流传过这样一段看似玩笑的话："你要想让一个人感受到天堂的快乐，你就让他去买股票；你要想让一个人去地狱，你就让他去买股票。"我想，很多投资者肯定是只看到了光彩夺目诱人的天堂，而没有看到恐怖吃人的地狱。换句话来说，就是只看到了赚钱，而没看到风险。

投资股市，是一种高风险伴随高收益的投资行为，闭着眼睛，带着一副挨打的架势，就想暴富，还不想承担风险，你投资的目的能实现吗？以上对话，就是要告诉大家，你入市"赚钱"的目的本身没有错，错就错在没有摆正自己的心态，过于急功近利，这是投资理念极其不成熟的表现。

第3节 如何树立正确的投资理念

如何树立正确的投资理念，不是简单的一句话就可以让投资者明白，就可以做到的。它必须通过理论学习，在实践中经过历练才能得到真谛。投资者在准备投资之前，应该有意识地学习一下这门功课。

大家要知道，股票市场"七二一"的铁律，即七个人赔，两个人平，一个人赚。为什么叫铁律？就是因为它历经几百年也没有被人打破。这说明什么问题？它告诉我们，正确投资理念的形成必定基于充分认识市场的风险。

一、获取长期稳定的收益

由于很多投资者没有真正认识到自己处在信息不对称、资金量小、心态不稳定以及投资技巧不成熟的弱势地位，就很容易浮躁，盲目信任，听个信息就像抓根救命稻草，而他们对财富的增值又有着强烈的渴望，一旦投资收益不理想，信心就会土崩瓦解。世上永远不会有让投资人一夜暴富的奇迹发生，想急功近利的投资者得到的一定是教训和失望。当然，中奖彩票会叫人一夜暴富，但要记住，那不是投资，是运气。

我们来看看被称为世界上最伟大的投资者之一：沃伦·巴菲特。从巴菲特每年的投资基本上都能保持20%左右增长率的业绩来看，并不是最高、最耀眼的。但无论牛市还是熊市，除少数亏损的年度，他的收益率却一直很稳定。

我们来算一笔账：如果你在1956年把10 000万美元交给沃伦·巴菲特，它今天就变成了大约 2.7 亿美元。这仅仅是税后收入！如果你姗姗来迟，直到巴菲特 1965 年收购伯克希尔公司时才开始投资，那么，你所投资的 10 000 美元现在就变成了 6 000 多万美元。如果你把 10 000 美元投资于标准普尔 500 指数，它的价值现在约为 50 万美元。顺便说一句，能够战胜标准普尔指数的投资者极少。标准普尔指数"在截至 1997 年 12 月 31 日的 16 年里表现优于 91% 的股票共同基金"。（特威迪－布朗报告，2000 年）。

从巴菲特的投资历程中，我们得到的启示是：保持长期稳定的收益率能够带来的财富增值效应远比短期暴利来得更高。长期稳定的收益肯定能够给你带来扎扎实实的财富快速增长。有人会说：全世界就一个巴菲特，没错，巴菲特是个绝无仅有的投资天才，不可能人人做到，但巴菲特通过长期价值投资来获得长期稳定收益的投资理念是不是能为我们所用呢？

二、确定可投资数量，制定投资计划

俗话说，量入为出。就是告诉我们做事要心中有数，要知道自己能干什么，不能干什么。而不是毫无主见地随着市场变化而变化。

举个例子：投资者手里只有 10 万积蓄，最初计划拿 5 万投资股票，剩下 5 万为家庭救急之用。由于他没有一个明确的投资理念和投资计划，随着市场的涨落，心怀侥幸，稀里糊涂把 10 万元全部投进了股市，其结果是血本无归，跳楼事件不是没有发生过，这是血的教训，大家应该谨记！即使赚了，也是不明就里，亏了，更是莫名其妙。带着这样的投资理念进入股市，是非常可怕的。

我们再看一下 2008 年上半年，股市从 2 000 点一路狂飙到 6 000 点，还有人预测要到 8 000 点，甚至 10 000 点的时候，许多股票连续 N 个涨停：葛洲坝（从 4 月 9 日起连续 8 个涨停）、杭萧钢构（从停牌前的连续 10 个涨停开始，短短两个多月有总共超过 20 个涨停），都市股份（现在更名为海通证券，复牌后连续 14 个涨停）等等。巨大的财富示范效应吸引了数以万计的投资者参与其中。老股民群情振奋，新股民摩拳擦掌，与日俱增。

街头巷尾，男女老少，到处在谈论股票。尽管银行多次加息，也挡不住资金大搬家。股市就像一个充满诱惑的魔方，人们不顾死活地蜂拥而至，不是去淘金，而是去拾金。我们楼下有个收垃圾的，见到我就问哪个最赚钱？当我问她有多少钱买股票时，她不好意思地笑了：3 000 元，我也笑了。楼下遛狗的大爷大妈聚在一起不再津津乐道地谈论自己的宠物，而是在说股票。楼里开电梯的三个小姑娘，也合伙买了几千元的股票，天天盼着能赚钱，我一上电梯就紧张，因为不知如何应对她们。

收垃圾的钱来得很艰辛，开电梯的钱挣得很少，遛狗的人们炒股是跟风，说他们不是投资，不准确，因为他们已经构成了投资行为。说是投资，以他们的资金量、心态和知识技巧，敢跃入股市雷池，的确不算。所以他们面前注定是失败，而不是光明。

我们再来看一个数据：2007年，深沪两市新增A股开户总数已经达到了3 422万，是去年全年新增A股开户数总和308.35万户的11倍之多。截至目前，深沪两市账户总数达到了1.38亿。为此，香港《亚洲周刊》将年度风云人物的桂冠戴在了一亿多中国股民的头上。一方面，说明股市改变了中国人的生活方式和理财观念，另一方面，也说明了投资者理性投资的不成熟。

三、尽快纠正错误的投资理念

首先把短期暴富的幻想从你的脑海中彻底根除，把长期稳定收益作为你的目标。

美国股神巴菲特说他大部分钱是用屁股（用足够的时间去等）而不是靠脑袋赚来的。什么意思？就是看中一只股票并长期持有，不要梦想一夜暴富。当然，长期持有，并不等于买了一只股票就永远不闻不问，就等着收钱了。还要根据市场行情进行波段操作来减少成本，但没有偏离这只股票。因为股票的增值是依赖企业的增值，它的增值是需要时间的。什么时候你学会了坚持，你就是赢家。

同时，我们不要将错误的投资理念变成一种习惯，变成一种难以改变的坏的投资习惯，在投资过程中要先理清投资思路，建立正确的投资理念。有人会问：有钱人是理财，应该有投资理念，我们这些小门小户人家就是赚点小钱，干吗要那么麻烦哪？实际上这是认识上的误区。理财的实质是一种观念，是一种生活观和生活方式。从另一个角度来看，穷人比富人更加需要学会理财。因为有钱人输得起，可以东山再起，而穷人不行，输一次可能就再没有了机会。

投资理念属于战略性和方向性的范畴，它是使投资者实现正确投资和保持长期投资收益的重要前提。在一定意义上讲，其重要性在投资计划、投资技术分析、投资决策和执行投资操作之上。它是我们投资实战的指导思想，促使投资者正常开展分析、评判、决策，并指导投资者行为。坚持投资理念不变者能赚钱，而左右摇摆者一定会输钱。

记住，只对投资技巧和投资方法感兴趣，对于什么是正确的投资理念和如何建立正确的投资理念没有兴趣的人，是投资者亏损的重要原因之一。只有在股市中的经历与经验逐步形成对股市的认识与观念，并不断积累升华成理念的时候，大家就会在股市征战中源源获利。希望大家在不断学习中变得更聪明一些，更理智一些，当然，随着市场环境的变化，投资理念还要随之修正和提高。

最后，我想引用一部大家都熟悉的电视剧中的一段歌词来警示大家："迷迷瞪瞪上山，稀里糊涂下河，再也不能这样过，再也不能那样活，生活就得前思后想，想好了你再做。"人生如此，股市投资亦如此。

the Bible of Retail Investor

第2章
心态篇

什么是心态？心态是指人的心理状态。是人对事物的心理态度和最直观的认识。

"道中"心态，是人对投资行为的心理认识和态度。股市中人的心态非常复杂，人们在金钱面前最容易情绪化和发生不理智的行为，不同的投资者心态是完全不同的。有人说炒股就是在炒自己的心态，这话不无道理。如果在投资过程中能保持一个良好的心态，并有不断调整自己心态的能力，这对每个投资者将是一笔很好的财富！

"投资首先是一个心理过程，所有杰出的投资者都是心理学家。"认识到这一点十分重要。

本章概要

第 1 节　心态对投资行为的影响

第 2 节　投资大众心态透视

第 3 节　投资心态变化分析

第 4 节　市场参与主体心态解析

第 5 节　牛熊格局转化中不同人群心态解析

第 6 节　投资心态案例分析

第 7 节　如何培养良好的投资心态

第1节　心态对投资行为的影响

说到心态对投资行为的影响，我想引用于丹教授所著《〈庄子〉心得》书中的故事来告诉大家，心态对人的行为究竟有多大的影响。庄子曾告诉人们，一个人的心态，能决定他的生活态度。他还说，一个人的见识和阅历，决定你的能力和胆识。在生活中，我们也会发现，决定成败胜负的时候，不一定是一个人的技术水平，而是一个人的心态。当一个人患得患失、心有所虑的时候，你所有的经验和技术水平都不能得到很好的发挥。

有人做过这样一个实验：一个科学家和十个实验者参加实验。在一个黑咕隆咚的屋子里，铺了一座独木桥。科学家对实验者说："这屋子很黑，前面是一座独木桥，现在我领你们过桥，你们跟着我走就行了。"

十个人跟着教授，如履平地，稳稳当当走过了独木桥，来到屋子的那一端。这时，教授打开了一盏灯。实验者定睛一看，顿时吓得趴了下来，原来他们走的不仅是一座独木桥，在独木桥下面，是一个巨大的水池，水池里还有十几只鳄鱼在来回游动。

这时，教授说："来，这就是刚才你们走过的独木桥，现在我往回走，你们还有几个愿意跟我走？"

结果一个人都没有，全都趴在那不动了。教授说："我要求你们，一定要站出来，勇敢者跟我走。"

最后好歹站出了三个人，结果一个人走到一半就哆嗦了，蹲着、蹭着好歹过去了。还有一个人刚走几步就趴下了，最后爬了过去。只有一个人总算勉强过去了。教授再动员那七个人，他们说什么也不走了。

这时，教授又打开了几盏灯，大家看到了在桥和鳄鱼之间其实有一道防护网。教授说："现在有谁愿意和我一起走过去？"这回有五个人走过了独木桥。

这个时候，心态是不是比技巧更重要呢？

还有一个孔子曾举的例子：赌博的时候有下大注，也有下小注的。拿一个瓦片下赌注的，他赌得自如潇洒，因为他知道不过是一块瓦片而已。拿漂亮昂贵的带钩当赌注的人，赌起来可能就会战战兢兢，心存恐惧了。拿黄金当赌注的人，一定会神志昏乱。

为什么？这是因为他太看重外物了。技巧都是一样的。"凡外重者，必内拙"，凡是看重外物者，内心一定拙笨。其实，在现实生活中，很多人也是越面临重大的选择，越会失手。他不是失给了对手，而是失给了自己。因为过分的患得患失，最终结果就是患失。

我们在电影中也经常看到这样的场景，在敌我双方对峙中，采取攻心战往往会摧毁一方的心理防线，动摇整个队伍的军心。部队没有改变，武器也没有改变，只是由于心态乱了，所以指挥员和作战部队都会因此而乱了阵脚，失去作战的信心，结果吃了败仗。这样的例子不胜枚举。

我们知道，世上的万物都是相通的，生活是这样，投资也是这样。在投资市场中，不论你是有一定投资技巧的，还是对投资知识一知半解的，心态都会对你对市场的判断、决策和行为起到很重要的影响。例如，有些人经过自己认真的分析和判断，看好了一只企业业绩较好的股票，就果断地买进，原本要长期持有的时候，市场发生了变化，这只股票也出现了暂时的下跌，加上周围的人又说了不同意见，他们的心态就会发生改变，把自己开始的判断全盘否定，将一只很有升值空间的股票卖掉。

反之，原本不看好的股票，也会因为暂时的上涨和别人的劝说而盲目地买进。其结果当然不言而喻。

是他没有投资知识和技巧吗？不是。因为开始他的判断和操作思路是正确的。只是因为他的心态乱了，所以投资计划也会因此而改变。在股市里，我们经常会听到这样的议论：当初我……怎么样；要知道……我就会怎么样；我还不如……怎么样……这样的话，这样的例子，在股市中比比皆是。或是别人，或是你自己。

巴菲特说："虽然公司的基本面最终会反映到股票价格上，但如果你的心态不够坚定，你可能因为投资信念崩溃而变得不知所措。"

当面对市场风云变化，或面对市场恶劣险境的时候，你能坚持自己的判断，坚守你的阵地，真正做到任凭风吹浪打，胜似闲庭信步的时候，你的心态就修炼成了正果，赚钱的时候也就到了，不信就试试看。

第2节　投资大众心态透视

在投资大众中，可以从个体和大众群体的心态来进行分析。

一、个体概念特征

①作为个体,思维独立。②为适应社会可以在不同环境下对思想和行为加以调整。③个体具有不可预测性(相对群体)。例如,我们很难预测在某一特定环境下,某人会采取什么样的决策。

二、大众群体特征

①由许多个体组成。②思维独立,但又有着共同的价值取向和规则作为行为标准。③大众群体中的个体都自觉或不自觉地遵守着共同形成的行为规则。④群体大众行为具有可测性(相对个体而言)。

例如,当一种突发危险到来的时候,人们会不假思索,不约而同地选择不同方式采取行动,或向外冲,或带着别人一起逃生,或不计后果地跳楼,或毫无目的随着人群奔跑,虽然我们当时很难正确判断出每个人会做出怎样的举动,但我们可以肯定地得出结论:绝大多数人都会想办法尽快逃离出事现场!

为什么我要在这里给大家介绍"个体"和"大众群体"的区别呢?因为在股市里,广大股民组成了一个庞大的、特殊的群体,而每个投资者在整个投资过程中都会受到这个"特殊"群体长期形成的价值取向和行为规则的影响,我们十分有必要认清这一点。这对我们在股市里投资有着特别重要的意义!(遗憾的是,许多投资者都从没注意过这种现象)

托尼·普卢默(Tony Plummer)在其所著的《金融市场预测》(Forecasting Financial Markets)一书中曾谈到:"人们可以像单个个体一样活动,但同时又想从属一个群体,这就解释了为什么人可以在具有多样化个性的个人和群体中具有一致性的个人之间进行角色转换,人由个人转换到群体成员,这种角色转换的倾向取决于他所生活的环境,而这些都在一定程度上接受或适应群体的规范和观点。"

附图:根据托尼书中的数字绘制而成图2.1:

一段时间内在个性和从众之间变化的趋势(A_1B_1)点上投资者的表现与(A_2B_2)点上的相比是从个人角度出发而作出的,群体迹象较小。

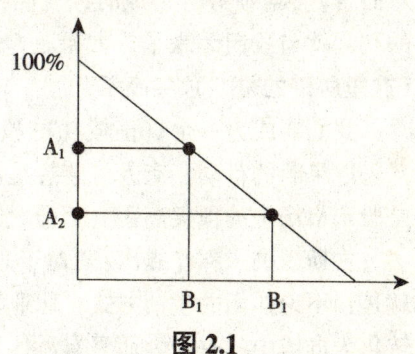

图 2.1

他的主要结论：人作为独立思考的个人会采取个人化的行为，而作为群体中的一员，他又会以群体的价值取向和规则作为行为标准来采取群体行为。理解人们在个人行为和群体行为之间转换的能力和倾向对我们正确认识市场心理来说非常重要。我们很难对个人的行为模式加以预测，但是我们可以预测到群体的行为模式。

资料来源：Tony Plummer, Forecasting Financial Markets（London：kongan page, 1993）P.22

投资者在刚入市时可能感到盲从，不知所措。但经过长时间的理论学习、实战经验的总结，对市场大众心理的客观分析，便会由亏损→盈利（少数人群）。而那些开始因为听他人说"股市好赚钱，而且能挣大钱"，所以抱着赌一把的心态进入市场的投资者，如果因为"牛市"赚到钱，而对大众心态漠不关心，理论知识毫不理会，经验总结无从谈起的话，最终一定赔得"一无所有"。

三、个体投资者在市场扮演的角色及大众心理对单个投资者的影响

投资者在每次买入和卖出股票时，经常感到迷茫，优柔寡断拿不定主意；在牛市暴涨的末期，无法清楚地认识市场，经常会被一种失去理智的大众狂热情绪所影响去追买股票；在熊市中，他们也很难不受大众因市场普遍存在悲观情绪的心理影响。不管你是刚刚进入股市的投资者，还是在股海征战多年的老股民，都会犯这种通病。

其实，"顺势而为"就是个体投资者不管所受教育程度的差异，所处社会地位的不同，拥有资本的多少，在某一特定环境下，都会受到趋势的影响。他们的心理会归属某一群体而采取统一行动，这种行为反过来又加速这种趋势的发展，同时趋势又进一步影响单个投资者的行为（**望读者反复用心体会上述文字**）。

因此我认为，从某种意义上来讲，真正成功的投资者不应"顺势而为"（相对而言）。当"势"形成时，我们积极跟进，虽然可以获得一部分收益，但最初的利润就与我们无缘了。如果是趋势的末期不及时获利了结，还有被套的可能（这里所讲的是"顶尖高手"）。

我们要成为一个真正成功的投资者，就应在"趋势"形成之前有所察觉，并采取果断的行动。有人可能想这样做不是太贪心了吗？我必须强调，这里指的是股票市场中的顶尖高手（百分之一的概率）。

古斯塔夫·邦曾提出："对于心理学意义上的大众而言，一个最显著的特征就是：不论他们的生活方式、职业、性格或心智有多么相同或不同，他们都会被转化为群体中的一员，而具有群体所赋予他们的集体精神。有些想法和感觉只有

在个人组成群体的时候,才能形成和转化为实际行动。"

由以上实例和关于大众行为的性质,我们可以得出以下推论:

(1) 群体并不是由简单的个体累加形成的。他们有各自的意志、思想和独立的判断能力。
(2) 个体行为会随着所属群体行为变化而改变。同时,群体行为也在不同程度上受到个体行为的影响。有时这种反作用会加剧(注:参考《金融炼金术》,作者:乔治·索罗斯)。

第3节 投资心态变化分析

一、影响投资者心理变化的两种因素

(一)市场参与的主体是"人",心理的变化直接影响投资者的操作,同时也不同程度地影响着市场。

(二)中国股市近十年以技术分析作为买卖依据的人群占市场绝大多数。

有些投资者不解:技术分析是以客观股价变动为分析基础,与主观心理相连甚少,为什么把它作为因素之一?

理由一:首先,技术工具本身是"客观"的,但它只是一种工具。技术工具的使用者是"人"。使用技术工具分析的对象是"市场",而市场参与的主体还是"人"!

因此,使用者(投资者)由于自身的心理状态,在同一时间内、同一环境下,使用同种工具可以作出完全不同的结论!

举例说明:甲、乙、丙三位投资者的资金量、技术能力和投资经验基本相同,在同一时间,通过K线图分析,三个人会作出三种不同的买卖决策:甲(买进)、乙(不动)、丙(卖出)。

原因:甲(激进)在大盘刚刚下跌时就抽身离场,一直空仓等待,当大盘在某点时,他感觉已是底部区域,进行试探性建仓,即使被套也没关系。

乙(胆小怕事)属于"硬币"只猜一面,一旦被套就不理不问,直到解套获利才肯卖出,俗称"死多头"。

丙(后知后觉者)是在犹豫中被套,在惶恐中套牢,在绝望中割肉!

注意,甲、乙、丙三位投资者在资金量、技术能力、投资经验和判断依据

(K线图)基本相同的情况下,虽然在同一时间内,仅因心理状态不一样,却作出了三种完全不同的选择!

上述实例说明,客观的分析工具,由于使用者(投资者)心态不同,其实际操作的结果大相径庭。

理由二:我们从经济学的理论层面上分析。1998年"诺贝尔经济学奖得主"阿马蒂亚·森,在其著作《伦理学与经济学》中说,经济学之父亚当·斯密是道德哲学教授,而经济学曾作为伦理学的一个分支。由此我们不难作出判断,伦理学的一个分支是经济学,或者说经济学是伦理学的分支。

结果如图(图3.1)

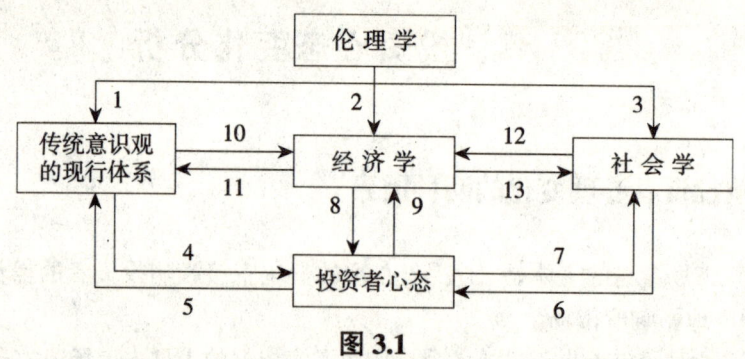

图3.1

图中涉及了5个概念:伦理学、经济学、社会学、传统意识观念的现行体系、投资者心态。

(1)伦理学一个分支成为"传统意识观念的现行体系"。

(2)伦理学一个分支成为经济学。

(3)伦理学一个分支成为社会学。

(4)(5)传统意识观念的形成对投资者心态有着很深的影响,同样,心理变化也潜移默化地影响着传统意识观念的形成。

(6)(7)社会学的观点,思考问题的方式直接作用于投资者的操作,同样,投资者集中的心理变化也反作用于社会学。

(8)(9)经济学与投资者心态之间的互相影响作用。

(10)(11)经济学与传统意识观念之间的互相影响作用。

(12)(13)经济学与社会学之间互相影响作用。

它们之间形成了一个巨大的循环网,相互作用、相互影响,网络的中心则是"经济学",主体是"人"。

通过以上系统分析,市场行为变化直接影响投资者的心态,同时,投资者的心态也在不同层面、不同程度地反作用于市场（经济学的实践过程即市场行为）。

二、投资市场大众心态演变过程

盲从的投机→逐渐形成投资理念（含有正确的和错误的）→趋于理智投资→比较完整的理念形成→固定理念被打破→新的理念形成

市场永远都在"变"，永恒不变的就是"变"！希望读者好好体会其中含义。

第4节 市场参与主体心态解析

市场参与的主体主要有庄家、监管机构、大户、散户和中户（统称中小散户）。

一、中小散户

资金量很小，处在信息不对称位置，对宏观基本面不能很好地把握，技术分析水平一般（这里涉及的是普遍散户，也有极少数人例外）。

他们的心态主要表现在初入市时是"初生牛犊不怕虎"，可一旦被虎咬了几次后，就变成病猫泄了气。在买股票时，寄希望于专家评论推荐，王小二过年看街坊，道听途说所谓的内部消息等等。如果偶然有一种方法让他赚了钱，他会视它为制胜法宝；一旦再试不灵的时候，就会"跳槽"来回换手，采取别的办法；屡试屡败的时候，信心就会丧失。当心态坏到极限时，也就把自己的血汗钱贡献给了别人。

二、大　户

资金相对中小散户资金较为充裕，掌握一定的操盘技巧，消息渠道比较多，相对于散户他们"输得起"。

他们在资本市场里也是"弱势"群体之一，尤其是面对我国的资本市场容量越来越大，每日动辄千亿资金成交量的状况，大户的行为逐渐"散户化"，但他们大多数人相对比较理智，并且具备愿赌服输的素质（割肉时不手软），因此，相对中小散户赚钱概率较大。

三、监管机构

市场秩序的制定者和执行者。

政府根本职责所在就是调控经济，任何一个市场化国家都不能指望完全的市场调控手段，必须借助政府的力量才能弥补市场的缺陷，哪怕美国也是如此。

当股市处于近乎疯狂，甚至出现泡沫现象的时候，大家还是把该有的风险防范意识置于脑后而不顾。这时，国家一定会出台应对的政策来调节股市。遗憾的是，许多投资者并没有认识和注意政府调控经济的作用。在股市指数不断窜涨，甚至出现泡沫现象的时候，大多数股民却认为还会涨。我曾听股民这样议论，"这么好的形势监管机构不可能打压"，结果还是疯狂地进行追涨。当国家出台一些相关政策而股市并未出现大变化的时候，股民们会认为既然数次提醒，收效也不大，这些政策不足以调整市场，国家不会继续有后续政策了。但 2007 年在短时间内的多次加息政策告诉我们，国家多少道金牌都可以出台，没有什么不可以。所以，我们不应该忽视对监管机构动向的关注。

四、庄　家

庄家和散户是一个相对概念。他们是私募基金、主流机构（基金、保险、信托等）和影响某一股票行情或影响许多金银币，甚至大盘走势的"特殊"投资者。他们通常也是持有大量流通股的股东。庄家坐庄某股票，可以影响甚至控制它在二级市场的股价。

股市里常有人说，我们让庄家套了、骗了、忽悠了，太可恨了！不要庄家行不行呢？不行。因为他们也是以一个合规的投资者的身份出现的。虽然庄家也是投资者，但由于他们的特殊身份、资金和技术力量，所以在股市中庄家与中小投资者是对抗和博弈的敌我双方。他们的盈利来自中小散户的贡献。当然，想战胜庄家可能是痴人说梦，是相当难的事情，但尽量分析和了解庄家的心态，少上当受骗就是胜利。

首先，我们应该清醒地认识到庄家炒股票就是为了获取最大的收益，他永远不会对散户发慈悲。

庄家非常重视散户的动向，会到散户中去听他们的心声，了解他们的投资情况，做到知己知彼。

庄家喜欢制造概念、制造热点和激发散户想象来对付散户。

庄家采用综合分析方法，不能单看图形，也要参考技术，还得注意股票的基本面和一些外围情况。对国家经济形势、财政政策有比较准确的把握，各种消息渠道比较畅通。

最重要的是庄家的思维方式和操作方式与散户有极大的不同。

正是由于庄家有着与散户截然不同的思维方式和操作方式，才能最终成为市场的赢家。如果我们散户也能谦虚地多向庄家学习，学习他们的思维方式，学习他们的操盘技巧，学习他们的耐心，学习他们的心态，通过股价变动和成交量的变化，追寻庄家的操作轨迹，洞悉庄家的运作意图，搭上庄家的顺风车免费带我们走一程，也是不错的结果。

第5节　牛熊格局转化中不同人群心态解析

一、牛市（上涨）

牛市特征：多方始终占据主动地位，在股票上涨过程中会出现阶段性调整，但上升格局不会被打破。牛市分为上涨初期、中期、末期三个阶段。

1. 牛市上涨初期

心态不好的投资者往往刚经受完熊市下跌的惨痛，精神和心理极度疲惫、脆弱。已经经不起利空消息和庄家打压诱空所造成的股价暂时性回调，所以股票刚刚上扬，稍有回调便马上卖出，挥泪离场，结果，肯定是抱恨终生。

心态好的投资者会在牛市上涨初期试探性建仓，当股价出现回调时坚决守仓，或者适当补仓（先知先觉）。

心态一般的投资者由于长期下跌带来的负面影响，不敢果断进场，但也不会割肉出场，只是以观望为主。实际上，牛市上涨初期，正是熊市末期，由于长期下跌，市场上弥漫着一片悲观情绪，大多数人已成惊弓之鸟，或深度套牢，或不抱任何希望，可股市恰恰是在绝望中企稳。

2. 牛市上涨的中期

牛市上涨中期又分为两个阶段，第一阶段：上升速度加快，上升斜率大（飞涨期）；第二阶段：股价上升之后便会有调整，但下调幅度不深，上升斜率逐渐变小，进入平缓上升期。

第一阶段：心态好的投资者会坚决持股。因为股票刚刚从底部启动，庄家极不愿意让中小散户看清它的成本区，所以要快速拉抬股价脱离成本区，等到大多数投资者如梦方醒时，股价已高高在上了。

心态不好的投资者会坚决观望。因为他们刚刚在底部割肉离场，股价就马上飞涨，从感情上他们根本接受不了这个现实，所以他们坚信股价还会下跌回来，至少中途会有调整。可是，往往事与愿违，他们只能望股兴叹！

第二阶段：心态好的投资者会有两种操作方法：①持股待涨。②波段做差价。原因是经过第一阶段快速拉升，庄家做盘手法会"多变"，在上升过程中经常会出现调整或突然震仓洗盘，所以稳健的投资者会持股静观其变，而积极型的投资者则会波段操作，不会放过任何一段差价利润。

心态不好的投资者也会有两种操作方法：①在波段顶部买货。②持币观望。原因是当他们看到股价一去不复返时，心里非常懊悔，但又不甘心，一旦出现回调便幻想像熊市一样，跌到启动价位再买货。可牛市中下调幅度不会太深，还没跌到他们理想的价位，股票又翻身向上。这时，有些胆大的人会在回调后又在上涨的阶段买入，恰恰这又是阶段性（波段）高点，买入不久紧接着股价又出现回调，结果被套。判断又一次失误，心态更糟（恶性循环），还有一部分胆小的人不敢操作，持币观望，希望跌到他们理想的价位再进场。

3. 牛市上涨末期

股价运行方式极其复杂多变，庄家要面临出货，手法更加隐蔽诡异。

运行方式有三种：

① 突然快速拉升，让市场感觉新一轮更大行情已经展开！

② 波段式上升，但成交量不规则放大（出货）。

③ 股价按"箱体"运行，在箱顶成交量极大，箱底缩小（此形态经常出现）。

心态好的投资者由于他们在牛市中期已经获得了丰厚的利润，因此在牛市末期会坚决离场。因为他们会自觉保持一个良好的心态——止赢。

心态不好的投资者在牛市的末期往往刚刚解套或获微利，不肯离场。他们其中有些人也隐约感到股价有些高了，可总想再等等，也许还会有50%的上涨空间，可等来的又是一次熊市的来临！

二、熊市（下跌）、平衡市（不涨、不跌）

熊市特征：空方占据主动地位，股价长期下跌，但下跌途中会出现阶段性反弹，整个趋势以下跌为主。

熊市分下跌初期、中期、末期三个阶段。

1. 熊市下跌初期

由于熊市下跌初期正是与牛市上涨末期紧密相连，因此，大多数投资者还陶醉在一片看多气氛中。

理智、心态好的投资者：他们并没有被胜利冲昏了头脑，而是有计划、有步骤，分批逢高出货。

心态不好的投资者：由于前期上涨过程中步调始终没有踩对，造成投资心态失控，因此很难清醒地客观分析大盘，逃顶更无从谈起。

2. 熊市下跌的中期（分两个阶段）

特点：下跌在市场中已达成共识，但下跌途中会出现阶段性反弹。

第一阶段：加速下跌；第二阶段：以下跌为主，伴随阶段性反弹。

心态好的投资者：（第一阶段）他们会按兵不动，因为市场刚形成下跌的共识，肯定会加速下跌。（第二阶段）已经经历一段时间下跌，做空时动能释放了不少，即使还要加速更深幅度下跌，也要中途稍作调整，为再次下跌作准备。因此，激进型的投资者会加快抢反弹，而稳健的投资者则会持币观望！

心态不好的投资者：熊市初期没有果断离场，现在已经套住，稍有反弹便误以为见底，所以持股不动，甚至加仓，谁知更漫长的下跌还在后面！

3. 熊市下跌的末期

特点：股市以小幅阴跌为主，虽然每日跌幅不深，但由于下跌时间长，因此累计跌幅也很惊人。并且，这是对投资者最惨痛的一次打击（小刀割肉）。

心态好的投资者：由于前期获利颇丰，而且下跌途中空仓，因此他们敢在众多投资者对股市"绝望"时，分批试探性建仓，企稳后加仓。

心态不好的投资者：经过长期下跌的折磨，心理上已经千疮百孔，一旦连续某几日出现急跌，则对大盘彻底丧失信心，割肉离场，唯恐崩盘。可股市恰恰在他们刚刚离场时又悄悄企稳。

以上作者对牛市上涨的初期、中期、末期和熊市下跌的初期、中期、末期分别详细地论述了不同心态的投资者在大盘不同时期、不同阶段所作出的不同买卖抉择。我们可以清楚地看到股市在绝望中企稳→在犹豫中上升→在欢笑中登顶，周而复始，生生不息！

以上只是论述了一般投资者在牛、熊两市的表现特点，有特殊情况，作个案处理。

我希望广大读者好好体会以上这段文字，它将可能影响您投资生涯。

第6节　投资心态案例分析

股市犹如人生的一个大舞台，我们在这个大舞台上扮演着各种角色并努力追求完美，即实现利润"最大化"。同时，人的"劣根性"也会体现得淋漓尽致，阻碍我们踏上成功的道路。下面我就股市中最普遍的十几个心态表现，给大家分析一下投资者失败的原因。

一、以本人为例

作者背景介绍：本人1997年入市，至今已有10年股龄。入市时18岁（高中毕业），入市资金1万元。入市之初，技术分析不会，宏观经济不懂，心理状态——纯投机（赌徒）。

入市理由：小时候每次从电视里看到银行家、金融界的巨头在证券市场里呼风唤雨，心情就格外兴奋，对自己发誓说长大以后，一定要像他们一样。随着年龄的增长，这种念头与日俱增，可我清楚地知道我不是生来嘴里就含着"金币"的孩子，也没有显赫的家世，所以，只能靠自己来实现梦想。对于一个刚刚高中毕业的孩子来说，我当时认为最快积累财富的途径就是——炒股票。

失败一：

【例】600604——二纺机

1997年8月26日我买入（600604）二纺机，买入价4.25元！

买入理由：

1. 资金少，太贵的股票不敢买，也买不起。所以买入"垃圾股"。

2. 当时股市一片看好，天天涨（8月20日—9月8日）拉了14天阳线，我实在有些忍不住了，拿着钱总想买些股票。

1997年8月29日卖出二纺机，卖出价5.01元！小赚一笔。

自我心理状况：当时感觉挺好，只是卖出后过了一个月就涨到5.57元，心里非常后悔，而且越想越恨自己为什么不再多等几天。

操作心理分析：此次操作虽然结果是赚到钱，但犯了四大致命错误！

错误1：由于资金少就买便宜的股票"垃圾股"。其实，股市里无好坏股票

第2章 心态篇

之分。今日的明星股也许就是明日的垃圾股。例如1999年5月19日行情炒网络，可今天的网络股已经成了无人问津的"烂股票"。记住，只要能让你"赢钱"的股票就是好股票。再有，高价股价格虽高，但涨幅也大。低价股价格便宜，但涨幅有限，因此，价格高低只是心理作用，就股票本身而言，其意义一样。这也是投资者认识的误区（广大股民的通病）。

错误2：当时买入股票是因为看到股市上涨，心里按捺不住，匆匆入市。这种心浮气躁的状态本应不适合作任何交易，因为当人们内心烦躁时，分析事物不够客观，会作出错误的判断。如果侥幸成功，而自己却又毫无意识到，那么等待他的将是更大的失败。

错误3：买入股票后总是想涨了我就马上卖，从没想过买入后跌了怎么办。这种想法非常可怕。曾听某某人说，我要是做股票肯定赚钱，因为我不贪，买了涨一点就卖，我才不像某某人涨了5元钱都不卖，结果又套了两块钱。这话乍听起来很有道理，并且，如果某某人真要是按他说的那样操作，理论上应该是赚钱的！可我们静下心来仔细想想，他的这种想法是最大的"贪"。有谁能保证你买了股票就一定会涨，"股神"巴菲特还有买错的时候，更何况我们？

其实，他们犯的是同一种贪病，由于这种错误的想法，在他们买入股票后会不自觉地在心里反复自我强调"涨一些，我就卖"。时间一长，这种心理暗示会导致"涨"在投资者心中已成事实的错误观点，一旦大市不好，手里股票下跌，也不会及时止损。

错误4：卖出股票时毫无根据，而且卖出后还后悔没有卖到最高价。这种心态是贪心的进一步表现。在上述这种情况下赚钱，本身就是一次偶然，而我当时却没有认真反思为什么会赚钱，只是一味后悔把股票卖早了。

总结：这次交易其结果是盈利，但我按其方法操作马上就给了我深刻的教训。

失败二：

【例】000026——飞亚达

1. 1998年6月18日买入（000026）飞亚达A，买入价14.5元；
1998年6月24日卖出（000026）飞亚达A，卖出价15.4元。
2. 1998年6月29日买入（000026）飞亚达A，买入价14.5元；
1999年6月24日卖出（000026）飞亚达A，卖出价11.3元。

买入理由一：近一段操作很得心应手，飞亚达又是刚刚除权不久的股票，业绩良好，填权概率很大。

买入理由二：第一次交易（6月18日—6月24日）轻轻松松每股就赚了近一元钱，更加坚信自己的判断，这是一只好股票，不会跌太深。长期具有一定的投资价值，现在又回到了第一次的买入价位 14.5 元，肯定又要反弹回升，所以，大胆介入。

结果：第二次买入便马上被套住，逐渐越套越深。

1. 开始时，我不停地安慰自己：这是一只好股票，不会跌太深了，如果割肉出局，将来一定会后悔的。

2. 在接下来的阴跌的日子里，我感到烦躁不安，感觉压力特别大。我开始怀疑自己当初的判断是否正确，是不是英明的选择？我已经开始后悔为什么当初自己没有及时卖掉，尽管如此，我还是时常抱有幻想：也许今天或明天它就会突然连续涨停，那该多好呀！

3. 最后，我满脑子都是"飞亚达"，使我坐立不安，我的精神极度抑郁，只想找个相对高点卖掉，不论以后是否再涨，我都不会去理会了。我已经熬不住了，对自己当初的判断完全丧失信心了。当时，最想做的就是卖掉"飞亚达"，因为我已经等了一年了，时间太长了……

失败三：

【例】000817——辽河油田（现在已经退市）

1999 年 6 月 28 日买入（000817）辽河油田，买入价 7.4 元。

买入理由：一位非常好的朋友告诉我这只股票是他们 X 证券公司坐的庄，而且志在长远，不到 15 元绝不卖。

心理：当时，我已经感觉大盘点位过高了，回调随时都会发生，但因为出于对朋友的信任，还是决定全仓买入。关键是不想错过这个翻倍的大好机会！

结果：买入后没过两天就一路下跌，我于 7 元清仓离场！

这是典型的非理性服从心态。什么是非理性服从心态呢？

斯坦利·米尔格兰姆（Stanley Milgram）曾在耶鲁大学作过这样一个实验：随机挑选一些人，参加者们被要求不断地对一个无辜的牺牲者施加痛苦。他们假想着这样做是出于国家利益。领导人或权威人物由身穿白色衣服的科学家来代表。该"领导人"不停地命令参加者电击那个牺牲者，实际上根本没有真正施加电击，但是参加者并不知道实情，而牺牲者假装受到了电击而表现得非常痛苦。在整个实验过程中，参加者知道他们正在做什么。他们不仅看到一个仪表显示出来所用的电流有多强，还听到被绑在椅子上的牺牲者在那里痛苦地尖叫，看到他不停地挣扎，米尔格兰姆发现，有六成多的参加者都准备以足以致命的电流来电击牺牲者，即使牺牲者停止尖叫假装昏厥，他们也不放弃。显然，他们的举动是"非理性"的。

再有，大家都知道"法轮功"是邪教歪理。可是有成千上万的人却追随李洪志,"法轮功"的弟子对李洪志的每一句话,甚至每一个字都坚信不疑。其实,不论你的学历高低,只要客观理性地分析所谓的"真理、大法"就会很容易发现其中的问题和漏洞,可为什么有那么多高级知识分子都执迷不悟呢?"非理性地服从",就是其中一个重要的原因。

以上实例说明"人"在被一种思想影响时,并且这种观念的影响反复不断地加强,就会导致人们失去理性的判断能力,被这种思想观念"同化",并盲目地服从这种思想观念的倡导者——领导人或权威人物。

在股市里我们会发现,当你问到有些人为什么被套住时,他们会不约而同地回答:"因为听了某某专家的推荐,所以坚决买入,结果深度套牢。"

正是由于大多数人在内心深处潜藏着非理性的服从感,当一位专家推荐某只股票时,投资者便开始动心,当第二位、第三位专家也同样推荐这只股票时,买入这只股票便成事实。投资者买入时几乎不作任何客观分析,便盲目地认同这只股票一定会涨。

表面上投资者的失败是由于某某专家的"误导",但更深层次上是由于"人"的这种非理性服从行为所导致,某某专家只不过提供了一个操作建议(充当了"领导人"的地位)。当然,大多数股评是希望投资者获利,只是判断失误罢了,一些"黑嘴"股评就另当别论了。

希望从我这三次"失败"的操作中给读者一些启示!(1999 年《晨报》证券版曾刊登了我写的"从股神到股民"的文章,其中详细记载了上述全过程)

二、依赖心态

我们的投资者在买卖股票时经常不知所措,总是想听听别人的建议(是不是专家无所谓)。

【例】 甲、乙、丙三位。

甲:我本来想卖,但听了某某股评家说还会涨,所以没有及时卖出,被套了。

乙:我本打算卖出,可 X(有一定经验的投资者)说没事,只是调整,不会再跌下去,所以我没卖。

丙:唉!都怪 Z(与丙投资者水平相同,甚至还差),我刚要卖出时,Z 告诉我:"我也买了这只股票,比你买的价格还高,没事,拿着吧!卖了准后悔!"结果真后悔了。

相同点:都因听了别人的建议,所以没有及时卖出,导致亏损。

不同点:提出建议的有专家、比较有经验的投资者、极一般的投资者,或毫无经验的新股民。

　　投资者在买卖股票过程中，经常会自觉或不自觉地过分依赖别人的意见（与是不是专家关系不大），就像我们徘徊在十字路口，当犹豫不决、进退两难时，如果出现一个过路人以肯定的口吻告诉你应该向"东"走（买入或卖出），那么不论这个人是否认识路，许多人都会按他指引的方向前进，其结果正确或错误都不重要，因为当时在徘徊的人们急需有个人为他们作出结论性的陈述。向东？向西！（买进、卖出）即使"他"是个"盲人"也无关紧要。杨百万的告别文章中有一段话给我留下了很深的印象——作为一个散户一定要理解风险和机会共存的真切含义，除了自己掌握自己的命运，任何人都不可能越俎代疱，把希望寄托在别人身上的散户注定是个失败者。

三、拿得起，放不下心态

　　有些投资者在卖出股票后（尤其是割肉离场的股民），虽然经过分析这只股票还能上涨，但迟迟不敢买入，最重要的原因是，现在的价格比当时卖出的价格已经高了，还是等等吧！结果，由于总是忘不了当时卖出的价格，导致贻误战机，失去了多次获利的好机会。

　　还有一些投资者在买入股票后，股票便开始下跌，虽然他也知道下跌已成趋势，但就是不肯卖出，原因之一就是现在的价格比我买时低多了！结果……

　　这两类投资者是该买不敢买，该卖不愿卖！心理上总是放不下最初买入（或卖出）的价格。

　　我记得有这样一个小故事：在很久以前，一个老和尚和一个小和尚在回寺的途中，经过一条宽宽的河流。一个妇人站在河边，由于河水太急不敢过河。这时，老和尚看到这种情形，上前背起那位妇人蹚水过河。老和尚安全地把她背到对岸放下，然后继续与小和尚赶路。小和尚心里始终感觉不舒服，因为男女授受不亲，更何况是出家人。因此，实在忍不住问老和尚，为什么要背那个妇人。老和尚笑着对小和尚说："我已经在两个时辰前放下了，你为什么还放不下呢？"

　　我们做股票也一样，该出手时须出手，该放手时须放手，不是吗？

四、图便宜心态

　　在股市里有些投资者长期关注几只股票，经过认真的比较分析，最后决定买入某只股票。当你问到他们买入的理由时，你会发现，既不是由于公司财务基本面良好，也不是由于技术图形走出上升趋势，更不是对该公司有着自己深刻的了解和对该行业有着良好的预期。唯一的理由：价格实在是"太便宜"了。

他们还会振振有词地对你说："股市是个高风险市场，我选择价格便宜的股票，其下跌幅度有限，可上涨空间广阔，相对风险小，收益高！"

表面上他们的选择是正确的。注意，只是"表面"上。实际上他们犯了两点错误：①价格的高低，用绝对数字量化。②选股时过度单一强调价格高低，忽略了其他因素。俗话说："一分钱，一分货。"我们在日常生活中买东西，如果只贪图价格便宜，大多数结果不是被骗就是质量有问题。做股票也一样，某只股票价格很低，但为什么这么低呢？很有可能是庄家已经出完货或是其公司基本面有问题。这种大家都不看好的股票你能期望它大幅上涨吗？就像你低价买了一匹又老又瘸的病马，你骑上它赶路，对于这匹马本身来讲无疑是"雪上加霜"。往往结果是越走越慢（逐波下跌），最终倒下！如果你买了一匹千里马，虽然价格贵些，但十天的路它三天就走完了，岂不是更划算！

我们买股票时首先要看这只股票所属的行业是朝阳还是夕阳，经营状况如何等等。然后，分析在同等条件下（公司的基本面、财务状况、流通盘、股权结构、盈利能力等等）谁的价格比较低，最后择机介入，不能只单纯注重价格！（我们在这里只研究通例，而不是特例）。

五、过于贪心心态

拥有金钱想美人，有了美人想江山，人们的贪欲是无止境的。就像股市投资，永远想赚最高点的钱，那是不可能的。当有些人的股票已经赚到不少利的时候，还是不愿意抛出，幻想着再赚点，再赚点，结果是赔了点，又赔了点，甚至赔了老本。有人说贪欲是推动社会的"原动力"！只有人们永远不满足于现状，才会拼命地努力工作，去创造更大的财富供自己消费、享受，同时，也推动了社会的进步。这其中有一部分观点是正确的，但贪欲也要有一个度的界限。现实生活中，过分的贪欲能摧毁一个人灵魂，股市中，过度的、不切合实际的贪欲，能毁掉你的投资前程。多少事实已证明了这点，希望大家要理智一些，该赚的一定想办法去赚，不要为不该赚的去疯狂而失去理智！

六、侥幸心态

在股价刚刚从高位下跌时，手中有股票的投资者应该严格止损，割肉离场。但有相当一部分人一厢情愿地认为，我手中的这只股票一定还会上涨回来，下跌只是震仓。为进一步拉升股价打好基础，庄家不会在这个价位出货。万一割肉卖掉，过两天又大涨，岂不是亏了，再说我不会那么倒霉。人们总是抱着侥幸心理，以为自己是股市里的幸运儿，拿着自己的血汗钱不是去博弈，而是去博傻！

当股价在一个大箱体里进行横盘整理时，我们应该在箱体上沿卖出，在箱体下沿买进。可总有一些投资者到了箱体上沿不卖出，到了箱体下沿不买进，理由是：万一这次股价能突破箱体上沿，我不是卖亏了吗？万一这次股价能突破箱体下沿，我不是买亏了吗？试问：为什么不能在箱体上沿卖出，即使突破向上，也要及时跟进。在箱体下沿买入，即使破位下行，也会马上割肉离场呢？

两次侥幸，失去了两次规避风险和赚钱的机会，得来的却是损失。

老人们常说："不怕一万，就怕万一。"做人、做事千万不要抱有侥幸心理，一次侥幸，就可能出现后悔莫及的事。何况世上也没有治愈后悔的灵丹妙药。股票市场本身的投机气氛就很浓，在这样的市场氛围下，人们更应该打有准备之仗，对自己手中的股票如果抱有侥幸心理的话，你的钱一定会纳入别人的口袋。

七、过分自信心态

在投资行为中，自信心当然很重要，但过分的自信就等于"自杀"！因为过分自信的结果必然造成过分的非理性。

过分的自信，是不顾客观事实武断地去判断事物，这种心态是股票投资中的一大"忌"。由于武断，投资者会坚持错误而不更改。有的人明明买错了股票，而且市场也证实了他的错误，还是一味坚持自己的做法，毫无根据地认为他的股票一定能涨。本来自己是半瓶子水在晃荡，非把自己当成一瓶子水的高手，不是很可笑更是很危险的事吗？

过分自信的人，当"幸运"之神偶尔光顾他的时候，他过分自信的心态会更加放大，一旦失去，则会一败涂地。

在投资过程中，我们难免要犯这样或那样的错误，应该学会向市场不断地承认错误，你才能有所进步和提高投资水平。过分自信，坚持自己的错误，最终得到惩罚的一定是你自己。

八、赌徒心态

做股票是一种理性的、长期的投资行为，如果你非要把做股票视为赌博游戏的话，那你要具备几个条件。

（1）首先有输不完的本钱（除非你会变钱）

赌技再好，如果你没有足够的本钱，那么你的输面会很大。例如，甲、乙两

第2章 心态篇

人赌博。

甲：赌技好，悟性高，偶尔运气不错，赌资1万元。

乙：毫无赌博经验，运气一般，赌资31万元。

规则：第一次赌额限定以1万元起赌，以后每次以前一次赌额倍数递增。

例：第一次（1万）；第二次（1+1=2万）；第三次（2+2=4万）……

我们不难发现：甲：$1+1=2$　$2+2=4$　$4+4=8$　$8+8=16$

乙：$31-1=30$　$30-2=28$　$28-4=24$　$24-8=16$

甲连续赢4次与乙连续输4次所剩筹码一样，换句话说，只有甲连续赢5次，乙连续输5次，甲才能真正赌赢乙。如果乙赢1次，那么这个结论就不成立了。这难道不值得有些投资者深思吗？

（2）永远运气好（天上不会掉馅饼）

俗话说："玩得起才玩，玩不起不玩。世上什么债都可以欠，只有赌债不能欠。"经济学家之所以反对赌博，是因为同样的100元钱，输钱的痛苦远大于赢钱的兴奋（痛苦＞兴奋）。货币交易这个行业，是一个很容易玩的游戏。这里只需要遵守三四种规则就可以了。但是……你和我……我们玩过头了……最后赔进大把钞票，坏运过去之后好运又来了。怎么会这样呢？我们该怎么做呢？

在这里有个故事讲给大家听听。

伯恩斯坦在一家集合了农夫、牧人及少数投机客的证券行发表演说。演讲完毕时，他被征询是否愿意去见一位赚钱的客户，他们说他并不是很聪明，但是很会赚钱，从来没输过。

一位老农夫和伯恩斯坦一见如故，他问伯恩斯坦是否愿意学习他的办法。"当然，"伯恩斯坦回答，"我很乐意向你请教怎么做。"

于是他打开自己所绘制的猪肉价格趋势图，并且用线吊着一个坠子……把它吊在猪肉线图的上方，并建议伯恩斯坦："假如它上下摆荡，我就买进……假如它交叉摇摆，我就卖出，就是这样。现在，伯恩斯坦，你看到我的做法了。"伯恩斯坦吓了一跳，想了一下，然后问道："就只是这样吗？再没其他的了？""嗯！"这位天才交易员喃喃地说，"还有一件事，但我想那并不重要。假如我在当天收盘时亏了，我就把它们都卖掉。"显然，这不是投资，实实是在赌博。

人实际上都有"赌性"，只不过每个人的赌性大小不等。带着赌博心态进入股市，不就是拿黄金下赌注的人吗？何况股市中人的赌性更比一般人大。有人为赌倾家荡产，甚至借钱、挪用公款，投到股市，妄想一夜暴富，结果锒铛入狱，后悔莫及。鲜活的事例不少，大家一定引以为戒。用碰大运的心态去作投资，实实是一件太可怕的事情。奉劝那些投资市场中的"赌徒"们，赶快断臂戒赌！刻苦学习投资方法，以一个真正的投资者出现在股市里。

九、喜抄底，不止损心态

看到大盘指数一路震荡，大家的心也跟着上下波动，就盼着抄底抱个价廉又能升值的金娃娃。看到自己买到了处于历史低位的股票，没事就偷着乐。认定了这只股票一定会涨。但他只看到自己的成本比别人都低，却没有想到，这只股票很可能还会有很多新低出现。有的散户见一次止损后没几天股价又涨了回来，下次就抱有侥幸心理不再止损。2007年不是流传着一句名言吗，打死也不卖！其结果是，你的底，不是底，跌入深渊才知底，再想爬上没气力，晚矣！

亡羊补牢，犹未为晚。止损是补牢，不要太在乎一时的赔与赚，必要的止损是为了留住你的青山，才能再有柴烧。因为一味地不愿止损，有些股票可能几年都不能再见天日。

记住，"截断亏损，让利润奔跑"的至理名言。该止损时就止损。

十、恐高心态

许多散户都有恐高症，其实股价的涨跌与价位的高低并没有必然的联系，关键在于"势"，在上涨趋势形成后介入安全性是很高的，而且短期内获利很大，核心问题在于如何判断上升趋势是否已经形成，这在不同的市场环境中有不同的标准。比如在大牛市中，放量创出新高的股票是好股票，而在弱市中，这往往是多头陷阱。对趋势的判断能力是衡量炒手水平的重要标准之一。一只股票开始上涨时，我们不知道它是不是龙头，等大家知道它是龙头时，就已经有一定的涨幅了。这时散户往往不敢再跟进，而是买一只涨幅很小的跟风股，以为可以稳健获利，没想到这跟风股涨时慢涨，跌时却领跌，结果弄了半天，什么也没捞到。其实在强势时，涨势越强的股票，跟风越多，上涨越是轻松，见顶后也会有相当时间的横盘，让你有足够的时间出局。在牛市中，"选股要选强势股，不买龙头白辛苦"！当然，如果涨幅太大，自然不可贸然进场。

十一、广撒网心态

有枣没枣打一竿子。有鱼没鱼多撒网。看不清市场，也没有自己选股的方法，炒股全靠别人推荐。今天听朋友说这只股票好，明天看电视说那只股也好，结果一下就拿了十多只股票，心想，总会有几只得涨吧。有人会说，江恩不是说要把资金分成十等份吗？哎，那是对大资金说的，你一个小散户区区几万元资金也要分十等份吗？我认为，散户持股三只左右是比较合适的。有的投资者看见大盘涨了一点就急忙杀入，根本不清楚自己能有几成胜算，结果一下又被套住了，其实这是由于水平低下，缺乏自信所致。如果你能有几套适用于不同环境市场的赢利模式，那么不管大盘涨、跌还是盘整，你都有稳健的获利办法，你就能从容不迫地等待上升趋势形成后再介入，把风险降到最低。

十二、学了就赚心态

有许多投资者把赔钱的原因归结于没有认真学习证券知识，入市时是一种盲从的行为。接下来他们认真学习市场上通行的《道式理论》、《波浪理论》、《江恩理论》等等……可结果发现学后还是赔钱，这使他们百思不得其解！

我们大家都知道"马列主义"是革命的真理，但不能照搬照用。就当时中国国情而言，走农村包围城市的道路，才能取得胜利。如果一味地攻打城市中心地区，而不是采用"农村包围城市"的方针，革命也不会成功。同样的道理，现有的这些成形的投资理论，大多都是国外的成功经验总结，时间也相对久远了。如果投资者不考虑中国股市自身的特点，就拿来照搬照用，我想效果一定不佳！更何况，市场瞬息万变，用一成不变的方法模式去处理问题，准确度可想而知。

记住：我们一定要学会活学活用，一切投资行为要以"市场"为基准。市场永远不变的就是在"变"。

股市中芸芸众生，众生百态。希望大家对照找找自己的表现，引以为戒，不要再犯同样的错误。

第7节 如何培养良好的投资心态

良好心态的培养，绝不是一日之功，不可能一朝一夕就奏效，只有当你真正认识到心态会对投资行为造成很大影响的时候，才能有意识地去调节和培养良好的心态，相信每个人都会有所改变。下面我重点强调以下几点。

一、克服不良心态

以上我们已列举了十多种不良心态，都来自于投资者实实在在的表现和教训。大家应该照照镜子,如果有对号入座者,就要从中总结教训,查找原因,不要再犯同样的错误。因为犯了错误并不可怕,可怕的是有了错误还不悔改。

如果你是一个心态比较好的投资者,也应该引以为戒,不要走别人的弯路。

二、克服盲目乐观情绪

乐观是一种积极的心态,无可厚非。但盲目乐观则是一种不理智的情绪。特别是在股票操作中,更是大忌。风险要时时刻刻牢记于心,赚了点钱不要以为自己就是股神而忘乎所以。要客观地分析市场,分析自己的操作思路,不要给自己只报喜不报忧。

三、克服后悔情绪

人们往往会对自己已做过但不满意的事情产生后悔情绪,但要注意的是,对于已经过去的事,后悔不但解决不了任何问题,还会影响自己的情绪。在股市投资中,不外乎有4种后悔心态。一是后悔没买涨得好的股票,二是后悔买了下跌的股票,三是后悔高点没有卖,四是后悔下跌没有止损。如果一味地沉浸在后悔情绪中,怪自己运气不好,不良的心态会永远伴随着你,让你永远处在后悔中,贻误了赚钱的机会。唯一可行的就是从中找出原因,总结经验,减少失误。

四、不要把特殊事例当作普遍现象

股市自有它的规律性,但也是千变万化的。意想不到的事情很可能发生。我们不应该过分关注这样的"个别特殊事件",并把个案当作普遍的现象,用它举一反三地来搅乱我们的心态和操作思路。个案事件不是系统性的问题,不是经常出现,没有代表性,属于小概率事件,更不会影响市场的长期稳定和发展。例如,ST金泰从2006年11月21日最低点1.91元一路狂涨到2007年8月31日最高点26.58元。这类股票属于极特殊个股,和大部分股票没有什么可比性!

五、拥有积极的心态

拥有积极的心态是我们做事成功的主要根源。这是大家都确信的道理。但用在股市中,有人就会说:"那当然了,你赚钱了,当然心情愉快,心态也就积极了。"也就是说,大数人认为积极愉快是由于我们成功了。如果我们从辩证的角度来看，之所以成功是因为拥有了积极的心态。

拥有积极的心态对于成功的投资者来说是很重要的。首先，它能使你集中精力去作有利可图的投资，当你处于连续亏损中时，能全神贯注地迅速回到盈利的轨道上来。没有了积极的心态，你一定会逐步走向颓势。换而言之，你的消极将会使自己斗志全无，你的心态甚至会变得更加糟糕，导致更多的亏损。

拥有积极心态的另一个重要原因是，它有助于你全神贯注地关心你的盈利目标而不去理会亏损与否。积极的心态给予你坚持投资下去的力量和勇气，即使是在最严峻的市场环境下也是如此。如果没有积极的心态，在"市道"艰难的时期，很容易就会放弃，如果你真的那么做了，就永远与一名成功的投资者无缘了。

做市如练太极，道法自然。股市没有完美的公式，也不要人为地加强于"市"。还其本体，心融于市，意如水，随市而动，顺市而推，借力（主力）而发（派发），避其锋芒，伺机而动，人市合一。

以上是我个人在股海搏杀的一些感悟和体会，希望能给广大投资者一点启示和帮助！

the Bible of Retail Investor

第3章
实战篇

前两章中，我们用很大的篇幅讲解了投资理念和投资心态的有关问题，它是我们进行实战投资的基础，是必修的功课。下面我分别就实战投资技巧的几个重要环节进行以下讲解。

本章概要

第1节 投资者所处位置

第2节 坚持目标,适时调整目标

第3节 坚持写投资日记

第4节 解密庄家技法

第5节 短线投资——盘口解密

第6节 长线投资——耐心人的游戏

第7节 长线短炒技法

第8节 K线玄机

第9节 股票技术形态精解

第10节 实用技术指标精解

第11节 实战图例技法

第12节 熊市生存的"必修课"

第1节 投资者所处位置

股市是一个投资的市场,但也是一个看不见刀光剑影,听不见战鼓擂鸣的战场。胜利者金玉满钵,失败者会一败涂地。你想克敌制胜,首先要做到知己知彼。换句话来说,你应该知道自己在战场上所处的位置。

2007年底见报上有文章说,截至2007年底,深沪两市开户数达1.32亿户,其中基金持股市值占30%左右,个人投资占基金的98%,这些投资者具有如下特点:新入市的投资者比例高,风险意识缺失;个人收入在2 000~5 000元的低收入者比例高,接近70%,行权意识缺失;中小投资者比例高,10万元以下的占25.1%,10万~20万元的占25.7%,过半数的投资者平均持股不到3个月。

虽然这是一个庞大的投资者队伍,但在股市中的位置却还是一个"弱势群体",原因有五:

第一,投资金额小,没有更多的闲置资金进入股市,不能进行适当的投资组合从而降低风险。而庄家机构则与其相反。

第二,这些人要么还在上班,要么就是搂草打兔子,还有人是买了就等着收钱,根本没有足够的时间和精力关注市场进行股票交易。而股票行情分分秒秒都在变,投资者必须有充足的时间观察市场,及时交易。不然,很有可能错过赢利的机会。

第三,缺乏甚至没有证券投资知识。因为在这个高风险的证券市场里博取收益,必须要懂得,起码应了解一些风险收益理论和资产组合理论,学会宏观面和技术面的分析,会看财务报表等等,还要有一定的实战经验,否则就算盈利也不知为什么盈,亏损不知为什么亏。而中小散户由于种种原因,极少数人能满足以上条件。

第四,缺乏良好的心理素质。古人云:胜固欣然,败亦喜。可一般中小投资者很难面对涨跌而保持一颗平常心。6 000点时盲目乐观,认为股指一定会继续上涨,而一路下跌到4 000点以下后,就恐慌抛盘,心灰意冷。其实,在股票交易中,钱已经被"数字化"了,作为一个抽象的概念独立存在。在交易中不能患得患失,否则,再优秀的投资者无论理论知识多么扎实,实战经验多么丰富,如果心态不好,最终会走向失败(心态篇中已作具体阐述)。而大机构在交易中则能用铁的纪律克服人性的弱点。

　　第五，初期市场——全面牛市：庄家遍地，散户赚钱。
　　　　现在市场——局部牛市：基金扎堆，散户套牢。
　　　　未来市场——指数牛市：机构互博，消灭散户。
　　了解市场环境，认清自己所处位置，才能避其弱点，把握机会，战胜自己，战胜敌人，获得收益。

第2节　坚持目标，适时调整目标

一、制定现实可行的投资目标

　　制定现实可行的投资目标，是实现投资理想的保证。很多人之所以失败，是因为他们的目标不现实。比如，我们在股市中常常看到一些股民雄心勃勃地宣称，要用半年或一年的时间把自己的本金翻上几倍，这样的目标可能实现吗？说句不客气的话，是痴人说梦。当然，极少数有这样的情况，但绝不是广大股民能达到的目标。

　　在股市中，把投资收益的时间预期太短、手中资金与预期收益不成比例、做自己弱项投资等等，都是不现实，也很难达到的目标。就像量体裁衣，做你能穿的衣服，做你能经过努力做得好的事，投资目标才有可能实现。如果一旦制定了切实可行的目标，并确定自己的目标真的很现实之后，就要坚定信心，坚持自己的目标。同时，还要看自己的目标是否具体？然后分时间、分阶段制定出阶段性的小目标。做这些事需要花费时间、认真动脑，不能怕麻烦，不能走捷径。

二、适时调整目标

　　我们应该明白，投资市场由于受多种因素影响，是瞬息万变的。随着市场的变化，在投资目标实施过程中，你可能会发现原来制定的投资目标有些并不现实或出现了一些问题。这时，一不能害怕，不知所措；二不能全部推翻，全盘否定；三不能在明知有问题了，还墨守成规、一成不变地坚持自己的投资目标。其实，任何投资目标都是动态的。市场在变，我们的资金状况、投资思路等也在不停地变化，所以出现变化和发现一些问题都是非常正常的。最有效的办法是保持冷静头脑，认真分析，找出问题所在，及时修正和调整投资目标，尽量使投资目标达到安全性、风险性、收益性最佳的状态。

但是要注意一点，调整目标要尽量在不偏离大目标的前提下，调整阶段性的目标和操作思路。

第3节　坚持写投资日记

大多数投资者都没有坚持写交易日记的好习惯。做到这点对于提高我们的投资技巧很重要，也是一个很有成效的办法。

写交易日记有以下3点好处。

第一，我们可以清楚地记录下每天交易中所发生的一切。尤其是能记录下犯了哪些重大的投资错误。这样我们就可以清楚地知道，投资失误的原因是心态？是技巧？还是两者皆有。在次日交易前还要反复重读，不断提醒自己注意！因为投资者最容易犯重复性的错误，或许就在明天。

第二，坚持写交易日记可以使我们交易思路有连贯性，对市场认知度不断提高。尤其对"长线短炒"者非常重要。因为许多投资者只喜欢在牛市关注股票每天的走势，在熊市就不再关心市场变化，这使得广大散户永远也不明白为什么总是熊市被套的原因。

我们在记录内容上至少有以下几方面：

1. 记录下你所持股票每天波动的范围以及市场的反应。
2. 记录下你成功或失败时心里的状态以及成功或失败的原因。
3. 一周、一月总结出你近期投资的心得和特点。

我可以肯定地告诉您一件事，就是当您开始写交易日记时，您肯定会发现你的获利能力会戏剧性地大幅提高！不信从今天就去试试！

第三，坚持写日记可以帮助我们**战胜自我（看一下来自美国交易员真实的道白）**。

我知道我将要做的事有多邪恶，但非理性的自我战胜了我的决定。可能这只是我和美狄亚的想法……但也可能不是。我在心理学所学到的第一课就是，如果我不断地想着一件事（性、金钱、权力、抓到一条大彩虹鳍鱼），我的同仁们可能也有同样的意念或梦想。不，你别以为我快要变成加州怪物了。但我会是第一个承认，我在交易时经常和内在自我对话的人（可能会有两个内在自我）。有人可能会说它们听到内在自我的声音……我可不是这种人，但这种内在自我的声音，对我的交易决策产生了极大的影响力。所以我花了很多时间去聆听自我的声音，并加以思索。以下就是我从中学习到的。

这种自我的庞大力量似乎已经超越我们的判断力。为了确定我还没有发疯（这是指日可待的），我和少数几位我所尊重的交易员讨论，他们也提起这些声音或是他们与内心自我的对话……以及这些力量对我们的决定有多大的影响力。和这位说出她的经典名言，然后就杀死自己儿女的美狄亚一样，我承认我曾经明确地知道会输，但还是进场交易，而且真的觉得没有办法不去做。在我们这些平凡的交易员心中，确实藏有一股强迫我们去做的力量。

突破之道在于，运用我们内心的力量，控制住这种自我毁灭式的行径。我将告诉你，如果你和我一样受到这种情况的影响，有哪些因应之道。但现在让我们来看看发生了什么事情。

我之所以热衷这个主题的真正原因，是在两星期以前，我原本收到国债市场出现的一个买进讯号，但我却没这么做。为什么呢？理由很简单，那些"声音"叫我别买。这段内心对话是这样的："嘿，拉瑞，你上回交易输了，这次应该小心了……这是相当可怕的东西……在这里停下脚步，等下一个更理性的交易吧……至少等讯号出现，然后出现回档时再进场，或类似的讯号……"同时，另一个声音会说类似这样的话："你一定要去做你该做的事。"

内心的声音之所以发出截然不同的意见，都是因为想要保护我。换句话说，为求保命的那部分自我，已经抛出一大堆一大堆的恐惧。千真万确，这个"声音"比第二种声音吵得还要久，还要凶。它整天吵个不停，因而让我错失了一个很好的交易机会。

简而言之，因为恐惧而发出的内在声音会说服你放弃的好交易，多过你会叫自己去做的坏交易。

过去几个星期以来，我一直在专注这个问题，根据我的观察，你是可以接触到这些内在自我的。你能够感觉到、听到哪一个自我是恐惧，哪一个自我是以活命为主，那一个自我就是你一定得去了解的。或许，你是那种不容易受到情绪感染的人，你只要明了，想说服你不要去做某件事的声音，就是保命的"声音"，也就是你要避免去聆听的声音。

对这些自我多加注意的话，你可以充耳不闻，不接触其消极的唠叨声。

以下就是你本月的习题：当你在进行接下来的10笔交易时，把你在情绪层面所感觉到或听到的声音写下来。不要长篇谩骂，真正地仔细聆听，好让你能分辨出这两种声音（我就我的经验告诉你们有两种声音。不过我访问其他交易员时，有人也说他们脑海里会出现两种相反的意念）。这样的话，你不但能够对抗你的情绪，更可以将它分类，详细地记录在你的交易日记里，以便在日后对付它们。

第4节 解密庄家技法

古人云："用兵如孙子，用计三十六。"股市如战场，虽然我们看不见刀光剑影，听不见震耳欲聋的炮声，但这场没有硝烟的战争充满了斗智斗勇，同样惊心动魄。

股市本身并不能创造财富，炒股是一个社会资金再分配的过程。庄家赚钱，广大散户就会赔钱。所以，从庄家诞生那日起，注定要与散户成为"天敌"，为广大散户编织一个又一个精心设计的"骗局"。当股市在高位时，庄家会营造出一片空前的"繁荣"景象，让股民感觉大盘后市前途无量；当大盘低位时，又会让广大投资者认为世界末日到了，再不斩仓割肉，真要血本无归了，于是挥泪离场，抛出股票。而庄家正好在低部大口大口吃廉价筹码。庄家就是这样在与散户投资者进行搏杀，时而力挽狂澜，时而背水一战，时而声东击西，时而项庄舞剑意在沛公。庄家可谓机关算尽，设下无数陷阱，与散户斗智斗勇！

一、庄家的含义、特点及种类

庄家是指资金雄厚、消息灵通，以广大投资者为对手，通过影响、操纵股价获得暴利的机构。

庄家的特点：

(1) 资金非常雄厚。
(2) 消息灵通。主力庄家在消息面上有着绝对的优势，尤其是"政策市"的大环境下，这种优势更为突出。我们可以发现每次大盘在出"利"好或"利空"的前一天两天，盘中都有大资金抢货或"出逃"迹象。
(3) 以市场为对手。机构主力调动千万上亿的资金冲杀股市，无非是想获取丰厚的利润。而股票市场又是零和的游戏。有人赚钱必然有人亏钱。因此，在庄家进入股市的那一时刻起，客观地决定了他们必然要以市场为"敌"，处心积虑地与市场人士斗智斗勇，千方百计地把他们的钱"抢"到自己的口袋里。其实不单是庄家，散户亦如此。

（4）操纵股价。庄家只有通过操纵股价才能达到获利的目的。当他们收集到足够的筹码时，就可以在一定条件下按着自己的意愿，操纵股票的涨与跌。例如，在关键技术位砸市、托市等等。

（5）对市场有深刻的理解。主力庄家在坐庄时，有严格的"铁律"，对相关政策理解非常到位。

（6）集团军协同作战。在主力庄家坐庄时，会有一大批精英鞍前马后效命，而且往往是几个大机构以结成战略合作伙伴的模式协同作战。现在基金集中持股就是一个变相坐庄的普遍现象。

庄家的种类：从时间上划分，主力庄家可分为短线庄家、中线庄家、长线庄家三种。

1. 短线庄家

（1）收集筹码相对较少，通常在8%～20%，也有个别在5%的。

（2）坐庄的时间短。从吸货、震仓、拉升出货全过程最长不过三个月，最短的有一天完成。例如，深圳股市1994年国庆后暴跌至140点，当日反弹到173点。明显是一些短线庄家的杰作。上午收集筹码，下午两点多钟拉高，收市前派发（T+0交易规则），盘中完成洗盘震仓。

（3）拉升幅度有限。由于客观环境及时间的制约，短庄炒作的股票升幅一般都很有限。通常在10%～20%，超过20%以上的股票基本面都有利好消息配合。或者是在牛市大涨行情中，跟风盘追涨愿望十分强烈。

（4）短线庄家进场一般会选择个股上涨的末期；横盘整理的调整期；牛市上涨的初期以及重大利好的出台前夕。

理由如下：

第一，股票上涨的末期。股票一直上涨，市场里大多数散户还陶醉在红红火火的"大牛"市中，各方人士也对股市一致看涨，大家追涨情绪依旧高涨。而短线庄家已经看出大市已是最后的"疯狂"，所以采取快进、快出的手法进场操作。因为牛市末期也是黑马狂奔的阶段，所以出货对庄家来讲非常容易，但一定要"快"！

第二，横盘整理时期。当股票在上涨途中形成一个"大箱体"宽幅震荡时，短线庄家有时也会抓住机会"猛炒"一把，马上离场。因为箱体震荡给他们提供了吸货和派发的空间,同时箱体整理格局一旦形成,往往会持续一段时间,客观上也给短庄提供了全身而退的机会。

第三,牛市上涨的初期。当市场刚刚经历了熊市悲惨的下跌后,很少投资者进场买货,这对短庄是一个绝佳的机会。由于他们资金相对少,不可能完全控盘,因此会尽可能去买"便宜"货,如果成本太高,短线很难离场。

第四,重大利好出台前夕。短线庄家选股一般不会过分注重公司的基本面,而是更关心政策面和技术面。一些消息灵通的短庄,在政府出台重大利好的前几日或(一周),就已经得到了消息,便马上选择一些技术面走势较好的股票快速进场,一旦利好公布兑现,马上抽身离场。这些股票往往在利好出台前几日收盘时成交量有所异动。

第五,"天元斩"。短线庄家一旦操作失败,会毫不犹豫地止损离场。极少数短庄会将"游击线"演变成"持久战"。他们被市场称为"过江龙"。

2. 中线庄家

(1)中线庄家在收集、拉高、出货全过程通常需要四五个月的时间,长的有一年多之久。

(2)低位建仓明显。由于中线庄家资金相对短庄来说要大得多,所以在吸货阶段多少会露出痕迹。他们吃货一般要到达50%~60%,最多的可达到80%。在经过长期下跌过程中,明显在低位有成交量放出,并且持续几周,投资者应结合周线、月线观察。

(3)上涨幅度大。中线庄家一般拉升会超过50%,由于他们建仓成本较高,时间较长,必须拉出巨大的获利空间,才能安然退出。

(4)关键技术位放量突破。中线庄家在操纵股价时,在关键技术阻力位时会放量突破,显示其实力非同一般,然后进入快速拉升期,而且在建仓底部附近。大市暴跌,该股小跌,大市小跌,该股不跌;大市盘整,它却稳步攀升。

【例】宝钛股份(600456)月线

2005年5月—2006年5月(与大盘同期对比——此期间大盘一路阴跌)。

(5)对大市把握很准。中线庄家在拉高股价时,往往有大行情配合。他们特别会顺势而为,吸引场外跟风盘。由于庄家手上筹码多,派货时间要持续相当一段时间,并且不仅在顶部派发,在中位,甚至到了出货末期,廉价低位出货也时有发生。

3. 长线庄家

(1)长线庄家坐庄通常以年计算。他们资金庞大,进出困难,没有充足的时间和空间,是根本无法离场的。

(2) 长线庄家坐庄一般会在一个经济周期的谷底逐渐建仓，待经济环境转暖，上升后逐批出货。

(3) 长线庄家在做某只股票时，往往会非常注重其公司的基本面，一般都是质地优良成本性好的"蓝筹股"，这些股票盘子偏大，主营业务收入稳定，有丰富的想象空间，重组兼并概念题材不断。

(4) 长线庄家在低位建仓时极有耐心，他们不在乎大盘一时的涨跌，而是我行我素，有时大盘涨，该股反而下跌。目的就是不想让短线客扰乱他们做盘计划。

二、从资金来源划分庄家

1. 券商：券商"坐庄"就是证券公司的自营盘。

过去综合类的证券公司业务范围内有"证券自营业务"一项，即证券公司可依据《证券法》的规定利用本公司的资金自己买卖证券业务。而现在又增添了"集合理财业务"。从去年部分证券公司的试点情况看，社会资金还是比较青睐证券公司开发的金融产品。比如去年招商证券与招商银行联合开发的受托理财计划，就曾经引发储蓄资金的抢购潮。虽然在集合资产管理业务开展初期，中国证监会仅允许创新试点类证券公司试行办理此项业务，而且目前只有3家证券公司获得创新试点，但是这是个信号，更是个方向，它预示着管理层超常规发展机构投资者的思路已经落实到实际行动中。

2. 上市公司：上市公司"坐庄"本身是一种违规行为，但在前几年此现象非常普遍。像"深发展"狂炒自己的股票，动用3亿左右的资金，仅用三个多月的时间便盈利9 000万元。还有，为了维护公司形象，上市公司在股市低迷时亲自出马护盘。即使在现在已经比较规范的市场中，像北辰实业（601588）这样一上市就动用自有资金炒作自己公司股票的事件还没有完全杜绝。

3. 基金：基金现在是市场上举足轻重的主导力量。从最近两年观察市场，凡是基金近两年交叉、集中持有的品种都出现了比较惊人的涨幅。例如，中集集团（000039）、苏宁电器（002024）、张裕A（000869）在基金联合变现"坐庄"下，都出现了股价连续翻倍的走势。并且今后基金在市场中的作用会越来越明显，政府也提出要超常规大力发展机构投资者。因此，投资者要密切关注基金的持仓结构。但注意千万不要盲目地跟随"基金"买股票，在大盘阴跌时可选一些基金重仓的绩优股，及时调整持仓比例。

4. 政府：我们常常把政府"救市"称为坐庄。

政府庄家就是当政治、经济等突发事件令股市暴跌，由此引发金融危机，或股市极度低迷时，为了维持社会安定，促进股市健康发展，政府亲自出马"救市"坐庄，其实，在成熟市场政府救市是一种非常普遍的现象。

例如1：1997年亚洲金融危机，港府与国际金融大鳄以"索罗斯"为首的对冲基金展开了"香江"之战。港府动用了巨额外汇储备进入股期两市，与炒家对抗的过程中耗资金千亿港元，孤军奋战，在1998年8月份港府已经成为市场上最大的"庄家"，拥有千亿市值的股票。

例如2：我国股市在1991年一开年，连跌了9个多月，总市值凭空减少七八个亿，当时市值仅为50亿，市场一片恐慌。从8月19日起，深圳市政府劝大家：不要短视，要有长远眼光。9月7日，市政府筹集两亿资金，开始秘密救市。两亿救市资金主要用在深市龙头股深发展上。深发展从14.65元一直涨到26元仅用几天时间，这时股民纷纷进场买货，大盘开始强劲反弹。

政府庄家的特点：

第一，大市到了危急关头，政府通过坐庄来稳住暴跌的股市；

第二，政府坐庄既有雄厚的资金，又有相关的配套利好政策；

第三，政府庄家主要是为了打击人为操控市场，破坏经济秩序的行为。

"股市的升跌，由市场来自行调节。但是，只要人为操控市场的行为存在，政府就会采取相应的行动。"

——香港特区行政长官　董建华

三、庄家具体操盘技法解密

"小骗可以养家，大骗则可安天下。"大多数股民在炒股时都曾有这样的感受——这次又上庄家当了。其实，股市是一个智慧的高级竞技场，参赛选手各施浑身解数，谁心态好，谁骗术高，谁能识破敌人的骗局，谁才是最后获胜者。

"高明的骗术"——空头陷阱、多头陷阱的设置

A. 利用重要技术关口设骗局——空头陷阱。

重要的技术关口往往会被市场认同。尤其是当股市处于下跌途中，被套牢的股民希望在关口处获得支撑，但他们的希望经常化为泡影，一个又一个的重要支撑位被有效击穿，散民心理一次又一次地受到痛击。往往当熊市或调整市走到最后一个关口，一旦又被击穿，不知何处寻底时，散户心里的最后一道防线就会彻底崩溃，整个市场则充满了极度悲观情绪，不少高位套牢的股民纷纷挥泪断臂，永别股市。然而，就在这时，庄家会突然杀一个回马枪，大举进场吸货，步步逼空行情，市势狂升。等到广大股民如梦初醒时，股市已升幅很大。一旦追进，不是横盘调整就是下跌，再次把散户套在高位。

我们以本论"大牛市"沪指为例，大盘从 2001 年 6 月 2245 点一路狂跌，到 2005 年 6 月 1 000 点附近。当人们本以为不会跌破千点大关时，可偏偏大盘就在 2005 年 6 月 6 日那天一举击穿 1 000 点探至 998 点，大有突破箱底一跌不回头之势。市场人士也纷纷对后市"看空"，中国股市 700 点的观点满天飞。许多散户在那天斩仓离场。还有就是在 2008 年 4 月 22 日那天，盘中沪指一度跌穿 3 000 点心理防线，许多投资者都绝望地割肉离场，结果第三天大盘放量拉涨停！

在这两次行情中，那些深得破大位即斩仓离场，创新高马上追进理论"精髓"的股民，就落入了庄家精心设下的圈套。

B. 利用重要技术关口设骗局——多头陷阱

"多头陷阱"对广大投资者来说并不陌生。庄家用其方法套牢散户，屡试不爽。我想是时候应该静下心来仔细反思其内在原因了。

B1. "多头陷阱"含义：多头陷阱一词来自台湾，指中级（或以上）的上升行情已走到顶部，即将转升为跌时，突然迅速地上升一段令市场人士误认为升势未完而纷纷追高，从而套牢散户的行情。有时这种行情在顶部区域会反复出现多次，目的是在最大限度内，最高位套牢广大投资者。

B2. 设下"多头陷阱"的前提条件

条件一：广大中小投资者对大市或个股未来走势（即将反转的行情）没有准确地把握。有些人对放量止涨或涨幅有限的大盘开始有所警觉，但就此认为已到顶部则信心不足；有些人虽担心大盘会下跌，但更害怕会踏空；还有些人非常看好后市，正准备满仓杀进；只有极少的先知先觉者发现大盘已是强弩之末，应及早抽身离去。前三类由于贪婪，举棋不定以及错误的判断未能获利离场，为庄家制造多头陷阱提供了广泛的"民众基础"。

条件二：股市在某种程度上是零和游戏。这种博弈行为决定了在这个特殊的市场环境下，有人赚钱就一定有人赔钱。而赔钱的人是大多数，符合七二一规律：七人赔、两人不赔不赚、一人赚。因此，庄家通过做多头陷阱，诱使广大投资者受骗，令潜在赔钱投资者"输钱"变为现实。

B3. 巧设"多头陷阱"三步走

第一步：在制造陷阱初期要死守重要支撑位，造出一种正常回调再创新高的市场氛围。因为大盘大高位，广大投资者已有"高处不胜寒"的感觉，一有风吹草动就要逃命。所以，庄家在顶部区域开始出货回调时，又不让广大投资者看清大市，便一定要守住某些关键技术关口，而且要经过一段较长时间，反复操作。这给人一种假象，回调到关键技术支撑位马上就会反弹，后续升市未尽，只是中途正常调整而已。

值得注意的是：庄家在制造多头陷阱时，一般会让大盘先破位而下，等止损盘抛完后，迅速拉回关口。

第二步：大造利好舆论，大盘虽在高位，但却无"丝毫凉意"。庄家到处散布利好消息，吸引广大股民奋不顾身地追高买货或死守仓位待创新高。因为利好消息是刺激、诱使和稳定股民信心最好的"兴奋剂"或"镇定剂"。

第三步：人为地渲染"利空"消息，以其为"导火线"，用快速形成套牢盘的手法死死地把股民套在高位。

2001年7月23日大盘开始下跌到7月31日大盘连跌，7个交易日，累计跌幅12%时，庄家借"国有股减持"的消息大作渲染，市场到处一片人心惶惶。广大投资者包括中小机构和极少数大机构都被牢牢地套在高位。

B4."多头陷阱"的特征

第一，在高位，多头陷阱一旦形成，标志着一个中级调整开始。股民最少要经历5个月左右的下跌，损失大多接近30%~50%，个别的投资者亏损达70%以上。

第二，大市在高位横盘时，突然向上拉升要仔细观察，庄家是真的用大量资金去推升股价，增量资金是否踊跃进场，还是利用消息把股价"吹"上去。如果庄家只用嘴巴吹市，用杠杆去"敲"市，投资者就要格外小心，看不清后市马上抽身离场。

第三，在大盘回调企稳上升时，往往形成向上跳空缺口，以吸引广大投资者注意，激发追高热情。

第四，大盘在高位制造多头陷阱时，往往大盘会出现放量滞涨、微涨等现象。在盘中，指标股翻红，但二三线股却不涨反跌，并伴有成交量放大。遇到此种情况，投资者应马上获利了结。

四、揭秘庄家全景图：吸筹——拉升——出货

1. 第一步：吸筹→识破庄家两种典型建仓手法

（1）强行横盘建仓

强行横盘建仓最主要突出一个"强"字。这类股票往往走势强于大盘。大盘下跌它横盘不动，甚至小幅上涨。

特点：

第一，强行横盘建仓的股票一般多是"新股"或"次新股"，这类股票一旦被庄家看上，前途无可限量。但由于这类股票市场形象好，投资者惜售情绪较浓，主力很难在二级市场上吸足货（尤其是上升市中）。因此，只有在下跌行情

中,"强行"拉横盘。广大投资者在暴跌的大市中已成惊弓之鸟,看到自己的股票下跌幅度不深或横盘整理,便迫不及待地卖出兑现。这时,正中主力下怀。

第二,主力之所以要在下跌市中"强行"横盘吸货,有两个原因:

一级市场吸不足货。

二级市场筹码分散,吸货比较困难。如果顺势打压,很可能在低位被抢走廉价筹码。因此,只能"强行"横盘吸货。

第三,这类股票在吸货末期,往往庄家会"快速"凶狠式打压股价,给投资者一种破位下行走弱的"假象",借此机会再捡一些廉价筹码。随后,放量拉升,一去不回头。

第四,这类股票通常流通盘"偏小",在一个亿以内,伴有优良的业绩预期或丰富的题材炒作。

(2)"快速拉高建仓"

快速拉高式建仓并不是很多见,因为此种建仓方式对机构各方面要求标准很高,投资者一旦发现这种股票一定要"狠狠"吃死它,因为这类股票往往都是翻倍的大黑马。

特点:

第一,此类股票多发生在"新股"或跌幅很深的"冷门股"身上。新股由于定位不高,市场环境配合,庄家要想吸足货只有大幅拉升,才可能完成建仓。而"冷门股"由于长时间下跌,投资者已形成此类股票连续阴跌的固定思维模式。一旦庄家连拉几根中阴线,持股者必然主观认为"涨得太夸张了"。纷纷斩仓出货,这样庄家就可以达到短时间内吸足大量筹码的目的,不然,冷门股在低位成交量极少,庄家根本拿不到货!

第二,"拉高式建仓"既然使庄家成本相对较高,可为什么还要这样做呢?因为这种方式多在市场较为乐观的环境进行。如果采取缓慢推进或低位平台式吸纳建仓都会吸引投资者纷纷跟进,这样在今后的拉升行情中庄家会为"散户"抬轿子。要想"轻松"上阵,争取时间,"急风暴雨"式建仓既可以"吓"走想追进的散户,同时又完成了建仓目的。此乃一举两得的"险招"。

第三,"快速拉高式建仓"要求庄家对大盘后市判断极为准确。如果判断错误,机构就会"作茧自缚"。

第四,"新股"在开盘当天换手率不超过70%,然后经过几天横盘窄幅整理(成交量萎缩),突然放量连收几根中阳线完成最后建仓(成交量比横盘整理时有所放大)。"冷门股"在收集前都要先行疯狂打压股价。目的有二:一方面达到震仓洗盘的目的;另一方面制造恐惧气氛,待股价稍作反弹,投资者便匆匆卖出,从而顺势捡到大量廉价筹码。这种收集方式必须是在大市下跌调整途中顺势而为。如果大盘不断上升创新高，采用此法则会"偷鸡不成反蚀把米"，拱手把货送给"他人"。

投资者若想跟进此类股票，首先要研判后市。如果大市上升趋势已确立，而且行情还未到尾声，则可适当参与。这类被主力机构"快速拉高建仓"的股票在拉升前夕有两种情况：

a. 横盘窄幅整理。

b. 上市后便一路拉升。

【例】600048——保利地产（附图日线2006年8月—2006年12月）

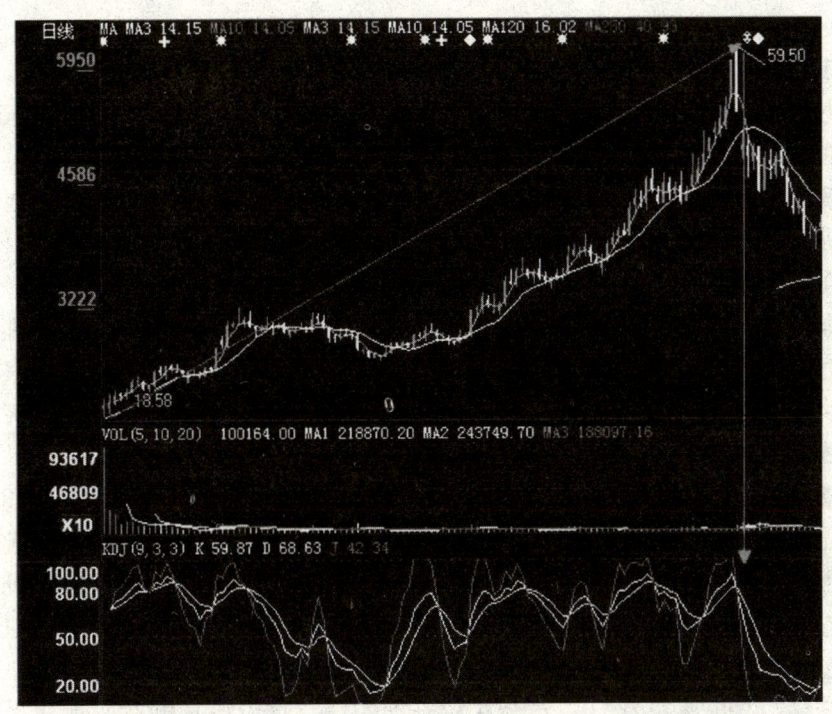

①从2006年8月3日—2006年11月3日股价一直横在27元左右。此股上市以来高开高走，明显"强"于其他类上市的新股。当天换手率仅有62%！

②该股在拉升前夕，从9月20日—10月12日连续阴线下挫，在图形上形成破位下行走势，但并未有效跌破前期高位平台26元。相反，却探至25.7元开始快速回拉。然后，在日K线上我们发现大阳不断，一路上扬，屡创新高！

以上两种庄家建仓方式是比较典型的"大牛股"建仓。这类股票并不是很常见，投资者一旦发现要紧紧抓住，狠狠赚它一把。除此之外，还有主动被套式建仓、低位平台式建仓、反弹回落式建仓、缓慢推进式建仓等5种建仓方式。作者之所以只具体阐述"强行横盘建仓"、"快速拉高式建仓"两种建仓方式原因有二：

①市面上流行的股票投资类书籍中对其他"5种"建仓方式描述较多,作者不想在此"重复"讲解。

②捕捉"牛股"对广大散户始终是一个可望不可及的难事,所以作者把近两年"牛股"建仓的方式给大家详细讲解,希望对投资者有所帮助。"选股在精而不在多"这也是作者用"钱泪"换来的深刻教训!

2. 第二步:快速拉升

投资者都知道,庄家在顺利建仓后下一步就是"拉升",只有把股票"炒"上去庄家才有获利空间。成功拉升的三大标志:①股价不断上涨;②主力成本基本不变;③散户持仓量不断增加,追涨意愿空前高涨。

庄家是通过什么方法达到拉升的目的呢?

方法一: 以快取胜。庄家在拉升时一定要快,整个上涨过程多则两三个月,少则四五天,甚至个别的股票由两三根大阳线完成拉高。理由有三:

理由一: 市场上并不是随时都存在拉高的良机。庄家一旦失手,便会"功亏一篑",所以,庄家轻易不动,要动就要以迅雷不及掩耳之势快速做高,散户只能在高位追买。

理由二: 拉高的目的是为了让人在高位去追涨。可为什么散户还要在那么高的位置追买呢?就是因为"快速拉高"可以制造"暴利"效应。庄家在很短的时间快速把股价造高,三四天上涨40%,甚至翻一番,给散户一种随时买随时获利的繁荣景象。

理由三: 打乱投资者的市场节奏。由于股票在底位启动时,一般都会用很长时间先进行横盘整理(个别的凶狠打压震仓),表面看上去死水一潭,每天涨跌幅度很小,投资者慢慢会形成一种惯性思维,一旦"快速"拉升,许多投资者从心理上接受不了,往往获利极小就纷纷抛出。人们总是主观地认为:这只股票涨得过急,等回调后再介入,可往往是股价一去不回头。尤其是"大牛股"。

注意: "快速拉升"一般会在拉升期的第二个阶段,拉高通常分为两个阶段。

第一阶段:

①上升速率很慢,有时以横盘整理代替。

②上涨采取进二退一、进三退二的波浪推进。

第二阶段:

①上升速率突然变快。

②日K线上往往留有上涨的跳空缺口。

③大市处于牛市或有其他利好消息配合。

方法二: 拉升要有"外界条件"配合。

当股票成功拉高时，一定要被市场认同。庄家往往会借助某些"利好"消息或某些"题材"让广大投资者接受"现价"，并愿意继续持有或追买。大盘最好处于上升市中，尤其是大牛市。因为这时市场人气极旺，大量资金纷纷杀入股市，刚进市时基本上是一、二、三线股大小通吃。所以，庄家这时只要用少量资金就可以把造价抬高，达到"四两拨千斤"的效果。

注：消息布告包括：个股业绩、重组兼并、董事会变更、投资项目转型、国家金融、财政政策等等。

"聪明"的庄家会在"利好"出台前夕拉升，让投资者只敢看，不敢动。待消息公布时，由散户帮他们把股价拉高。前提条件：大市必须处于上升趋势中。否则，庄家会借利好出货。还有，个股分红、除权、股权登记日、除息日都是拉高的绝好"外界"条件。

最后，拉升要耐心等待时机，其实不是只有散户要耐得住寂寞，庄家更要耐心等待机会。因为庄家一旦贸然拉升，可能会招致"灭顶之灾"，在机会降临之前，主力往往只能"苦"于某些重要技术关口等待"天赐良机"。

3. 第三步：出货

庄家收获的季节就是"派发"阶段。

主力辛辛苦苦建仓拉高，绞尽脑汁吸引散户进场买货。只有在高位顺利"派发"套住散户，主力庄家才能真正"兑现"。因此，"主力庄家"出货之时，便是广大散户被套日；广大散户成为股东之时，便是主力庄家皆大欢喜之日。

作为广大散户一定要擦亮双眼，看清庄家出货的"嘴脸"，及早抽身离去，脱离"股海"。

下面作者详细"揭示"庄家出货的三个阶段及出货的三种方法。

庄家派发出货分为三个阶段：

第一阶段：高位派发阶段

市场背景：庄家苦心营造出一片热火朝天的乐观市场氛围。目的是利用散户源源不断的强大买气，尽快在高位把"货"卖给散户。市场一旦形成对后市高看一线的心态，受这种心态影响的散户很难一时间改变操作"方向"。

阶段特点：

①急跌。主力要乘广大散户好梦未醒，逃之夭夭，就一定要急跌。这种急跌可以快速形成套牢盘，让散户根本来不及卖出。在当天盘面分时图和成交回报中发现，股价下跌速度非常快。当散户刚委托以现价或低于现价几分钱卖出时，该股便会马上跌至委托价以下，一般投资者无法成交。除非委托价（卖出价）设置比现价低很多，可往往投资者都想卖个高价，不愿"低价"委托。庄家正是

利用散户这种贪心的弱点,把"犹豫徘徊"的散户套在高位。

②反弹幅度较大。庄家不可能在股价大幅攀升之后,两三天就派发完毕,他需要在高位反弹震荡、打压、反弹。由于下跌速度快,反弹幅度大,甚至有时会创出新高,所以,散户仍然十分乐观,买盘踊跃,当庄家停止抛货,买盘就占上风,而且随着股价不断上升,追涨意愿也不断升温,散户几乎已经忘掉前天被套时的恐惧感。

庄家在反弹时,经常在一些关键技术点位(像 0.618 黄金分割)做技术陷阱,摆出一副誓要把股价再拉一个台阶的架势。其实是暗度陈仓利用反弹出货派发。

③成交量明显不规则放大。庄家在高位出货手法不尽相同,但共同的一点是:总体上在高位的成交量明显比前期有所放大。当然,在高位多空双方大搏杀中,散户往往是"多方"英雄。

④洗盘次数增多,庄家在高位派发时,洗盘次数会明显增加,洗盘幅度明显加大,给散户一种冲关前的热身假象。

⑤刻意做 K 线图,常常伴有跳空缺口和较长的上、下影线等。

⑥消息面上"利好"频出,股评一致看好,出现了许多从来不套人的"善庄"。

第二阶段:中位派发阶段

市场背景:当股价经历了高位派发后,庄家手中仍有不少筹码等待兑现。在这个阶段中,庄家要竭力吸引高位出货散户回补,让原来一直持币观望的散户全仓买入。

阶段特点:

①稳守技术关口,逐渐派发出货。当股价回落到重要支撑关口时,主力庄家一方面会停止抛售,减小抛压。因为散户已在第一阶段被套,并且有些被套幅度很深,一旦发现股价企稳(尤其是在重要支撑位),便会补仓或持仓不动,待股价强劲反弹时再伺机出货。另一方面庄家明显地有护盘迹象。有些散户从心理上就不愿承认下降趋势已经形成,再加上庄家"护盘"更使股民信心大增,误以为前段下跌是庄家洗盘诱空,新一轮拉升即将开始。此时,庄家正慢慢地、悄悄地出货。正所谓:假护盘、真派发。

②大阴不出,小阴不断。庄家在中位派发时,如果再以大阴线出货则很有可能自套其中。原因有二:其一,散户追涨情绪已不像第一阶段高涨,更多考虑的是反弹出货,而不是逢低补仓。如果快速大阴下跌,散户会纷纷恐慌出货,而此时庄家手里还有相当多的筹码没有派发出去。其二,大阴出货没有成交量配合,庄家定会自套其中。散户则舟小好掉头,反而会跑在庄家前头。小阴线最不容易

吸引散户注意，这也是消磨散户意志，打乱操作计划的最佳途径。股价慢慢盘软、盘落，散户好像双腿陷入"泥"中一般，愈陷愈深，不能自拔！

第三阶段：低位派发阶段

市场背景：大市下降趋势已定，个股纷纷大幅回落。主力庄家此时90%的筹码全部在高位、中位分别卖给了散户，手中只剩下不足10%的筹码等待清仓甩货。

阶段特点：

①从"直线90度角"下跌，因为前两个阶段庄家已经基本顺利出完货了，只剩下很少的几乎无成本的廉价筹码。为什么这么讲呢？我们举个例子帮助读者理解，庄家从筹资进场买货，到高位派发、震仓洗盘等综合成本约1亿元。经历了第一阶段和第二阶段的派发兑现，庄家已收回现金1亿元，只剩下不足10%仓位的股票。换句话说，成本已经收回，只要再卖1元钱就是净收入。因此，夸张地讲，每股以1分钱卖出，庄家也只赚不赔，可想而知，股价将以何种方式下跌！

②"闪电式"出货。前面已经讲过，庄家此时卖出的筹码是"零成本"。因此，主力庄家并不在乎以低价位成交，而最关心的是如何在"最短"的时间内成交。这样大家就会了解为什么在派发后期还会有大手抛单频频报出，甚至在跌停价成交，庄家也在所不惜。快速下跌还可以使股价早日"透支"，股票投资价值凸显，为下一次卷土重来作准备。

③关键技术关口毫无支撑。庄家在最后清仓出货时已经毫无顾忌，不必担心散户发现其出货意图割肉离场。因此散户认为的"支撑位"在没有庄家的"呵护"下，会应声而破，一去不回头。还有些主力在低位派发阶段专爱砸关键技术位，让那些追进认为破位会反抽的投资者再度被套。

记住：黎明前的黑暗是最可怕的，也是最痛苦的！

结论：庄家出货基本分为上述三个阶段：高位派发、中位派发和低位派发，作为广大中小散户，一旦发现有上述阶段派发迹象，就要坚决卖出手中的股票。抛售时以成交为准，千万不要计较价格的高低。因为今天的低价很可能就是明天的高位。如果散户在"高位"看不清大市的走向，一定不要等。马上清仓离场！记住：宁可踏空，不可套牢！

庄家四种派发方式：

庄家在高位派发的手法千奇百怪，但归纳起来不过四种：阶梯式派发、震荡式派发、高空跳水式派发、混合式派发。

（一）阶梯式派发

阶梯式派发的前提条件：

①在个股开始阶梯式派发的初期,大盘处于上升中期或上升末期。从时间角度上讲,阶梯式派发的个股要先于大盘见顶。

②大盘累积升幅不能过大,投资者对后市基本上看多。如果当时大盘升幅太大,会使投资者感到升得过急;市场获利盘沉重;对庄家派发抱有戒心,一旦有所察觉,投资者会马上离场观望。这样,庄家根本无法在高位拉开平台分批出货。

因此,个股庄家采用此法出货,必选在大盘处在中市中的第一、三浪顶部,而不能在第五浪的顶部使用。

③整个市场基本以为该股还远未升至其价值目标位。媒体和股评一再强调该股大有投资价值,中长线投资者要坚决持有,逢低买进,这些股票大多为绩优高科技股。

阶梯式派发特点:

①派发以台阶式下跌为主。拉出一个平台逐渐派发,表面假装强势整理再创新高的态势。当第一个平台派发接近尾声时,庄家会"假突破"向上一冲,投资者一旦跟进,股价迅速大幅下跌进入另一个平台出货阶段。以此类推:平台→下跌→平台→下跌……整体形态上很像下降的"梯形"。

②成交量规则变化。在该股顶部成交量成倍放大,进入平台派发阶段成交量明显萎缩。当股价即将进入一个新的平台的时候,成交量放大,"假突破,真下跌"。

③大市气氛一片向好,其他股票还在上涨,只有这类股票暗度陈仓,从容地、悄悄地、慢慢地开始派发。并且此时不能有特大利空消息。因为利空突降,市场一片惶恐,投资者会纷纷急忙抛货兑现,造成大市短期狂泻。阶梯式派发的庄家根本无法在此环境下以平台式派发。

④更容易诱骗散户。这类阶梯式派发的股票隐蔽性极强,散户不容易发觉,因为大盘还处于上升阶段,庄家也正是利用了这一点——"借势"。阶梯式派发初期从日K线图形上很难观察到"头肩顶"、"M头"等经典出货形态,只有在当天分时图上可以看出明显的头肩顶等形态。广大投资者在高位一定要留心股票当日的走势!

⑤时间周期较长。阶梯式派发的时间周期一般较长,少则几周,多则半年或一年,甚至更长。而且,该股在同等"幅度"(涨幅、跌幅)下,上升的时间小于下跌的时间。这是阶梯式出货的一个明显特征。

⑥这种出货方式对于庄家而言,获利空间大,被套风险小,出货时间充裕,不遇到突发情况基本上可以顺利全身而退。

这种出货方式对于"散户"而言,有相当一段时间给你观察思考,识破庄家派发意图。如果认清形势,在高位随时可以从容离场。但股民抛出股票后,等了一两周仍未见股价如预期下跌,当时大市又是一片繁荣景象,尤其在庄家利用利好"假突破"时,很容易激动重新入市,跌入狡猾庄家的"多头陷阱"!

【例】江苏吴中——600200(月K线图2001年4月—2006年10月)

注意:阶梯式派发的股票一旦派发完成,该股在近一两年都很难有太好的表现,除非基本面有重大改变。因为该股从底部每上一个台阶就会遇到前期的"套牢盘"和低位"获利盘"双重抛压。并且,该股筹码分散,许多在散户手中,庄家很难在低位收集足够的筹码,这也客观地阻碍了未来股价的拉升。

(二)高位震荡式派发

高位震荡式派发是庄家惯用的一种出货手法。像港股1994年初在12 559点,突然传来日本野村减持股噩耗,令港股暴泻两千多点,产生了著名的"野村震荡"。还有就是2001年大盘在进入2 000点高位后就反复震荡派发,其间有3次比较大的区间震荡,机构就在人们还在憧憬调整结束后新一轮行情再次启动时,悄悄携胜利果实离场了。

震荡式派发的前提条件:

①市场前期升幅已大,获利回吐的包袱越来越重。

【例】沪市大盘股指2001年

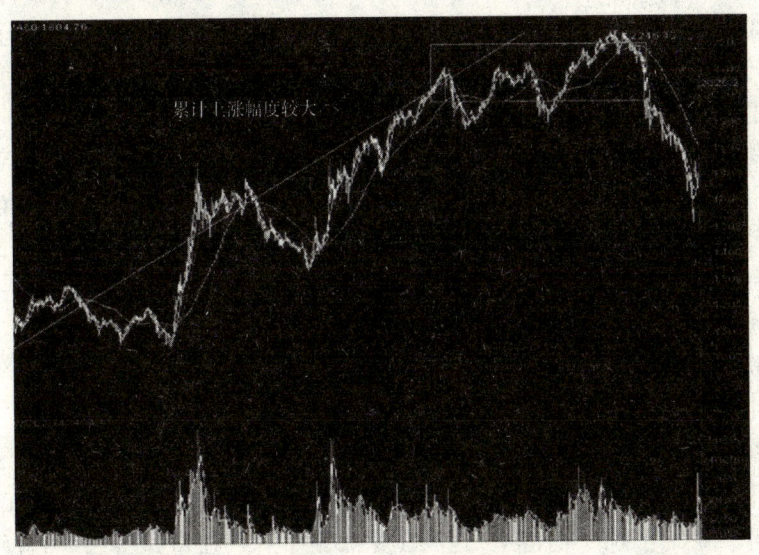

②长线战略投资者已开始有步骤、有计划地分批出货。因为大市已经持续上升了一两年之久。许多股票开始超出了自身投资价值范围,作为理性的长线投资者已经意识到了这一点。所以他们开始逐渐等待高点派发或全线清仓。

震荡式派发特点：

①股价在高位大幅震荡。通常个股振幅在 15% 左右，大盘振幅在 10% 左右。

【例】沪市大盘（附图日线）2000 年 8 月 21 日—2001 年 6 月 25 日期间经过两次大幅震荡。每次上下震荡 200 点。在图形上走出了"三重头"（也称"魔鬼头"）的形态。

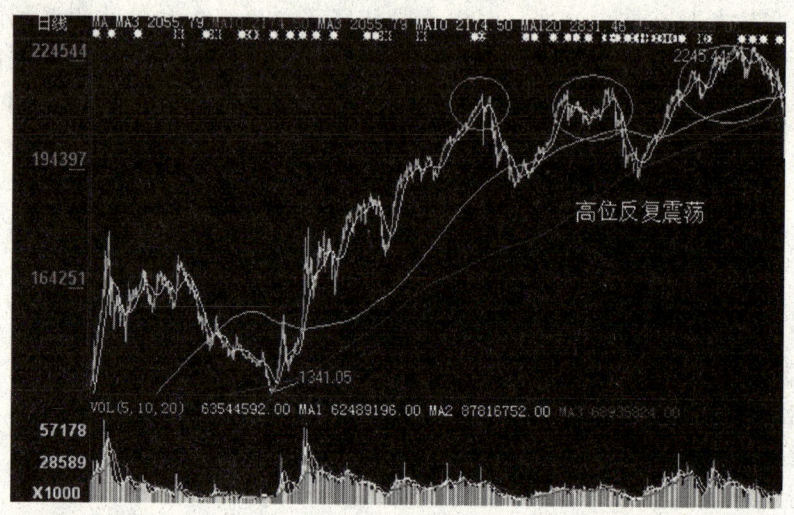

②在"颈线"附近做"假动作"。庄家常常待股价回落至颈线位时，先用一小部分资金顶住抛压，让股价在颈线附近徘徊几日，做出再次发力向上的"假动作"。这时，股民惊魂已过，一再急于抛售，有的股民还会在此位回补加仓。此时，正中庄家下怀，更可怕的下跌还在后面……

③慢涨快跌套散户。其优点是：A. 慢慢上涨，小阳不断，可以起到安定民心的作用。股民不知不觉慢慢地放松警惕。B. 快速下跌可以打乱散户操作计划。因为广大散户中有些人已经理性感到大市升幅过大，危机渐近，伺机寻找高点派发。可由于每日上涨幅度极小，散户总是想再等一等。可突然暴跌，两三天就把前期获利全部抹平。根本不给散户考虑犹豫的时间。

【例】沪市大盘

2001 年 2 月 22 日—2001 年 7 月 31 日

从 2001 年 2 月 22 日 1907 点上升至 2001 年 7 月 20 日 2179 点用了 150 天的时间，可从 2001 年 7 月 20 日 2179 点下跌至 2001 年 7 月 31 日 1920 点仅用了 11 天的时间。多么鲜明的对比啊！这类庄家心狠手辣，通常跑得比广大投资者快。因为现在散户的"阶级斗争觉悟"已有，庄家要不采取"慢拉快打"的方法，很容易自套其中。

④震荡式派发末期往往伴随着"利空"消息的到来。此时，大盘会出现暴

跌，把散户死死套在高位。像大盘在2001年7月份以"国有股减持"消息给本已高处不胜寒的大盘"致命一击"，从此大盘走向漫漫下跌路。

⑤震荡式派发在暴跌前KDJ中的技术指标J值明显出了顶背离迹象（大盘点位创新高，J值高点不断下移）。

【例】2001年5月21日，大盘点位收在2213.59点，J值111（9日参数）。

2001年6月6日，大盘点位收在2238.50点，J值109（9日参数）。

2001年6月13日，大盘点位收在2242.40点，J值77（9日参数）。

如果当时广大投资者静下心来仔细观察一下近期大盘走势以及参数指标，何至于沦落到今天还未解套！

结论：震荡式派发对于庄家而言操作难度也比较大。原因有二：

① 庄家在高位既要大幅上下拉升震荡，又不能持仓过重。为给将来派发营造巨大利润空间，庄家必须千方百计大幅拉升。因此，庄家往往在尾日收盘做出放量拉一的"假象"。这种手法很容易被散户"高手"识破，所以，庄家要尽量把"戏"做真，但从各方面的客观条件来讲难度比较大。

② 在高位大盘剧烈震荡时，加之"利空"满天飞，要组织反弹绝非易事。为了能在高位派发，庄家必须在急跌后马上进行反扑，但资金又不能全线杀入，此时，庄家很难"绝对"控盘，主要是利用部分股民好梦未醒的贪心，"借力"拉升。但在暴跌后，如何把广大投资者心中的残余好梦调出来，使其相信美好的未来就在前方，不断提高股票心理预期值，最大限度内高吊起旺盛的买气，对于庄家而言是困难重重。

由此可见，这些派发方式对于庄家而言风险比较大，利润空间比阶梯式派发要小，操作难度较大。可庄家为什么还要选择此方式派发呢？因为，采取何种方式派发不是某个庄家所能决定的，而是主要取决于当时的市场环境！震荡式派发对于散户而言有利有弊。

利：因为庄家出货要高位反复震荡派发，所以，散户只要认清形势，每次都有可能在反弹高位清仓。充分利用船小好掉头的优势。

弊：有可能在散户刚刚出货后，该股又创新高或比股民卖的价位高，燃起散户追高的激情。而且，庄家在高位多次急跌→反弹→急跌→反弹……让散户麻痹大意，习惯于这种走势，最后一次急跌把散户"高高"套在上面，"反弹"再也不会发生了……

由此可见，散户一定要事先设好止损点，一旦破位下行，坚决斩仓，不抱任何幻想。尤其是在高位最后一跌套股民时，一切都在瞬间完成，容不得你片刻思考，这时止损盘的设立显得十分重要！

广大投资者还要注意：一旦在高位抛出股票后，短期最好不要再进场，哪怕大盘创新高。

（三）跳水式派发

市场背景：

①大盘下跌已成定局，广大散户已经看清楚了下降趋势。大市只要企稳反弹，马上抛盘就蜂拥而至，使大盘再次反身下探。

②熊末牛初，人心不定。经过长期下跌，股民已是伤痕累累，风险意识刻骨铭心。尽管一段较大的反弹使市场行情乐观，但犹如"惊弓之鸟"的股民再也禁不起"惊吓"，一旦市场有"利空"传闻，无论是真是假，散户都会纷纷逃跑，庄家连想组织反弹的机会都没有。

跳水式派发特点：

①凡是跳水式派发的股票前期升幅十分可观，一般在200%～400%之间。而且在跳水之前，市场形象非常好，散户随时买随时赚钱，人称"善庄"。

②此类股票通常只是一个"尖顶"。该顶部持续时间短，下跌速度快，散户一旦被套很难出逃。

③"头部"形成后会放量拉出一个平台，给股民一种止跌企稳的假象。经过数日，再次以台阶式下跌逐渐派发出货。

④这种派发方式开始下跌多以"跌停板"完成。同时，伴有重大利空出台（有时没有任何消息）。

总　结

跳水式派发对于庄家而言，也是无奈之举，庄家但凡有一线生机，也不愿意采取此方式出货。因为，这样派发不但获利空间小，下跌速度快，派发时间短；而且，庄家甚至同散户一样被困在高位。这类股票通常是基本面发生重大变数或是升幅实在太离谱了。

对于散户而言，不要轻易介入升幅巨大的股票。如果介入，一定要短线操作，设好止损点，止损位在5%左右为宜，无论涨跌，在高位持股不要超过四天。"安全第一"要时时刻刻印在股民心中！

作者本人意见：坚决不参与此类股票，因为它不适合中小散户操作！（以上意见，仅供参考）

（四）混合式派发

混合式派发是将以上三种派发方式结合每个派发阶段顺应市场的出货方法。这类派发要求庄家有高超的操盘手法，对大市未来走势判断极准。其实，每种派发方法都是"你中有我，我中有你"。散户一定要在特定的市场环境下，抓住主要问题的主要矛盾去解决，不要被庄家所设的陷阱套住！

即在"角位"有怀疑，马上清仓离场！宁肯踏空，不可套牢！（作者在本书中反复强调，希望读者明白作者的"苦心"）

第5节 短线投资——盘口解密

一、概 述

短线交易的目的是最大化地利用资金从最大化地追求利润。这是短线交易的根本目的，因为我们进行的是一次长期的股票投机行为而不是或者从来不是为了赢得这张股票所代表的公司和分享这个公司所可能带来的利润。那些利润不足以令我们如此痴迷于此。在现实生活中有谁会用 300 块钱去承担有可能赔掉 150 块钱而赚取 30 块钱或者更低的利润并要消耗一年的时间呢？如果你是一个所谓的投资者，你买了一只 30 倍市盈率的股票你就在做这种蠢事。我们进入股票市场，就意味着我们在追求单位时间内股票价格的上升速度，就意味着我们在从事着一种标准的投机活动。一切风险不是进入股市之后考虑的，而是在进入之前深思熟虑的。那么如何利用股票的波动来获利呢？短线和长线本身并不能保证你获利，不论你选择什么样的时间尺度进行交易，你都会赚钱或者赔钱。

理想的短线交易是在每一个波浪中的底部买入，在每一个 2%~10% 以上幅度的顶部抛出，再在下一个底部买入再在下一个顶部抛出，如此反复高抛低吸，不论牛市和熊市。但是，在现实的交易中由于人性所限，我们无法做到这一点，于是才有了追随趋势的操作技术，这实际上是一种不得已的妥协。妥协到人性可以控制的地步。短线交易也无法摆脱这种妥协。

短线交易获利的关键在于，首先对股票基本趋势的判断和买入时间的厘定。如果一个既成的趋势开始向上，时间周期也处于底部区域，那么我们的短线交易便开始了。在这个时候，我们便可以暂时地离开日线以上的图表而追究短线图表所透露出的市场线索。

那么什么是短线交易呢？短线交易是否有明确的时间定义呢？不同的理论有不同的解释方式，而在实际应用中短线交易也被一再混淆。魔山理论所理解的短线交易是指吃仓时间小于等于 20 个交易日的交易行为。按照这个标准，短线交易还可以细分为两周交易、周交易和两日交易。

短线交易的思维方式——职业操盘手的思维

职业操盘手的思维不是针对散户的思维，更不是追随庄家的思维。有太多的人相信在市场中跟随庄家可以令他们获利并事先假定一个庄家，而后再假定这个庄家会如何操作，在把自己替换成庄家，进行所谓反向思维。殊不知这种思维本身就是一个典型的散户思维——业余交易者的思维。这种思维模式被股评家和自称职业炒手的专栏作家们所滥用，从本质上讲这是一种"作弊思维"。事实上，股票交易中没有谜底和现成的答案令你抄袭。即便是所谓老鼠仓也不能保证你最终获利。在一次严谨的操纵市场行为中，存在着太多变数，这些变数甚至连决策者都无法预料。因此当一个人向你信誓旦旦地说他知道庄家的成本如何如何的时候，其可信性和可操作性有多大就深深值得我们怀疑了。

真正的职业操盘手是不会考虑庄家影响的。因为他坚信市场的力量总会比某个集团的力量更强，同时他坚信他通过他的技术可以追随市场，并在市场关键的转折点到来之前，获利了结他的头寸。这一点在他以往的交易中得到了充分的验证。

两日交易：在一些大的券商机构，经常豢养着一批短线炒手，这些炒手的资金量一般不大，基本保持在2 000万以内。他们的工作是为公司或者营业部积累交易量。这些人的工资通常很低。他们的主要收入来自于佣金提成和利润分成。交易量的佣金提成构成了他们的日常收入。因此频繁的两日交易和日内交易便成了他们谋利的重要手段。在这里我们见识到了中国第一批真正的职业交易人。交易量要大，但是不能亏损，而且要长期地大下去。这些人所面临的挑战和压力是可想而知的。

二、短线操作时间和价差的微妙关系

不论市场如何波动，获利是需要时间的。因此，就定义上来说，短线投资者获利机会是有限的。当日冲销者所犯的错误就是自以为能够掌握市场的短期震荡，自以为能够确认大多数时间里价格的波动方式，而且能够预测高低点，以及市场将在何时形成头部或底部。如果能达到良好的预期效果，首先你要搞清楚时间与价差的微妙关系：(1) 短期震荡是很难预测的；(2) 我们要控制损失的幅度；(3) 身为短线投资者，只有在价格巨幅波动而且方向对我们有利的时候，才可能有好的表现；(4) 时间是我们的朋友，因为我们需要时间去创造利润。

要成为赚大钱的短线投资者，必须能够感觉出对我们有利的短期震荡会维持多久。这不单只是时间的问题，也是有关价格的问题。就好像通往天堂的道路不会是一条直线，价格要变动到某个点位以前，也会上上下下地波动。我要回答的问题是，通常是什么东西可以代表价格和时间之间的平衡？请注意我说的是"通常"。许多时候价格波动的剧烈程度及耗时之久往往会超出你的想象，而当你觉得自己终于将要击败市场时，价格却停滞不动，或者虎头蛇尾地结束整个波段。

将这些牢记在心。现在，我要揭开能够在价格和时间两者之间取得平衡的短线交易的最大秘密。这个秘密包含两个部分：

①只有在大价差区间出现的日子才会赚到钱。

②在大价差区间出现的日子，如果当日价格上涨，收盘价往往是最高价或接近最高价，如果当日价格下跌，则收盘价往往是最低价或接近最低价。

三、独特的训练方法——成功的炒手

一切理论的东西都必须落实到具体的项目上才能达到最后的成功。下面将详细地阐述快速掌握高明的专业技巧的方法。它们都有明确而合理的次序，请在实战中严格按照专业规范执行。

（一）如何用几分钟判断当日大盘强弱

专业选手通过如下正确的方法快速抓住问题的关键以帮助自己展开高水平的实战操作。

1. 第一板个股涨幅

深沪两市都可以用通过市场要素快速排序的方法告诉我们市场的真正实质。市场量价要素排序的功能是专业选手快速掌握市场真正情况的窗口，也是专业看盘的标准次序。

涨跌龙虎榜的第一板直接告诉我们当日、当时市场中最强大的庄家的活动情况。如果连力量最强大的庄家都不敢出来表现，则市场强弱可以立即得出判定。

第一板中如果有5只以上的股票涨停，则市场处于超级强势，所有短线战术可以根据目标个股的状态坚决果断地展开。此时，大盘背景为个股的表现提供了良好条件。

第一板中如果所有个股的涨幅都大于4%，则市场处于强势，短线战术可以根据目标个股的强、弱势状态精细地展开。此时，大盘背景为个股的表现提供了一般条件。

第一板中如果个股没有敢于涨停并且涨幅大于5%的股票少于3只，则市场处于弱势，短线战术应该根据目标个股强势状态小心地展开。大盘背景没有为个股的表现提供条件。

第一板中如果所有个股的涨幅都小于3%，则市场处于极弱势，短线战术必须停止展开。此时，市场基本没有提供机会，观望和等待是最好的策略。

2. 即时波动线形态势

大盘波动态势低点不断上移，高点一波高于一波，股价波动黄线和成交均价白线均处于向上的态势，且上涨幅度大于3%，属于多头完全控盘的超级强势态势，是典型的单上扬。此时，短线操作坚决展开。

大盘波动态势重心不断上移，高、低点偶有重叠，大盘处于上扬之中，属于典型的震荡上扬。短线操作可视目标个股的具体情况而展开。

大盘波动态势重心横向水平波动，高、低点反复重叠，大盘处于震荡之中。此时，大盘牛皮。短线操作可视目标个股的情况小心展开。

大盘波动态势重心向下运动，高、低点逐级下移，大盘于跌势之中。此时大盘弱，短线操作基本停止。千万不要逆大势盲动，自以为聪明，妄图去海底捞针捕捉大鱼。

3. 个股涨跌家数对比

涨跌家数的大小对比，可以反映大盘涨跌的真实情况。

大盘涨，同时上涨家数大于下跌家数，说明大盘上涨自然，涨势真实。大盘强，短线操作可以积极展开。大盘涨，相反下跌家数却大于上涨家数，说明有人拉杠杆指标股，涨势为虚涨。大盘假强，短线操作视目标个股小心展开。

大盘跌，同时下跌家数大于上涨家数，说明大盘下跌自然，跌势真实。大盘弱，短线操作停止。大盘跌，相反上涨家数却大于下跌家数，说明有人打压杠杆指标股，跌势虚假。大盘假弱，短线操作视目标个股小心展开。

4. 盘中涨跌量价关系

大盘涨时有量、跌时无量说明量价关系健康正常，短线操作积极展开无妨碍。大盘涨时无量、跌时有量说明量价关系不健康，有人诱多，短线操作小心展开。

5. 相关市场联动呼应：深沪A、AB股、H联动情况

深沪两市同涨共跌是正常现象。如果B股也产生呼应则是最佳。全部市场在共涨时，短线操作大胆展开。深沪两市涨跌互现且与B股背离，短线操作小心。同时，现在市场种种表现H股的变化对深沪A股影响越来越明显。而它们有时并不是同步的，而是深沪A股往往有滞后性。例如，港股2008年春节后出现连续反弹，尤其是金融股，而深沪A股的金融股不涨反跌。但长期来看方向是相同的，如果投资者能细心研究其中"时间差"往往会带来意外的收获！

（二）如何判断当日是否具备短线获利机会

1. 个股攻击力度要求：涨幅、量

如果当日盘中第一板个股涨幅没有超过5%，则可以判定所有庄家都慑于大盘淫威，不敢动作，因此不具备短线操作机会。量比排行榜上没有量比数值大于3倍且涨幅也同时大于3%的个股，则当日肯定不具备短线操作机会。

2. 群庄协同、分化情况：热点

当日盘中涨幅榜第一板的股票混乱，不能形成横向或纵向关联，也就是说，热点散乱则当日基本不具备短线操作机会。这种状况暗示的是盘面中基本都是游击散庄在活动。集团大资金处于局外观望。我们也应该观望。

3. 敏感时段回避要领：技术敏感、时间敏感

在大盘处于敏感的技术位置，如高位巨量长阴、重大技术关口跌破以及关键的变盘时间窗时，实战操作必须提高警惕，考虑回避风险。临盘各种做多买进操作不允许展开。

（三）个股实战操作与资金的具体布局原则

1. 满仓操作条件的实战限定

在大盘背景良好的前提下，只有少于300万元的资金而且该笔资金有较大短期业绩压力要求的时候，短线才可能考虑进行一次性满仓操作。否则都应该采用分批和相互保护的复合方式进场。

2. 分仓操作的战术运用技巧

无论大盘好坏，大于500万元以上的资金量绝对不允许一次性全部进场。每一次进场都必须充分考虑到出现意外情况时该如何处置。任何时候都应该保留一定的救援资金，以使自己时刻处在进可攻、退可守的主动位置。具体做法分为持仓目标分仓和投入资金分仓或组合采用的方式。

3. 目标集中与分散操作原则：看盘上瘾、成痴

如果是100万元以下的资金，则一般只能考虑一次操作一只股票，绝对不适合多头出击分散持仓。品种多样、持仓分散未必就能够分散风险。如果是500万元以下的资金，则持仓股票品种一般不允许超过3只。实战中绝对不能看到这个股票好，买一点；看到那个股票好，再买一点，最后成了杂货铺。集中持仓，精心研判目标股票的做盘细节，用心来操作才是专业选手最为重要的资金管理和实战操作进出原则。

分析股票的分时图，需要把握以下维度：

回调（时间、力度及量能）

角度（上涨、下跌、反向、极限）

1. 上涨中继的角度分析：先分析完回调，回调有效的情况下，下一步是分析再次上涨的角度，再次上涨的角度越陡峭，说明拉升力度越强，再次上涨的角度可以分为：

（1）强势的再次上涨角度：经回调后，再次上涨角度远大于前次，这种形态比较容易涨停；

（2）平行的再次上涨角度：经回调后，再次上涨角度与前次平行，涨幅较大；

（3）弱势的再次上涨角度：经回调后，再次上涨角度远小于前次，上涨空间有限。

2. 反向的角度分析：先分析完回调，回调无效的情况下，回调变成了反转（如回调幅度大、回调时间长）。

反向角度的大小直接冲击现行的上涨趋势，如果反向波过于陡峭，说明反向能力很强，这常常是趋势反转的前兆。

如果回调波已经不满足中继上涨的分析，特别是回调角度过陡（比前波上涨得陡）、幅度过大（1/2 以上）、回调时间长（超过前波上涨时间）以及量能不配合，基本可以判断是反转波了。

在此，可以进一步对回调 - 上涨中继判定：最好的回调波是既平（角度小、幅度浅）又快（时间短）；其次是陡但时间短（幅度浅，不能超过1/2），或是时间中长但平（确保幅度浅）；以上情况同时量能配合。

分时图中判断上涨中继的回调：首先看量能配合；其次看回调幅度，只要回调幅度在1/3 之内，都是安全的，如果超过了1/2，一定要短时间内迅速拉回，至少要比上涨的时间短；最后看回调时间，当然短比长好。

3. 极限角度：上涨极为陡峭，近90度；极限角度是分时中最后一波上涨，不成功则玩完；极限角度极为耗费资金，出现极限角度时往往是分时中最大成交量。

（1）股价涨幅7%时出现极限角度，成交量最大，极有可能当天涨停；

（2）当极限角度过早出现时，同时成交量最大，一旦未能涨停，则难以再涨，勾头时一定要卖出。

实践操作中一些经验总结：

第一，每个板块都有自己的领头者，看见领头的动了，就马上看第二个以后的股票。如看到天大天财就要想到清华同方和东大阿派。

第二，密切关注成交量。成交量小时分步买。成交量在低位放大时全部买。

成交量在高位放大时全部卖。

第三，回档缩量时买进，回档量增卖出。一般来说，回档量增在主力出货时，第二天会高开。高盘价大于第一天的收盘价，或开盘不久会高过昨天的收盘价，跳空缺口也可能出现，但这样更不好出货。

第四，RSI 在低位徘徊三次时买入。在 RSI 小于 10 时买进，在 RSI 高于 85 时卖出。RSI 在高位徘徊三次时卖出。股价创新高，RSI 不能创新高一定要卖出。KDJ 可以做参考。但主力经常在尾市拉高达到骗线的目的，专整技术人士。故一定不能只相信 KDJ。在短线中，WR% 指标很重要，一定要认真看。长线多看 TRIX。

第五，心中不必有绩优股与绩差股之分。只有强庄和弱庄之分。股票也只有强势股和弱势股之分。

第六，均线交叉时一般有一个技术回调。交叉向上回档时买进。交叉向下回档时卖出。5 日和 10 日线都向上，且 5 日在 10 日线上时买进。只要不破 10 日线就不卖。这一般是在作指标技术修复。如果确认破了 10 日线，5 日线调头向下卖出。因为 10 日线对于坐庄的人来说很重要。这是他们的成本价。他们一般不让股价跌破。但也有特强的庄在洗盘时会跌破 10 日线。可 20 日线一般不会破。否则大势不好他无法收拾。

第七，追涨杀跌有时用处很大。强者恒强，弱者恒弱。炒股时间概念很重要，不要跟自己过不去。

第八，大盘狂跌时最好选股。就把钱全部买成涨得第一或跌得最少的股票！！！

第九，高位连续三根长阴快跑。亏了也要跑。低位三根长阳买进，这是通常回升的开始。

第十，在涨势中不要轻视冷门股。这通常是一只大黑马。在涨势中也不要轻视问题股，这也可能是一只大黑马。但这种马不是胆大有赌性的人，或者心理素质不好的人不要骑。

第 6 节　长线投资——耐心人的游戏

一、概　述

长线投资定义在时间上没有严格的界定。投资者不会在短期内卖掉持有的股票，通常情况下，一年以上的持有者就应该算是长（线）期投资了，但是有好多股东几乎是几年乃至十几年持有同一股票，这更是长线投资了。长线，多数情况下是以基本面为依据或者买入后期待公司出现大的发展进而带动股票价格出现涨幅。一般来说，一家公司的基本面很难在几个月内出现明显的转变，所以，如果以这种思路去介入股票的话，往往要持续一年以上，一般称为长线投资！

短线与长线本无优劣之分，只要适应就行，只要擅长就是。在有风险控制手段的前提下，短线的积少成多，在一轮行情中也能取得超额收益。在选对股票的前提下，长线更能取得非常稳健的高收益。有人形象地说，短线交易者是艺术家，因为无论行情涨跌，他（她）时刻需要保持对行情的热情，并始终处于紧张和兴奋的状态。而长线交易者是工程师，他（她）需要对整个过程进行控制与修正，并且需要忍受期间市场的合理调整与异常时期的宽幅震荡，以及市场低迷时期的寂寞与孤独。因此，前者需要的是激情，后者需要的是理性。在一轮行情收局的时候，短线投资者往往羡慕长线投资者取得的丰厚收益，面对在底部曾经被自己买卖过，目前已经翻番，乃至翻几番的股票也往往后悔不已，或者自嘲一番。然而，短线投资者又怎么能够理解长线投资者在此期间的付出与痛苦呢？

二、什么类型的股票在新兴的市场里更具备长线投资

1. 知识产权和行业垄断型。这类企业发明的专利能得到保护，且有不断创新的能力，譬如美国的微软等企业，我们以艾利森的 Oracle 股票为例，1986 年 3 月 12 日上市时是每股 15 美元，而今拆分后每股市值是 6 000 多美元，15 年前买入一手不动的话，今天就是一个百万富翁。可以想象，国内的以中文母语为平台的软件开发企业，牵手微软的上市公司 15 年后将是什么模样？所以我国科技股十分具有长期投资价值。而本轮行情从 998 点开始启动，科技股一直是相对涨幅滞后的板块，投资者在 2008 年可以重点跟踪。

2. 不可复制和模仿型。世界上最赚钱且无形资产最高的，不是高科技企业而是碳酸水加糖，可口可乐百年不衰之谜就在于那个秘而不宣的配方。而国内同样是卖水起家的娃哈哈，其无形资产就达几百亿。倘若我们生产民族饮料的上市公司，能够走出国门，前景将是多么广阔？而为可口可乐提供聚脂瓶的企业，生命周期会短吗？所以我们看到"贵州茅台"可以轻松过百元。

3. 资源不可再生型。譬如像驰宏锌锗、江西铜业、宝钛股份、云南锡业等，其因资源短缺，而促使产品价格将长期向上。

4. 金融、保险、证券业型。譬如已经上市和即将上市的多家银行，平安保

险、中国人寿、中国太保及控股国华人寿的天茂集团和以中信证券为代表的证券公司，其成长性都既稳定又持久。

5. 现代农业型。中国有广袤的耕地，有耕地就需要种子，像袁隆平一样，优良种子公司一定会果实遍地。同时，人天天要吃肉，要吃肉就得养猪，要养猪就得有饲料，像希望集团等饲料企业就充满了"希望"。

6. 变废为宝的清洁能源环保型。譬如像以垃圾发电的凯迪电力、深南电等。垃圾遍地都是，能让垃圾变成黄金，将会使投入和产出形成多大的落差？此外，以风电、光伏为代表的清洁能源，像湘电股份、天威保变、江苏阳光、赣能股份等，是未来发展的方向。

7. 公用事业能源物流交通型。譬如机场、港口、集装箱、能源、供水、路桥等企业，此类企业因行业风险较小，一次性投资大，持续成长周期长，而适合稳健型长期投资。

8. 以中药为原料的生物工程型。我们已经上市的公司中，有的已经研制出抗癌药物和抑制艾滋病毒的药物，一旦形成市场规模和打入国际市场，其价值将超过美国辉瑞公司的万艾可。譬如有的股价还十分低廉的医药公司，已经生产出抗癌药"红宝太圣"。目前有一家业绩平平的医药上市公司独家生产的赛斯平和环孢素，是人体器官移植者终身必服的药物，中国有数十万人等待着器官移植，一旦这个市场被打开，其前景也将十分惊人。

9. 国际名牌型。譬如已经走向世界的格力电器、联想集团、青岛啤酒等。随着国际市场份额的扩大，企业将永葆青春活力。

10. 地产行业型。人民币升值，地产业成为最大受益者，该行业龙头像万科、保利地产和即将举办奥运会和世博会的北京、上海的地产公司都是值得投资者。

11. 传媒教育型。传媒教育业因进入门槛高，垄断性强而值得长线投资，譬如新华传媒、华闻传媒、歌华有线等，因大股东注入新的资产，将重获新生。

12. 投资基金型。投资基金以其专家理财的优势和持有大量的优质股票，净值成倍增长，具有高出银行利率数十倍的分红能力，是风险最小、长线投资回报极高的品种之一。

三、国际大师的经典长线投资方法

（一）彼得·林奇所遵从的典型的长线投资方法

即回到股票代表公司所有权的一部分这一股票的本质，然后通过一定的方法来衡量股票的价值，在低估时买入，明显高估时卖出。衡量股票价值的主要方法有两种，一种是"收益的变化+市盈率的考量"，另外一种是直接衡量资产的价值。彼得·林奇通过考察收益的变化，将可投资的公司分为五类：

1. 稳定缓慢增长型公司：这种公司通常规模巨大且历史悠久，其收益增长速度比 GNP 稍微快一些。

2. 中速增长型公司（大笨象型公司）：这种公司的年收益增长率为 10%~12%，比稳定缓慢增长型公司要快一些，通常是那种著名的巨型公司，如宝洁、可口可乐等。

3. 快速增长型公司：这种公司的特点是规模小，年均收益增长率 20%~25%，有活力，公司比较新。

4. 周期性公司：指销售收入和利润周期性上涨或下跌的公司，如汽车、航空、钢铁、化学、石油、有色金属等。

5. 转型困境型公司：指那种受到沉重打击衰退了的企业，并且几乎要按照《破产法》申请破产保护。一旦这种公司可以成功转型，将带来巨大的收益变化，也带来巨大的股价变化。

至于年均收益增长率低于 GNP 增长速度的公司、收益趋势下降的公司、收益波动频繁的公司和年均收益增长速度太快的公司，都不是可投资的对象。前两者显而易见，而后者则由于增长太快，风险必然非常高，而且你也很难期望 30% 以上的收益增长速度能保持 3 年以上，更不用说 10 年。

（二）市盈率的考量

关于市盈率的考量，有三种方法：

①静态市盈率参数：稳定缓慢增长型公司的市盈率大约为 7~8 倍；中速增长型公司为 10~14 倍；快速增长型公司 14~20 倍，甚至更高一点；周期性公司比较繁荣的顶峰时 3~4 倍，萧条时 7~8 倍。当然，这个参数需要根据利率的情况进行一定的调整，如果市场利率很低，这个参数可以调高一些，反之则调低一些。

②按照增长率概算市盈率：任何一家公司，如果它的股价定价合理，那么该公司股票的市盈率将等于公司的年均收益增长率。如果可口可乐的市盈率为 15 倍，你会期望它的年收益大约能够增长 15%。

③更为复杂一点的公式：（长期增长率+股息收益）/市盈率。如果计算结果小于 1，那么公司的情况可能不是太好；如果结果是 1.5，那么公司的情况还不错，不过你真正希望看到的结果是 2 或者更高。

（三）直接衡量资产的价值

直接衡量一个公司资产的价值，可能可以找到另外一种可投资的公司——资产富余型公司。这种公司的收益可能很一般，难以用"收益的变化+市盈率的考量"方法来准确衡量它的资产价值，但是按照市场价格计算，它的资产价值超出它的股票价格。

1. 各类型公司投资要点：

①稳定缓慢增长型公司

购买这种股票的主要目的是为了获得股息（如果为了其他目的，这种公司还是不要买了），因此需要知道这些公司的股息是否总能按时派发，以及它的股息是否能够定期增加。

另外，它的股息派发率不宜过高，因为如果股息派发率太高，在收益下降时可能不能按时派发股息。

②中速增长型公司（大笨象型公司）

这类公司都是几乎不可能倒闭的大公司，因此对这类公司最主要的是关注其价格波动的情况，按照市盈率的考量衡量你是否为该公司的股票支付了过高的价格；检查可能导致经营状况恶化的多样化经营情况；

检查公司的长期收益增长率，尤其是最近几年它的长期收益增长率是否一直保持比较一致的增长速度；了解这类公司过去是如何在经济衰退以及市场大跌的困境中恢复过来的。

③快速增长型公司

在零售业、餐饮业、酒店业以及其他一切可以连锁经营的行业，容易产生一些可以保持15%~20%增长速度10~20年的股票，这种公司是重点的投资对象，因为它们能给你带来10倍以上的回报。

不过快速增长型公司没有必要属于快速增长型行业，反而是那些萧条行业、低速增长行业、沉闷的行业、令人厌烦和业务简单的行业可能更佳，因为注意的人少，可以用比较低的价格买到，也因为新行业成长太快，容易吸引太多的关注和众多的竞争者而导致谁也无法从中赚钱或者收益增长非常不稳定。

任何成长型企业，如果市盈率超过40倍都很危险，因为即使成长最快的公司也很难超过25%的长期收益增长率，超过40%的少之又少，过于高速的成长根本难以持久，也会使企业走向自我毁灭，尤其是那些过度负债的。

投资这类公司的另外一个要点是看公司在不同地方扩张的效果如何（即在一个地方的成功能否在其他地方成功复制），以及它的市场是否接近饱和（市场接近饱和则成长难以持续）？

公司的扩张速度是在加速上升还是在逐渐放缓？如果是后者，必须非常小心，因为收益增长速度的下降意味着市盈率的快速降低，公司股价会大幅度下降。

公司规模以及能给公司带来巨额利润的产品是否是公司的主营业务产品？

公司最近几年收益的增长情况。

股票的市盈率是否与公司的增长率一致？

公司的财务状况如何？尤其是资金不能短缺。

公司的股票是否热门？热门的容易被高估。

2. 周期性公司

在萧条期有迹象结束的时候，带领整个市场走出低迷的，往往是周期性公司，这个时候投资周期性公司获利 2~5 倍是完全有可能的。

现在由于大家都希望抢在周期性公司股价变化的前面买入或者卖出，因此周期性公司的股价变动相对于其基本面变动有越来越提前的趋势。

注意周期性行业和周期性公司的区别，在经济复苏时，应该寻找周期性行业中最能从经济复苏中获利的公司。

密切关注存货的变化情况以及产品的供需关系。

注意市场的新参与者。

市盈率是否在收益增加时大幅下降？

公司最好不要太过于依赖周期性的大规模资本支出。

3. 转型困境型公司

这种公司的股票是受整个市场状况影响最小的，买入的时机合适也能给你带来几倍的回报，因此在市场低迷的时候可以重点关注这类公司。

这类公司的复苏一般会经历四个阶段——灾难当头、危机管理、财务稳定、最终复苏，买入的时机可以选择在第二阶段第一条好新闻传过来的时候，也可以选择第三个阶段。

投资于有问题的公用事业类公司的业绩要好于一般的问题公司，原因在于公用事业类公司是受到政府管制的，政府很难真的让它们破产。

公司拥有多少现金、多少债务，债务结构如何，即不能有太多一旦公司出现问题就立刻会被追回的债务。

在解决困难时，公司最多能在赔本的状态下经营多长时间？

能否依靠债权人摆脱破产危机，在破产的威胁面前债权人是否会让步或者出面支援？

如果这家公司破产能给股东留下点什么？

公司打算怎样转型,是否已经关掉或者出售那些赔钱的子公司,这么做是否会给公司的收益带来很大的变化?

4. 资产富余型公司

有一些公司隐藏着一些隐形资产,导致公司价值被低估,这些隐形资产包括:拥有自然资源(如土地、房产、木材、石油、贵金属等)的公司,把这些自然资源按照历史成本记录在公司账面上,但是其账面价值显然已经与其实际价值严重不符。

如可口可乐这种品牌拥有无法在账面上反映出来的价值。

其他用历史成本法记账容易低估的资产,如专利权、有线电视的特许经营权、电视、广播电台、网络等。

由一家大型母公司全部或者部分控股的子公司中会存在隐形资产。

当一家公司持有一家独立公司的股份时会存在隐形资产。

转型困境型公司获得的"税收减免"待遇也是一种无形资产。

第7节 长线短炒技法

一、概 述

广大投资者可能有这样的投资理念:"长线是金,短线是银。"在初入股市时一定要明确自己是长线投资者还是短线投机客,然后严格按照投资者或投机客的方法去买卖股票。

其实,在这个风险与利润并存的市场中,无论是"长线投资"还是"短线投机",只要投资者能获利就是好方法!

有时候长线投资获利丰厚,有时短线投机收益不菲。如果能适时地把长线投资与短线投机有效地结合起来,也许我们将创造出股市的"奇迹"!

我(作者本人)由于受父亲投资理念的影响,进入股市时抱着一种长线投资的心态操作。经过几年的投资生涯发现此法获利较准——因为中国股市是新兴市场,投机成分十分浓重。于是,我潜心研究"短线"理论,结合中国股市特点用1/3资金做"实战"操盘,两年的"投机"经历让我感触颇深:在运动中歼灭敌人有时要比以不变应万变获胜概率高。但要注意:"有时"(并不是所有时候都适用),经过亲身实战经验,总结出了一套长、短结合的操作方法——

"长线短炒",希望对读者在操作上有所帮助。

"长线短炒的概念"

长线投资:投资者买入股票主要是对该公司未来经营业绩充满希望,他们会在相对低位买入一家价值被市场严重低估了的公司股票,不在乎该股短期的涨跌,一路持有直到该股升到他们心理预期的合理价位再全部抛出。

长线投资者一般持股在一年以上,有的长达三五年之久。

短线投机:进行短线交易的投机者们并不关心买入该股的公司基本面(哪怕是一家亏损企业),他们买入主要依据是"技术分析"和对股票走势的方向判断。因此,短线投机客一般持有股票时间非常短(几天或一两周)。短线投机客是靠博取股价上下波动的"差价"获得收入的。

二、长线投资与短线投机的区别

不同点:

①他们买卖的标准"依据"不同。

②他们在股票持有的时间不同。

③他们获取利润途径不同(长线投资一步到位,短线投机长期积累)。

相同点:

①他们投资的场所相同,交易的对象相同。

②他们如果想获利,都必须对市场有敏锐的观察力,有良好的心理素质,一定的启动资金(资本)。

所谓"长线短炒"是把长线投资和短线投机从理念和方法上有机地结合起来,以"市场"为基准,以"获利"为目的进行"多元化"投资。这里的"多元化"并不是指把十个鸡蛋放在十个篮子里分散投资,而是两种投资思路与方法的有机结合。

例如,当一位投资者看好一只具有长线投资的股票时,我们可以放弃以往那种一路持股的策略,而是采取结合大市进行短线波段操作(高抛低吸)运动作战!

这样操作有三大好处:①增加获利空间。②可以保持良好心态。③可以避免突发风险。

注:保持良好心态非常关键。其实,散户与庄家从某种意义上讲就是比"心态"。谁的心态好,谁就是最后的赢家。即使在升势我们也尽量不参与调整,使自己保持一种平静的心境。

【例】600667——太极实业
2000年1月21日—2000年6月7日

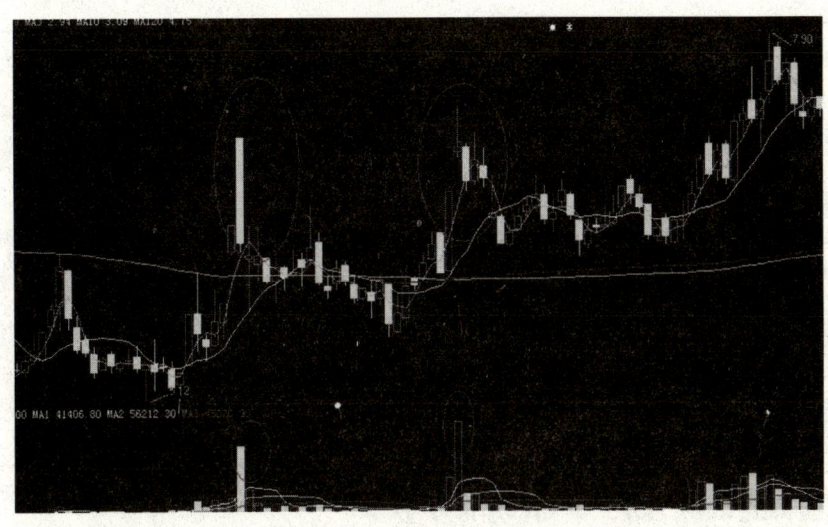

①该股从2000年1月28日5.35元升至2000年5月24日7.68元，累计升幅43.5%，传统的长线投资者会一路持有该股。

②如果我们结合短线技巧波段操作，获利空间会人为加大。

2000年1月28日5.35元买入—2000年2月22日6.32元卖出。（第一项）
2000年3月17日5.8元买入—2000年3月28日7.04元卖出。（第二项）
2000年5月9日6.49元买入—2000年5月24日7.68元卖出。（第三项）
累计比较：18%+21%+18%=57%　　持股时间：8+8+12=28天
两者比较：长线持股71天，获利43.5%。
长线短炒28天，获利57%。

③此股短线买入，卖出的技巧将在后面实战日记中详解！

由此可见，把握住"长线"的方向，进行"短线"投机操作，在相同的市场环境下获利会大幅增加。

我不得不承认虽然运用"长线短炒"可以使我们账户的市值每年大幅增加，但这种操作方法也有其自身的弊端。并且，不是每一位投资者都适合此种操作手法！但是，从操作思路上我（作者）想会给读者一些启示和帮助！

三、长线短炒的弊端

弊端一："长线短炒"虽然可以大幅提升你的盈利能力，可这种操作方法从各方面对投资者要求都比较高（主要包括"技术"、"心态"），所以，投资者经过长期的实战磨炼，才有可能进入获利状态。许多投资者往往坚持不到那一天就会放弃了！

弊端二："长线短炒"者往往是要承受一般投资者所承受不了的"压力"。因为，刚开始运用此法操作很容易进入"亏损状态"，"高抛低吸"变为"高吸低抛"。尤其是在中市看到"长线"投资者获利丰厚的环境下，便对自己选择的方法产生怀疑，最终放弃！

另外，"长线短炒"的投资者要学会"独处"，作为寂寞的英雄，用平和的心态"冷眼"去观察复杂多变的市场，在极短的时间内作出正确的判断！

弊端三："长线短炒"者要学会对自己"冷酷无情"，严格遵守操作纪律。对于一般投资者很难做到这一点，大多数人都会最终屈从于恐惧和贪婪这两种最常见的感情，并为此付出高昂的"代价"！

四、独特的训练方法——成功的炒手

面对重重"困难"，如何成为一名成功的"长线短炒者"呢？以下是作者通过多年来亲身实战经验，总结出来的"长线短炒的交易策略"，希望对投资者晋升为一名成功的"长线短炒"客有所帮助，真正告别"套牢"时代，进入连续获利状态！

（一）合理运用你手中的资金

如果你要成为一名"长线短炒"者，首先，要学会合理分配自己手中的资金。举例说明：一名投资者拥有 10 万资本。最理想的状态是：30%～40%（3万到4万）的资金进行长线短炒，10%～20%购买基金和国债。10%～20%的资金投入市场公认的"绩优股"上，（像贵州茅台、同仁堂）。保持流动资金10%～20%周转。记住：永远不要全仓操作，在牛市中也要保持15%左右的现金在手中。

这样的投资组合在中国股市操作中，从资金分配角度上来看，可以使其"利润最大化，风险最小化"。"进可攻，退可守"。

（二）从分散投资到集中投资

在刚开始进行"长线短炒"时，应该将30%左右的资金分散投在众多股票中去，而不必担心由于某只股票赔了钱就会令你一蹶不振。但随着投资者逐渐成熟起来，应从"分散"投入逐渐改为"集中"投资。前提条件：经过相当长的一段实战练习，基本上可以保持"微利"，投资次数"对比"正确率在70%以上。

但要注意：在刚进入"集中"投资过程时，要适当增加手中的"现金"，这对保持"良好"的心态至关重要，尤其是初入股市的投资者。

（三）不用过多关注大市（或公司）远期的未来，要重点关注近期的基本面及走势。

"长线投资者"非常重视公司的基本面和财务状况。他们会花费很长时间去研究市盈率、资产负债表、损益表等有关财务指标。对企业处于"朝阳"还是"夕阳"，进行详细调研，因为他们是从长远考虑的。

"短线投资者"则不太关注基本面，主要根据技术图形进行买卖交易。

作为"长线短炒"者要结合以上两种方法，重点关注近期基本面和走势。因为，如果该股票近期基本面有重大变化（重组、兼并），马上会直接影响股价短期走势。像前期许多公司预防公告一出，股价应声回落。

我们也不必太注重公司远期的发展。因为在中国股市中"变脸"的公司实在太多！像"夏新电子"，给预计盈利大幅提升的消息者迎头一击。我们有理由坚信中国股市越来越规范，上市公司素质会逐步提高。但一切的一切毕竟都需要时间！

（四）多学习，要耐心

"长线短炒"将主要依靠技术分析来决定买卖，因此要尽量多学习相关知识。包括社会科学与心理学等"杂学"。投资者应多抽出一些时间去学学"心理学"，您一定会从中受益匪浅！

许多成功者都有这样的感受：从图形走势中确实能发现股价细微的变化与例外的常知经验。我们如果要成为一名真正的成功者，必须耐心地多学一些技术分析理论和技巧，并结合你所学的技术分析知识与对个别股票基本面情况结合起来，作出正确的判断。做到这一点需要漫长的时间，切不可操之过急！

（五）敢于承认错误，及时平仓

我们在做"长线短炒"时，一定要学习短线客那种敢于承认错误的勇气。即使我们手中拿的是那些质地优良的股票，也不要轻易"加仓"去摊亏损。因为你进场买货时并不是以长线投资为前提的，所以一旦被套很可能该股在未来相当长的一段时期内都无法涨回到你买的价位。轻易地摊薄成本会给"长线短炒"的投资者两点致命的打击：

(1) 投资者进场买货时大多数该股已经有了一段升幅，因为"长线短炒"者要等趋势明朗化才会操作。所以，投资者由于对市场方向判断错误被套，那么你的"补仓"根本不会摊薄成本，只能加重亏损。

(2) 打乱操作思路，冻结购买力。你的心态因此浮躁，你的判断力也会降低。关键是"摊薄"会冻结你的购买力，而且直接影响你的投资组合。

记住："长线短炒"的资金只能占到你投资组合中30%~40%的比重。

注：参《The Long Term——Day Trader》

（六）只要你不断地交易，你就会赚钱——琳达斯克

作为"长线短炒"的交易者要学会经常不断地连续交易。当然，是在市场允许的前提下——牛市或平衡市。熊市一定要学会空仓，因为中国股市目前尚无做空机制。尤其是在剧烈震荡的市场中，"长线短炒"既可以有效地避免风险，又可以最大限度获取利润。集"长线投资"和"短线投机"两种优势于一身。

（七）学会"单打独斗"打游击战

前面我们已经讲过："长线短炒"的资金不应超过投资者资本金的40%。这就意味着做交易时，投资者必须学会单打独斗，而非全军参战。这种方法使投资者不得不克服贪婪，并克制自己想通过一次的全仓买卖成为百万富翁的梦想。

【例】000008——亿安科技，1999年1月22日—2000年2月23日

这类仅用一年时间升幅高达1000%的股票实在太少了。即使有幸买到，也不会一路持有到126元。

所以，"长线短炒"者就是通过每天坚持不懈的努力，去赚取一份"工资"，像一只聪明的老鼠，偷了一点奶酪就跑。长年累月把胜利果实积攒起来！并且"长线短炒"的朋友一定要明白：只有当你和市场节奏同步时才会连续不断地盈利。我们在任何时候都不要轻易增加你在长线短炒上的资金，如果那样做，很可能打乱你的"步伐"，由盈利转向亏损。因为当你增加资金的同时也给自己增加了"压力"，而你很难在短时间内适应它，并有效地运用你新增的资金。

由此可见，在"长线短炒"中并非钱越多越好，而是应依据自身的心理承受能力和经验去选择适合你的资金"标准"。何为标准？满意为标，适可为准。

第8节　K线玄机

K线是资金走过的小路,趋势乃财富前进的大道。从某种意义来说,只有脱离基本面的股价,却从没有K线以上的股票价值。

股市无条件盈利的四大要素:

(1) 反复模拟和实践而得来的,最起码各10种以上的,盈利和避险的K线组合。
(2) 同一定的个股基本面及大盘当时产生的热点相结合;K线再好,如基本面不支持或不了解,以短线为主。
(3) 不断重复(1)(2)直到操作时不再看K线和成交量以外的任何指标亏损就与你无缘了。
(4) 技术面与基本面相背时,以技术面为主;技术面往往能表达你所知道的基本面以外的基本面变化。

一、K线概述与含义

1. K线图的起源

K线的原始形式,公认是日本的本间宗久(乳名加藤吉作)发明的。加藤吉作长大后,为德川幕府吉宗时代的本间家族所收养,命名为本间宗久。当时位于上川河口的酒田港出羽地区(现在的山形县酒田市)是17世纪米市的重要产地及商业交易中心,也是本间宗久的出生地,本间宗久全力研究稻米现货买卖及定期交易的价格信息及走势,并于1755年完成《三猿金泉录》,里面归纳出本间宗久在长期稻米交易中的心得,他指出,虽然稻米的价格与供需有很大的关系,但价格也同时受交易者的心理所影响,所以,价格与商品的实际价值存在着某种差距,因此,他对于季节性、气候变化、战争政治及投机心理状况的掌握都有独到的见解,靠着他研究的行情战术及胆识过人所预估的行情无不神准,不但为他赚进巨额财富,也在京都、大阪、江户(现在的东京)地区引起很大的轰动,当时的人形容他为"出羽の天狗";还有一句话形容他的富有"你可以像大名(封地的领主)一样有钱,但不可能像本间一样富有",这些都足以证明本间宗久在当时的地位，之后他还被当时的天皇聘为大藏省首席并被册封为武士，后来居住于江户的根岸（现在东京的上野区），但最后却突然出家学佛去了，于享和三年（1803年）去世！

因为本间宗久的心得多把商场上的交易竞争套用于战争的法则之中，故引用了很多战法中的名词，同时，为了纪念这位伟大的大师的出生地，所以统称为"酒田战法"。后人将他于交易实战中的精髓，绘制成一百多种K线组合形态，西方的许多K线理论，也是以此为基础而写成！

2. K线图特点

K线图这种图表源于日本，被当时日本米市的商人用来记录米市的行情与价格波动，后因其细腻独到的标画方式而被引入到股市及期货市场。目前，这种图表分析法在我国以至整个东南亚地区均尤为流行。由于用这种方法绘制出来的图表形状颇似一根根蜡烛，加上这些蜡烛有黑白之分，因而也叫阴阳线图表。通过K线图，我们能够把每日或某一周期的市况表现完全记录下来，股价经过一段时间的盘档后，在图上即形成一种特殊区域或形态，不同的形态显示出不同意义。我们可以从这些形态的变化中摸索出一些有规律的东西出来。K线图形态可分为反转形态、整理形态及缺口和趋势线等。

3. 绘制方法

首先我们找到该日或某一周期的最高和最低价，垂直地连成一条直线；然后再找出当日或某一周期的开市和收市价，把这两个价位连接成一条狭长的长方柱体。假如当日或某一周期的收市价较开市价为高（即低开高收），我们便以红色来表示，或是在柱体上留白，这种柱体就称之为"阳线"。如果当日或某一周期的收市价较开市价为低（即高开低收），我们则以蓝色表示，又或是在柱上涂黑色，这柱体就是"阴线"了。

优点：能够全面透彻地观察到市场的真正变化。我们从K线图中，既可看到股价（或大市）的趋势，也同时可以了解到每日市况的波动情形。

缺点：（1）绘制方法十分繁复，是众多走势图中最难制作的一种。（2）阴线与阳线的变化繁多，对初学者来说，在掌握分析方面会有相当的困难，不及柱线图那样简单明了。

4. 绘制K线图的价值

所有分析理论工具的验证与学习，几乎没有一种是速成的，**但只有手绘K线图是一个例外**；不管是业界高手的再进修或是初学者，只要能静下心花一小段时间来开始一步一脚印地练习手绘K线图，**没有一个人不承认用这个方法能让自己对行情的敏锐度因此而大幅提升**。但很可惜的是，大多数人在还没有开始尝试这个方法之前就已经否定了这个方法的有效性，就算开始练习手绘图，也很容易三分钟热度，最后半途而废。师父领进门，修行在个人。

手绘 K 线图的方式简单介绍如下：

1. 找出前几年每日、每周、每月的纽约现货外汇的最高价、最低价、收盘价以及东京时间的开盘价，资料越多越齐全越好，齐全的资料对于历史脉络的追寻会更有帮助，很多网站上有这些相关的资料，我是根据路透社的实时财经报价系统为准的。

2. 找几张方格纸（方眼纸），制图用的那一种，越大张的越好，把你手边的历史资料中历年来的最高点与最低点标明在方格纸的上下两端，不过最好上下都预留一点儿空间，免得破出历史高点或低点时没有地方可以画新的柱子，接下来定出上下方的刻度，计算出每一小格代表的价位。X 轴（横向）标出时间单位。

3. 开始用铅笔绘出每一根 K 线，每绘完一大张核对没有错误之后再开始着色（区分阴阳柱），全部画完之后别忘记每日补上一根新的日线、每周补上一根新的周线、每月补上一根新的月线，并尽可能标出每一波段的头部、底部、颈线、有意义趋势线（至少有三个波峰或波谷相连），并在发生重大国际事件的 K 线上方或下方标明发生的事件（例如：美伊开战、占领巴格达、X 月 X 日 XX 国家调息 XX 码……）。不要舍不得标在图面上（图画烂了可以重画），手绘图是用来帮助我们赚钱而不是摆在案头上供着的！

二、K 线的三要素与基本理念

由于 K 线变化繁多，阴线与阳线里包含着许多大小不同的变化，因此其分析的意义，有特别提出一谈的必要。在讨论"阴阳线"的分析意义之前，先让我们知道阳线每一个部分的名称。

K 线的三要素

K 线是表示一个单位时间内（如 1 小时、1 日、1 周等）若干重要价格参数——开盘价、收盘价、最高价、最低价——之间关系的技术图形，其基本图形结构由"实体"、"上影线"、"下影线"三部分组成。

1. 实体：实体表示开盘价与收盘价之间的价格差距。如果低开高收，则实体为红色（或空心实体），并称为阳线；如果高开低收，则实体为黑色（或实心实体），并称为阴线。

2. 上影线：上影线表示最高价与实体之间的价格差距。如果最高价为实体所包含，则上影线不存在。

3. 下影线：下影线表示最低价与实体之间的价格差距。如果最低价为实体所包含，则下影线不存在。

K 线的基本理念

1. 阴阳线可以单独使用，也可以结合其他分析工具使用，可以取代某些分析工具，亦可借由其他技术分析工具的辅助，使分析更正确、完备！

2. K 线运用的四大指导原则是：疾如风（行情要反转或破位不对头时赶快处置目前的部位），徐如林（盘整时步调放缓，高出低进），掠如火（单边的连续走势，一路追杀绝不犹豫手软，并抱牢赚钱的部位，只追加不平仓），不动如山（很多时候走势不明，勉强进场不但难以图利，还必须承受极大的风险，不如退场观望）。

3. 开盘是当日整个交易时段的指针，开盘的高低常可以提供我们当日走势的第一个讯号，可以帮助我们拟定当日的交易计划更为正确。K 线理论可视为当天行情的预告，借由开盘有很多时候可以看出市场主要资金的流向，市场主力常常利用开盘时段拉抬价格以便稍后出货，或是压低价格以便稍后买进！K 线学中称此为"拂晓攻击"（Morning Attack）；市场主流资金也常会在收盘前作出较大额的仓位调整，因而造成价格的波动，K 线学中称此为"夜袭"（Night Attack）。

4. K 线可以提供目前状况及未来走势的许多讯号，但对于预估目标价位的能力则比较有限，我们必须搭配其他方式来补足这方面的不足，例如，黄金切割折返率，趋势线的支撑压力，原来的支撑压力区，钟摆法则等等。

5. 图形走势千变万化，我们不能希望每一档的走势都完全符合定义中的标准形态！而定义有分歧时要选择较长周期形态更完备的图形，成功几率会更高！

6. 外汇的图形由于是跨时区 24 小时连续交易，理论上在日线图形中没有明显的开收盘，但一般市场上都使用纽约市场 EST16：00 为日线收盘价（NYFE）而东京时间 AM09：00（TKFE）为日线之开盘价，若次一交易日东京开盘价在前一交易日的高低点之外，则视为跳空（GAP）。这也是许多交易员使用手绘日线图的原因之一（为了观察且牢记本日市场之开盘、收盘状况）。

三、单根 K 线的价值

单根 K 线（Candle Stick）：大部分人比较少注意单根 K 线的价值，所以，在学阴阳线理论或 K 线组合时常常觉得效果不好，为此，我们先对单根 K 线的一些基本理论进行研讨。

1. K 线实体代表行情占领此一价区的实力，若实体破出近日高低档，行情将顺向续走的可能性很大！

2. K 线的影线代表多空走势的瞬间爆发力，所以若只有影线突破请不要随意追价，容易被骗！

3. 注意上下影线与实体的关系，若一连续上升走势中影线渐长而实体渐短，要小心向上，动能正在衰减中！反之，连续下跌的走势亦然！

四、典型大阳线与大阴线

K 线学主要是说明由不同 K 线组合所代表目前市场上的心理，并藉此研判出后市最有可能的走势；但首先必须明白，如果单一的 K 线在没有任何形态组合时，它分别代表的意义！

大阳线的定义

是指大幅开低走高而形成的柱体，从 K 线实体的幅度、所处的位置（相对高档还是低档）、影线的长短等种种讯号都可以作为后市判断的依据；但就纯粹以单根大阳线而言，多用 K 线的实体幅度来预估后市涨势的强弱，是一种买进讯号！

大阳线：开盘价也是最低价，收盘价也是最高价，强烈表示了上升的气势。阳线实体的大小相比较而言，便有大阳线、中阳线、小阳线之分，它们各自表示了上升气势的强烈程度。

此种图表示最高价与收盘价相同，最低价与开盘价一样。上下没有影线。从一开盘，买方就积极进攻，中间也可能出现买方与卖方的斗争，但买方发挥最大力量，一直到收盘。买方始终占优势，使价格一路上扬，直至收盘，表示强烈的涨势，股市呈现高潮，买方疯狂涌进，不限价买进。握有股票者，因看到买气的旺盛，不愿抛售，出现供不应求的状况。

阳线：与一支竖立的蜡烛形似而得名。上影线表示上档卖压较重，追高意愿不足，上升气势受到一定的抑制，但低档仍有强力支撑，多方仍占有优势。

小阳星：全日中股价波动很小，开盘价与收盘价极其接近，收盘价略高于开盘价。小阳星的出现，表明行情处于混乱不明的阶段，后市的涨跌无法预测，此时要根据其前期 K 线组合的形状以及当时所处的价位区域综合判断。

小阳线：其波动范围较小阳星增大，多头稍占上风，但上攻乏力，表明行情发展扑朔迷离。

光头阳线：光头阳线若出现在低价位区域，在分时走势图上表现为股价探底后逐浪走高且成交量同时放大，预示为一轮上升行情的开始。如果出现在上升行情途中，表明后市继续看好。

上影阳线：表示多方上攻受阻回落，上档抛盘较重。能否继续上升局势尚不明朗。

光头光脚阳线：表明多方已经牢固控制盘面，逐浪上攻，步步逼空，涨势强烈。

大阴线的定义

是指大幅开高走低而形成的柱体，从 K 线实体的幅度、所处的位置（相对高档还是低档）、影线的长短等种种讯号都可以作为后市判断的依据；但就纯粹以单根大阴线而言，多用 K 线的实体幅度来预估后市跌势的强弱，是一种卖出讯号！

大阴线：开盘价也是最高价，收盘价也是最低价，强烈表示了下跌的气势。阴线实体的大小相比较而言，便有大阴线、中阴线、小阴线之分，它们各自表示了下跌气势的强烈程度。

此种图表示最高价与开盘价相同，最低价与收盘价一样。上下没有影线。从一开始，卖方就占优势。股市处于低潮。握有股票者不限价疯狂抛出，造成恐慌心理。市场呈一面倒，直到收盘价格始终下跌，表示强烈的跌势。

或者股价横盘一日，尾盘突然放量下攻，表明空方在一日交战中最终占据了主导优势，次日低开的可能性较大。如果股价走出如图所示的逐波下跌的行情，说明空方已占尽优势，多方无力抵抗，股价被逐步打低，后市看淡。

阴线：表示盘中虽曾一度摸高，但在重压之下无功而返，且空方得势，迫使最低价收阴，显示下跌气势逐渐转强。

小阴星：小阴星的分时走势图与小阳星相似，只是收盘价略低于开盘价。表明行情疲软，发展方向不明。

小阴线：表示空方呈打压态势，但力度不大。

光头阴线：这种线形出现于低价位区，说明抄底盘的介入使股价有反弹迹象，但力度不大。

向上跳空阴线：此图形虽不代表将有大行情出现，但约可持续 7 天左右的涨势，为买进时机。

五、T 字线、倒 T 字线与一字线

T 字线

开盘价、收盘价、最高价同一价位，表示在低档获得支持后，多方一路反击，尽收失地。"T" 图形又称多胜线，开盘价与收盘价相同，当日交易以开盘价以下之价位成交，又以当日最高价（即开盘价）收盘。卖方虽强，但买方实力更大，局势对买方有利，如在低价区，行情将会回升。

"⊥"图形/倒 T 字线

开盘价、收盘价、最低价同一价位，表示多方的努力遭受重创，空头一路反击得胜。又称空胜线或"塔"，开盘价与收盘价相同。当日交易都在开盘价以上之价位成交，并以当日最低价（即开盘价）收盘，表示买方虽强，但卖方更强，买方无力再挺升，总体看卖方稍占优势，如在高价区，行情可能会下跌。

所谓的"塔"，其实就是倒 T 字形。倒 T 字形在 K 线学上的意义，不管是上升趋势或者下跌趋势，凡是在波段循环的高点或低点出现"塔"形态时，都代表停止的意思。

"塔"是由一杠"开收盘同价线"，及一条上影线组合而成的形态，这个组合是不能变的，也就是说，它不会有其他变形存在。由于"塔"留有一条上影线，这条上影线可以解释成"卖压"、"拉高出货"或者"压低吃货"。股价在波段循环高点出现"塔"时，我们可以看出，价格从开盘后立刻向上拉升，一副行情即将喷出的模样，这种态势摆明了就是庄家设计散户的请君入瓮手法。当散户受不了诱惑而跳进市场买股票时，庄家正好来一招金蝉脱壳，一股脑儿地把股票倒给散户。因此，整个盘势在尾盘变成残局，留下长长的上影线，庄家拉高出货之后，上升行情宣告结束。

除了上述的状况之外，"塔"出现在波段低点时，也是代表停止的意思，空头卖方到此为止禁止通行，股价即将上涨。此处所出现的"塔"，与在波段高点出现的"塔"，一样都残留一条上影线，然而，在波段高点残留的上影线称为拉高出货，在波段低点出现的上影线则称为压低吃货，为什么呢？在此，我们还是再次强调时空的重要性，时空环境的不同，看待 K 线形态的角度与观点也必须随之转变，这是学习 K 线学最重要的基本要领。当股价已经下跌一段明显的波段之后，显然地，必定会吸引一些逢低承接的买盘，因此，股价刚一开盘之后，立刻因买盘介入而向上拉升。此时，有些庄家为了减轻未来拉抬重量，有计划地清洗浮额，会利用手中的筹码刻意掼压股价，让 K 线留下一条上影线，借此营造股价涨不上去的错觉。因此，部分短线客因担心股价隔日续跌，通常会在尾盘以对冲的手法把股票冲销掉。如此一来，因为这些不稳定的筹码消失之后，隔日股价上涨的机会便大增。

一字线/"一"图形

一般出现在实行涨跌停板的交易市场，表示跳空涨停或跳空跌停。此图形较不常见，即开盘价、收盘价、最高价、最低价在同一价位。

一手遮天：跳高一字线后不补缺：一般受重大突发利好影响，股价跳高以涨停价开盘，并一直维持至收盘。第二天或高开高走，或高开后小幅回落，但仍留下第一天巨大缺口不予回补。此图形通常暗示多头上攻有力。但是，投资者应认真分析突发利好的实质内容，细心观察一字线出现后次日的股价走势，如空头确实无力回补缺口（即起码留下该缺口一半以上未能补完），即可追买介入，坐上顺风船。一般来说，如果是在中低档出现本 K 线组合，可以考虑顺势而为；而如果是在高档走出本 K 线组合，则要认真观察，小心为上，特别要提防主力借此形态骗线出货。

第 9 节　股票技术形态精解

一、整理形态——上升与下跌中的最佳买卖点

所谓整理形态是指股指经过一段时间的快速变动后，即不再前进而在一定区域内窄幅变动，等时机成熟后再继续以往的走势，这种显示以往走势的形态称为整理形态。有以下几种：

对称三角形；上升三角形和下降三角形；楔形；矩形；旗形。

1. 对称三角形

市场含义：

对称三角形是因为买卖双方的力量在该段价格区域内势均力敌，暂时达到平衡状态所形成，股价从第一个短期性高点回落，但很快地便被买方所消化，推动价格回升，但购买的力量对后市没有太大的信心，又或对前景感到疑虑。因此股价未能回到前次高点，已告调头再一次下跌，在下跌的过程中想卖出的投资者不愿意以太低价卖出或对前景仍存希望，所以回落的压力不强，股价未跌到上次低点便已告回升，买卖双方的观望性争执，使股价的上下小波动范围日渐狭窄，形成了这一形态。

成交量在对称三角形的形成过程中逐渐减少，反映出投资者对后市所持的观望态度。

对称三角形最小升幅的量度方法是当股价向上突破时，从形态的第一个高点开始画一条平行于底边的直线。我们可以预测股价至少会上升到这条直线才会遇到阻力，以至于股价上升的速度将会以形态上升之前的角度上升，因此我们可以从这种量度方法中估计到该股最小升幅的价格水平和所需要的完成时间。

形态的最小跌幅量度方法一样。

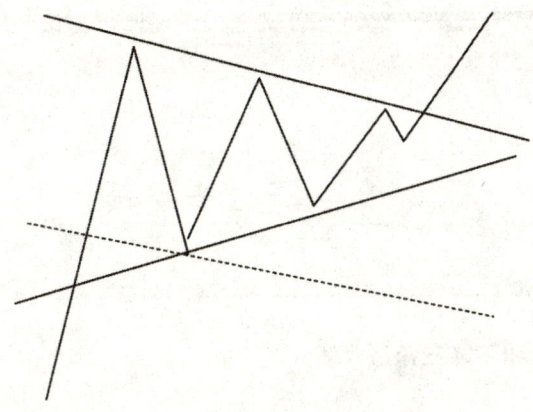

要点提示：

（1）一个对称三角形的形成，必须要有明显的两个短期高点和低点出现。

（2）对称三角形的突破通常在距三角形底边的一半或四分之三处突破时会产生最准确的移动。

（3）向上突破时要有大成交量的伴随，向下突破时则不必。

（4）假如对称三角形向下跌破时有极大的成交量，可能是一个错误的跌破讯号，股价于跌破后并不会如理论般回落，倘若股价在三角形的尖端跌破，且有高成交伴随，情形尤为准确，股价仅下跌一两个交易日便回升，展开一次真正的升市。

（5）对称三角形大约有四分之三属整理形态，有四分之一属转势形态，有可能在升市顶部或跌市的底部出现。

（6）对称三角形突破后可能会出现反抽（反方向移动），上升的反抽止于高点相连而成的直线上，下跌的反抽止于低点相连的直线下，倘若反抽大于上述所说的位置，形态的突破可能有误。

（7）对称三角形在形态内变动，越接近上届线，向上突破的力量与希望越小，如果紧靠着上届线突破，成交量又无显著增加通常是假突破，当股价盘至三角形尖端，才向上限突破，这亦是买方虚弱的表现，上升亦乏力，进行整理过程中买方以长阳线与大成交量配合，突破整理形态上限脱离盘局，快速上升，另一段行情即将展开，回档时便是买进时机。

（8）当股价在对称三角形内变动越接近下限，向下突破力量越小，如果紧靠着下限突破通常是假突破，即使下跌亦缓慢，较无效力。当股价盘至三角形区域尖端从下限突破，卖方暂时获胜，下跌却有限，但随即反转上升，在进行整理中卖方以长阴线向下突破时，成交量有时扩大，有时并无显著增加，而下跌后不久才出现大成交量，确立跌势反弹时便是卖出时机。

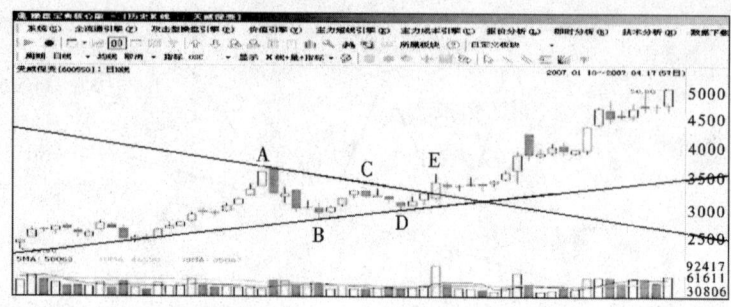

2. 上升三角形和下降三角形

市场含义：

上升三角形显示买卖双方在该范围内的较量，买方力量在争执中已稍占上风，卖方在其特定的股价水平不断卖出，他们并不急于出货，但却又不看好后市，于是股价每升到理想价位便卖出，这样在同一价格的卖出便形成了一条水平的供给线，不过市场的购买力量很强，他们不待股价回落到上次低点便急不可待地购进，因此形成一条向上倾斜的需求线。另外，也有可能是有计划的市场行为，部分人士有意把股价压低以达到逢低大量吸纳的目的。

下降三角形同样是买卖双方在某价格区域内的较量表现。然而买卖双方力量却与上升三角形正好相反。看淡的一方不断增强卖方力量，股价还没有回升到上次高点便再卖出，而看好的买方坚守着某一价格防线，使股价每回到该水平便获得支撑。另外，这形态的形成亦可能是有人在托价出货直到全部卖出为止。

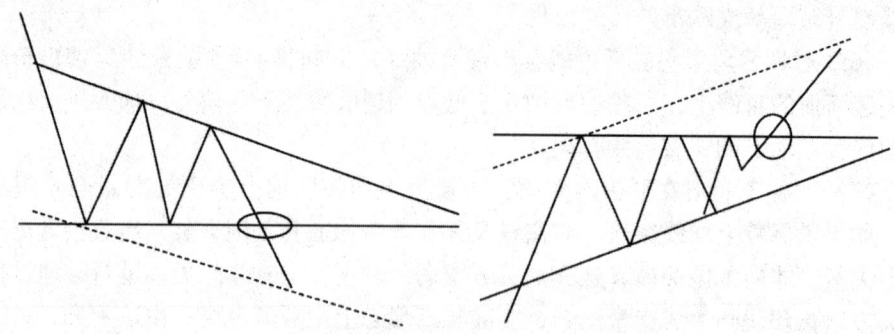

要点提示：

（1）上升三角形和下降三角形都属于整理状态，上升三角形在上升过程出现，暗示有向上突破的可能，下降三角形正好相反。

（2）下降三角形亦有向上突破的可能，向上突破时要有大成交量的伴随，上升三角形亦有向下的可能，向下突破时不必有大成交量配合。

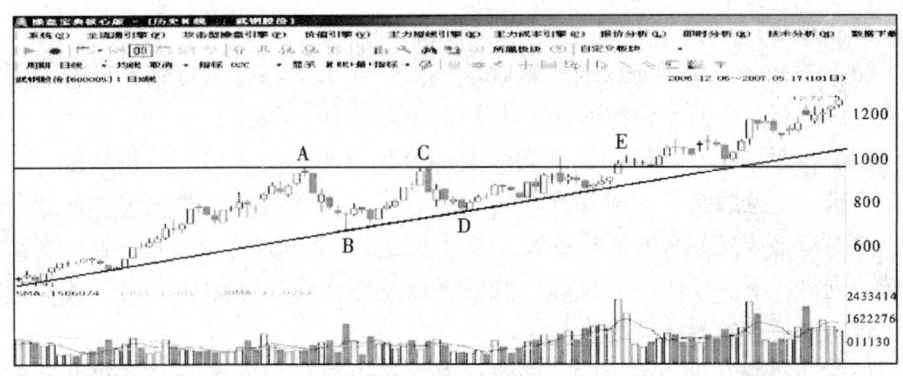

3. 楔 形

市场含义：

上升楔形：表面上看来，上升三角形只一边向上倾斜，所代表的是多头趋势，而上升楔形两边向上倾斜，多头趋势应该更浓，但实际上并非如此，因为上升三角形的顶点线代表股价在一定价格上卖出，当供给吸收后，上档压力解除，股价便会往上涨。在上升楔形中，股价上升卖出压力并不大，但是投资人兴趣却逐渐减小，股价虽上扬，可是每一个新的上升波动都比前一个弱，最后当需求完全消失时股价便反转回跌，因此上升楔形显示尚未见底，只是跌后一次技术性反弹而已，当其下限跌破后就是卖出信号，上升楔形的下跌幅度，至少将新上升的价格跌掉，而且要跌得更多。

下降楔形：其市场含义和上升楔形刚好相反，股价经过一段时间的上升出现了获利回吐，虽然下降楔形的底线向下倾斜，似乎说明市场承接力量不强，但新的回落浪较上一个回落浪波幅为小，说明市场卖出力量正在减弱中，加上成交量在这阶段中的减少可证明市场卖压减弱。

下降楔形通常在中、长期升市的回落调整阶段出现，告诉我们升市尚未见顶，这仅是升市后的调整，一般来说形态大多是向上突破，当其上限突破便是一个买入信号。

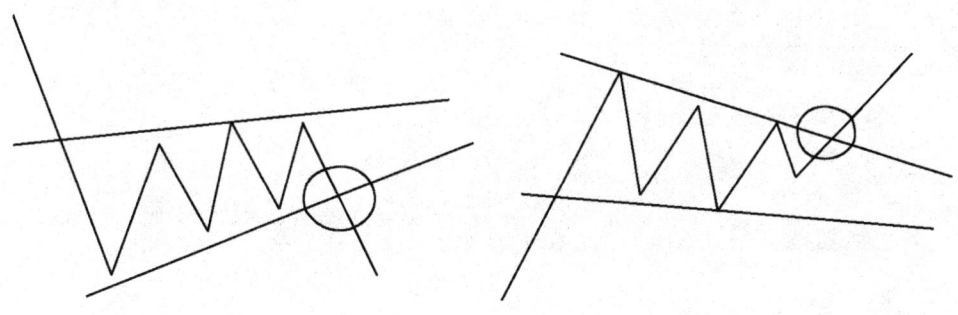

要点提示：

（1）楔形的上下两条线明显地收于一点，如果形态过于宽松，形态的可能性就应该怀疑，一般来说楔形需要两个星期以上时间完成。

（2）虽然跌市中出现的上升楔形大部分都是向下突破的，但相反地，若是向上突破，而且成交量亦有显著增加，形态可能出现变异，发展成一条上升通道，这时应该改变原来的偏淡看法，市道可能会沿着新的上升通道开始一次新的升势。同样，下跌楔形不升反跌，跌破下线支撑形态，可能会变为一条下降通道，这时对后市的看法就应当改变。

（3）上升楔形向下跌破时，跌破点通常是由第一个低点开始直到上升楔形尖端之间距离的三分之二处，有时候股价可能移动到尖端，出了尖端之后还稍作上升，之后才大幅下跌。

（4）上升楔形和下降楔形有一点明显不同之处是，上升楔形在跌破下降支撑后经常出现急跌；下降楔形向上突破阻力后，可能会横向发展，形成徘徊状态或圆状，成交量依然十分低沉，然后才慢慢开始上升，这时成交量亦随之增加。这种情形的出现，我们可待股价打破沉闷局面后才考虑跟进。

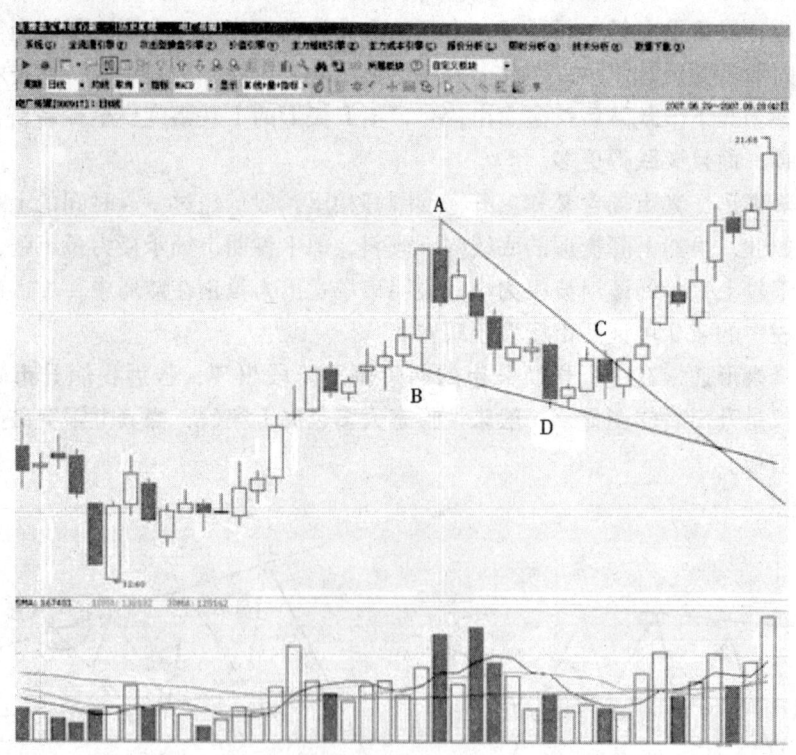

4. 矩　形

是一条水平发展的通道，在矩形的行进过程中从左向右成交量是逐步减少的。

市场含义：

矩形为冲突型是指在通道中买卖双方实力相当。

这形态告诉我们买卖双方在该范围内完全达到了均衡状态。在这段期间，谁也占不了上风，看好的一方认为其价位是很理想的买入点，于是每回落到该水平即买入，形成了一条水平需求线，与此同时，看坏的一方认为其股价难以升越其水平，于是当股价回升至该价位水平便卖出，形成了一条水平的供给线。从另一角度分析，矩形也可能是投资者对后市发展不明朗，故采取观望的态度而形成的，所以当股价回升时，一批对后市缺乏信心的投资者退出，一批对后市看好的投资者买进，由于买卖双方实力相当，于是股价就来回在这一区域内波动。

一般来说，矩形是一整理形态，长而且窄，成交量又十分小的矩形。在原始底部比较经常出现，突破上限或下限后有买入或卖出的信号，涨跌幅通常等于矩形宽度本身。

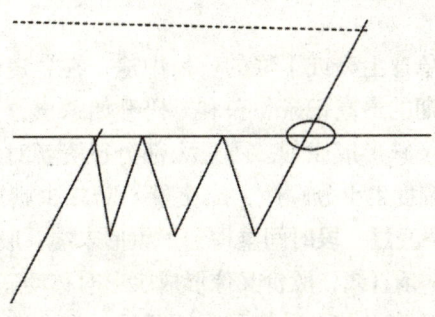

要点提示：

（1）矩形在形成的过程中，除非有突发性的消息扰乱，其成交量应该是不断减少的，如果在形态形成其间，有不规则的高成交量出现，形态可能失败。当股价向上突破时，必须有成交量激增的配合，但若向下突破时，就不需要成交量的配合。

（2）矩形呈现突破后，股价经常出现反抽，这种情形通常会在突破后三天至三星期内出现，反抽将止于顶线水平之上，向下突破后的假性回升，将受阻于底线水平之下。

（3）一个高低波幅较大的矩形较一个狭窄而长的矩形更有威力。

（4）上升行情里，突破整理形态成交量要激增，且距上届线不能太近，否则有效性降低。下跌行情里，股价突破整理形态成交量不一定放大，若距下届线太近而突破，有效性降低。

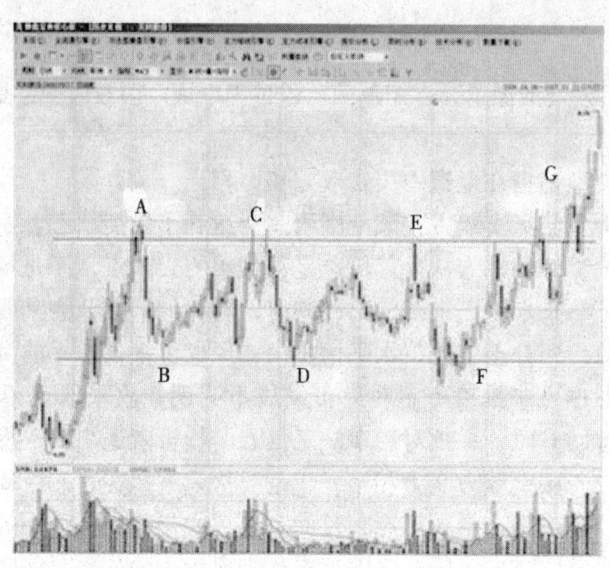

5. 旗形

市场含义：

旗形经常出现于急速上升或下降的行情中途，在急速的上升中成交量逐渐增加，最后达到一个短期的最高记录，获利筹码开始杀出，上升趋势亦遇到强大的阻力，股价开始小幅下跌形成旗形。不过大部分投资者对后市依然充满信心，所以回落的速度不快，幅度也十分轻微，成交量不断减少则反映出市场的卖出力量在回落中不断地减轻，经过一段时间整理到了旗形末端，股价突然上升，成交量亦增大，而且几乎形成一条直线，股价又像形成旗形时移动速度一样，急速上升。

在下跌时所形成的旗形与上升旗形刚好相反，在急速的直线下降中，成交量增加，达到一个高点，然后开始反弹，不过反弹的幅度不大，成交量减少，股价小幅上升，形成旗形。经过一段时间整理，到达旗形末端，股价突然下跌，成交量大增，股价持续下跌。

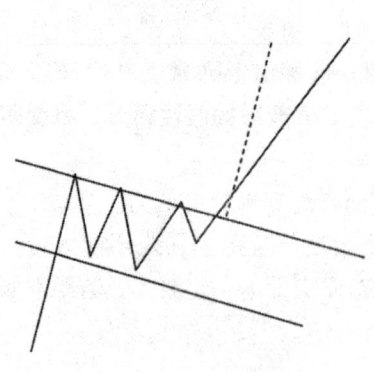
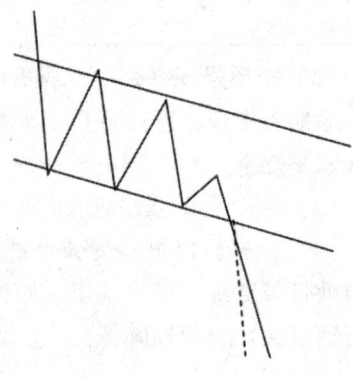

旗形可量度的最少升幅（跌幅）其量度方法是突破旗形后，最小升（跌）幅度，相当于整根旗杆的长度，旗杆的长度是形成旗形的突破点开始直到旗形的定点为止。

要点提示：

（1）当上升旗形向上突破时，必须有成交量激增的配合，当下降旗形向下突破时，成交量也是大增的。

（2）在形态形成过程中，若股价趋势形成旗形，而成交量为不规则或很多，又非渐次减少的情况时，下一步将是很快的反转，而不是整理，即上升旗形向下突破。下降旗形向上突破，即高成交量的旗形暗示市场可能出现逆转，而不是整体形态。因此成交量的变化在旗形走势中是十分重要的，它是观察和判断形态真伪的唯一方法。

（3）股价应在四周内向预定方向发展，超出三周时就应特别小心，注意其变化。

（4）上升旗形大部分是在牛市第三期出现，因此形态暗示升市可能进入尾声阶段，下降旗形大多在熊市第一期出现，这形态暗示大势可能作垂直式下跌。因此，这阶段中形成的旗形十分细小，可能在三四个交易日内完成。如果在熊市第三期出现，旗形形成时间较长，而且跌破后只作有限的下跌。

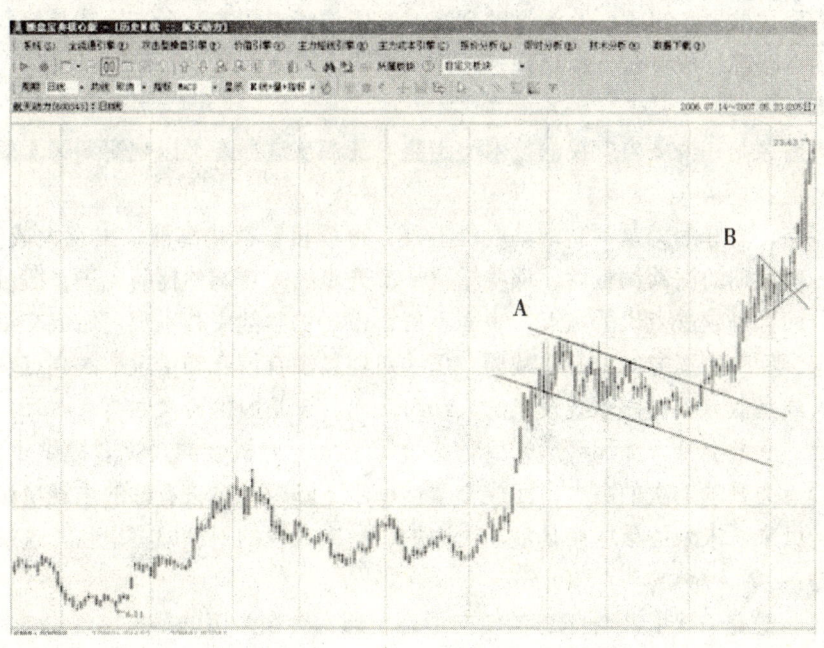

二、反转形态

1. 头肩顶

(1) 左肩部分：持续一段上升的时间，成交量很大，过去在任何时间买进的人都有利可赚，于是开始获利回吐，使股价出现短期回落，成交量较其上升到顶点时有明显减小。

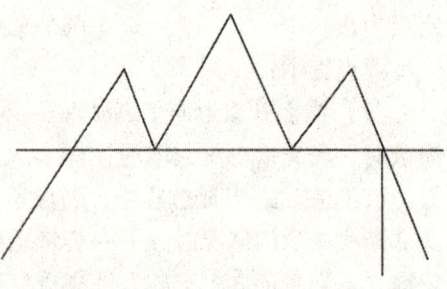

(2) 头部：股价经过短暂的回落后，又有一次强力的上升，成交亦随之增加，但其成交量较其左肩部分明显减小，股价升破上次的高点后再次回落，成交量回落时亦同样减少。

(3) 右肩部分：股价下跌到上次回落的低点又再获得支撑而回升，可是市场投资情绪显著减弱，成交量较头部和左肩均明显减少，股价没法升到头部顶点便告回落，于是形成了右肩部分。

(4) 突破：从右肩顶部下跌突破由左肩底与头部底所连接的底部线（即颈线），其突破颈线的幅度要超过市价的3%以上。

头肩顶的形态出现三个明显的高峰，其中位于中间的一个高峰较其他两个高峰的高点略高，成交量方面出现梯级形的下降。

市场含义：

头肩顶是一个不容忽视的技术型走势。我们从这形态可以观察到买卖双方的争夺情况。

当初，看好的力量不断推动股价上升，市场投资情绪高涨，出现大成交量。经过一次短期的回落调整后，那些错过上次升市的人在调整期间买进，股价继续上升，而且攀越过上次的高点。表面看来，市场仍然健康和乐观，但成交量的大幅减少，反映出买方的力量在减弱，那些对前景没有信心和错过上次高点获利回吐的人或是低点买进做短线投机的人纷纷卖出，于是股价再次回落。

第三次的上升，为那些后知后觉错过了上次上升机会的投资者提供了机会，但股价无力升越上次的高点，而成交量进一步下降时，过去看好的乐观情绪已完全扭转过来，未来的市场将是疲弱无力的，一次大幅的下跌即将来临。这形态的分析是：

(1) 这是一个长期性趋势的转向形态，通常会在牛市的尽头出现。

(2) 当最近的一个高点成交量较前一个高点为低时，就暗示了头肩顶出现的可能性；第三次回升股价无法升到上次的高点，成交继续下降时，有经验的投资者就会把握机会卖出。

(3) 当头肩顶颈线击破时，就是一个真正的卖出信号，虽然股价和最高点比较已回落了相当的幅度，但是跌势只是刚刚开始，未出货的投资者应继续卖出。

(4) 当颈线跌破后，我们可根据这形态的最小跌幅方法预测股价会跌到何处，其方法是：从右肩突破颈线的那一点开始，量出与头部顶点到颈线的垂直距离相等的长度，就是该股将会下跌的最小幅度。

要点提示：

(1) 一般来说左肩和右肩的高点大致相等，部分头肩顶的右肩较左肩低，但若右肩的高点比头部还高，此形态不能确认。

(2) 如果其颈线向右下倾斜显示市场非常乏力。

(3) 成交量方面：左肩最大，头部次之，右肩最小，不过根据统计，大约有三分之一的头肩顶，左肩的成交量较头部明显增多，三分之一的成交量大致相等，三分之一的成交量头部大于左肩。

(4) 当跌破颈线时，如无成交量配合也应确认，但若成交量在跌破颈线时激增，显示市场抛售力量十分庞大，股价会在成交量增加的情况下加速下跌。

(5) 在跌破颈线后可能会出现暂时性的回升，这种情况通常会在低成交量的跌破时出现，不过暂时性的回升不应超越颈线水平。

(6) 头肩顶是一个杀伤力十分强大的形态，通常跌幅大于量度出来的最小幅度。

(7) 假如股价最后在颈线水平回升而且高度高于头部又或是股价于跌破颈线后回升高于颈线，这可能是一个失败的头肩顶，不宜信赖。

2. 头肩底

形成左肩时股价下跌，成交量相对增加，接着为一次成交量较小的次级上升，接着股价又再跌，且跌破上次的最低点，成交量再次随着下跌而增加，较左肩反弹时为多，一形成头部，从头部最低点回升时成交量有可能增加，整个头部成交量比左肩多。

当股价回升上次的反弹高点时出现第三次回落，这时的成交明显少于左肩和头部，股价在跌至左肩的水平时，跌势便稳定下来形成右肩。

最后，股价策动一次升市，且伴随着成交量大增，当其冲破颈线阻力时成交量更显著上升，整个形态便告成立。

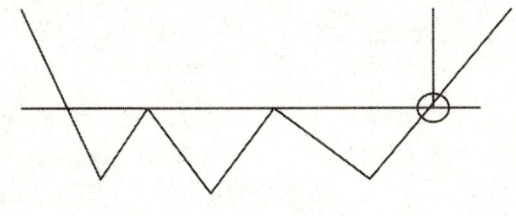

市场含义：

头肩底的分析意义和头肩顶没有两样，它告诉我们过去的长期性趋势已经扭转过来，股价一次再一次地下跌，第二低点显然较先前一个低点为低，但很快地调头弹升，接下来的一次下跌股价未跌到上次低点水平已获得支持而回升，反映出买方力量正在逐步增强，当股价突破颈线后显示买方完全控制了市场。

要点提示：

（1）当头肩底颈线突破时，就是一个真正的买入信号。虽然股价和最低点比较已上升一段幅度，但升市只是刚刚开始，尚未买入的投资者应该继续追入，其最小升幅为头部到颈线的垂直距离。量度方法是股价从右肩向上突破的那一点算起向上量出其颈线到头部的垂直距离。

（2）当突破颈线阻力时，必须有成交量激增的配合，否则是假突破。不过如果在突破后，成交逐渐增加，形态亦可确认。

（3）一般来说，头肩底形态较为平坦，因此需要较长时间才能完成。

（4）在突破颈线后可能出现暂时性回跌，但回跌不应低于颈线，如果回跌低于颈线或是低于股价颈线水平回落，没法突破颈线水平，而且还低于头部，这可能是一个失败的头肩底形态。

（5）头肩底是极具威力的一种形态，一旦获得确认，其升幅往往大于最小升幅。

3. 复合头肩形

复合头肩形包括复合头肩顶和复合头肩底，即如下图中分为一头多肩式或多头多肩式。

市场含义：

复合头肩形态的分析意义和普通形态一样，当在底部出现时，表示一次较长期的升市即将来临，假如在顶部出现，显示市场即将下跌。在形成复合头肩形的初期，因其成交量可能不规则使形态难以确认，但是稍长一点时间就很容易看出，它和头肩形的趋势完全一致。

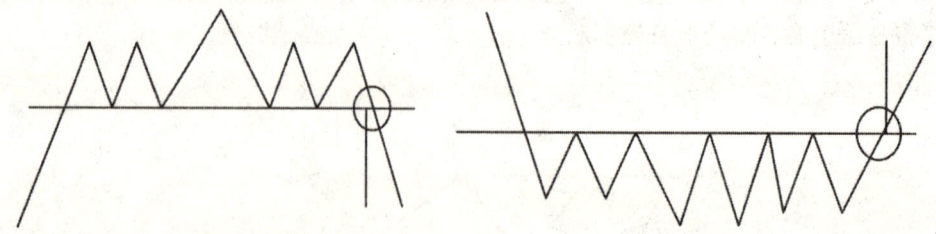

第3章 实战篇

要点提示:

(1) 复合头肩形的预期上升力量或下跌力量往往较普通头肩形力量弱。在中期性的趋势出现时,复合头肩形态完成其最小升幅(跌幅)便不再继续下去,而普通头肩形的升幅(跌幅)往往较其量度出来的最小幅度为大。

(2) 复合头肩形的颈线很难画出来,因为每一个肩和头的回落部分,并不会全落在一条直线上。因此应该以最明显的两个短期低点(高点)连接成颈线,还可以将回落(或反弹)到其价位次数最多的点连接起来,成为颈线。

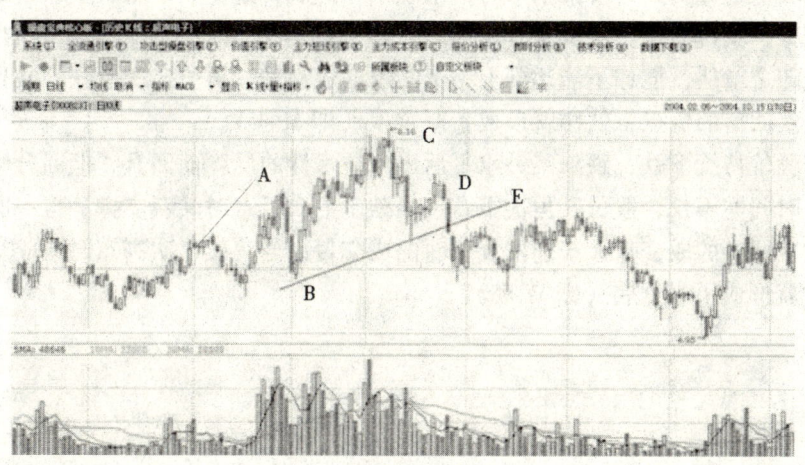

4. 三重顶(底)

任何头肩形态,特别是头部超过肩部不够多时,可称为三重顶(底),三重顶和双重顶十分相似,只是多一个顶且各顶分得很开、很深,成交量在上升期间一次比一次少。三重底则是倒置的三重顶,其分析意义一样。

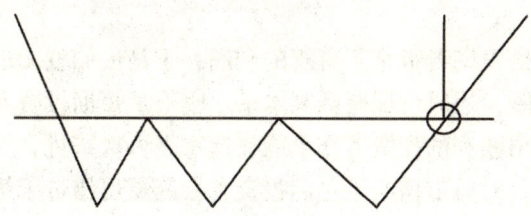

市场含义:

三重顶(底)的分析意义类似于双重顶(或底)。

重要提示:

(1) 三重顶(底)的顶峰与顶峰(谷底与谷底)的间隔距离与时间不必相等。

(2) 三个顶点(底点)的价格不必相等,相差只要不大于3%就可以了。

(3) 三重顶的第三个顶的成交量非常小时就显示出下跌的征兆，而三重底在第三个底部上升时成交量大增，即显示出股价具有突破颈线的趋势。

(4) 三重顶（底）突破颈线时的最小跌幅（升幅）是顶（底）与颈线之间的垂直距离。

(5) 三重顶（底）未跌破（升破）颈线时不宜作买卖决定。

5. 双重顶（底）

当股价上升到某一价格水平时，出现了大的成交量，股价随后下跌，成交量逐渐减少，获得支撑，股价又开始回升，当升到与前一个价格几乎相等的顶点，成交量随之增加，但却不能达到上一个高峰的成交量，再第二次下跌，并且跌破了第一次回落的低点，这样就形成了双重顶（即 M 头）。

当股价持续下跌，跌到某一水平后出现技术性的反弹而回升，但回升幅度亦不大，时间亦不长，股价又再次下跌，当跌至上次低点时又获支撑，再一次地回升，这次回升的成交量大于前次反弹时的成交量，当突破上次高点时，成交量大增，这就形成了双重底（即 W 底）。

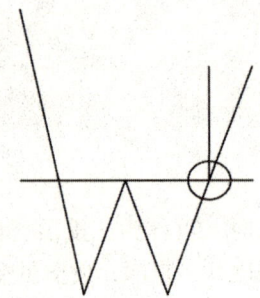 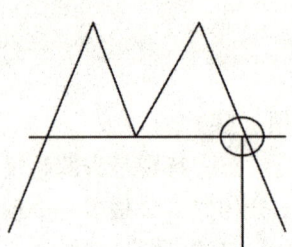

市场含义：

股价持续上升给投资者带来了可观的利润，于是他们就卖出股票，使得原来上升的行情转为下跌，当股价回落到某水平，吸引了短期投资者的兴趣。

另外，早先卖出获利的投资者亦可能在这水平再次买进，于是行情开始止跌回升。但与此同时，对后市信心不足的投资者会因觉得错过了第一次高点出货的机会而马上卖出手中持股，加上在低水平获利回吐的投资者亦同样在这水平再次卖出，强大的抛售压力令股价再次下跌。由于在高点两次受阻而回，令越来越多的投资者失去信心而加入了抛售的行列，使得股价跌破上次回落的低点（即颈线），于是双重顶（M 头）便告形成。

双重底走势和双重顶走势刚好相反，股价持续的下跌令持股投资者感到股价太低而惜售，而另一些无股的投资者，因为新低价的吸引而做尝试性的买入，于是股价回升。当上升到某水平时因短线投机者获利回吐，加上那些在跌势中持货的投资者亦趁回升而卖出持股，股价又再一次回落，但对后市充满信心的投资者觉得他们错过了上次低点买入的良机，便在股价回落到上次低点附近时买进，当愈来愈多的投资者买入时，市场买方力量大于卖方力量，股价又再一次上升，并突破上次回升的高点（颈线）且有大成交量伴随，一次升市即将开始，这就形成了 W 底。

M 头或 W 底形态是一个转向形态，通常这些形态出现在长期性趋势的顶部或底部，所以当 M 头形成跌破颈线时是一个可靠的卖出信号，W 底形成突破颈线时是一个可靠的买入信号。

要点提示：

（1）M 头的最高点并不一定在同一水平，二者相差百分之三是可以接受的。通常来说，第二个头可能较第一个头高出一些，原因是看好的力量企图推动股价继续上升，可是却没法使股价上升超过百分之三的距离。一般 W 底的第二个低点都较第一个低点稍高，原因是先知先觉的投资者在第二次回落时，已开始买入，令股价没法再次跌回到上次低点。

（2）M 头的最小跌幅量度方法，是由颈线开始至少会下跌从 M 头最高点到颈线的垂直距离。W 底的最小升幅亦是双底之最低点到颈线的垂直距离。

（3）M 头和 W 底不一定都是反转信号，有时也会是整理形态。这要视两个波谷的时间差来决定，通常两个高点形成时间相隔超过一个月为常见。

（4）M 头的两高峰都有明显的成交量，这两个高峰的成交量同样尖锐和突出，但第二个头部的成交量比较第一个头部为少，反映出市场的购买力量正在减弱中。W 底在第二个底部成交量亦十分低沉，但在突破颈线时必须得到成交量激增的配合方可确认。

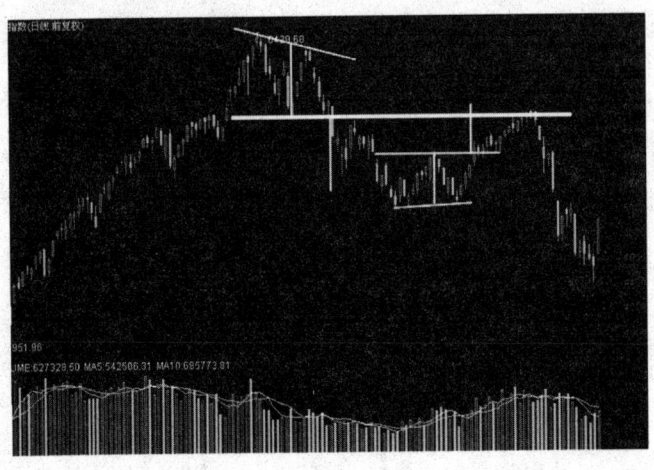

(5) 通常突破颈线后出现反抽，W 底的反抽不低于颈线，M 头的反抽不高于颈线，其形态有效。

(6) 一般来说，M 头或 W 底的跌幅或升幅都较其最小幅度为大。

6. 潜伏底

股价在一个极狭窄的范围内横向移动，每日股价的高低波动幅度极少且成交量亦十分低沉，图表上形成一个横线般的形状，这种形态称为潜伏底。经过一段长时间的潜伏静止后，价位和成交量同时摆脱了沉寂不动的局面，股价大幅向上扬升，成交亦转趋活跃。

市场含义：

潜伏底大多出现在市场淡静时，以及一些股本少的冷门股上。由于这些股票流通量少，而且公司不注重宣传，前景模糊，结果受到投资者的忽视，稀少的买卖使股票供求十分平衡，持有股票的人找不到急于抛售的理由，有意买进的也找不到急于买进的原因，于是股价就在一个狭窄的区域里，一天天地移动，既没有上升的趋势，也没有下跌的迹象表现，令人感到沉闷，就像是冬眠的蛇，潜伏不动。

最后，该股突然出现不寻常的大成交量，原因是可能受到某些突如其来的消息，例如公司盈利大增，分红前景好等刺激，股价亦脱离潜伏底大幅向上扬升。在这潜伏中先知先觉的投资者不断地作收集性的买入，当形态突破后，未来的上升趋势将会强而有力，而且股价升幅甚大。所以当潜伏底明显向上突破时，值得投资者马上跟进，因为这些股票利润十分客观，但风险却很低。

要点提示：

(1) 通常潜伏底时间较长。

(2) 投资者必须在长期性底部出现明显突破时，方可跟进，突破的特征是成交量激增。

(3) 在突破后的上升途中，必须继续维持高成交量。

例如，山东渤海在 1994 年 7 月下旬走出了一个潜伏底，于 8 月 1 日在三大利好政策的刺激下开始了大幅上升，升幅高达 4.9。

7. 圆形顶（底）

圆形顶是股价呈圆弧上升，股价虽不断升高，但每一个高点比前一个高点高不了多少就回落，先是新高点较前高点高，后是回升略低于前点，这样把短期高点连接起来，就形成了一个圆弧顶，在成交量方面也会是一个圆形形状。

圆形底与圆形顶刚好相反，成交量也走出了一个圆形形状。

市场含义：

经过一段买方力量强于卖方力量的升势之后，买方趋弱或仅能维持原来的购买力量，使涨势缓和，而卖方力量却在不断增强，最后双方力量均衡。此时股价会保持没有下落的静止状态，如果卖方力量超过了买方，股价就回落。开始只是慢慢改变，跌势不明显，但后期则卖方控制市场，跌势便告转急，说明一个大跌势即将来临，未来下跌之势将转急转大。那些先知先觉者在形成圆顶前离市，但在圆形顶形成后仍有机会撤离。

圆形底形成初期，卖方的压力不断减轻，于是成交量持续下降。但买入的力量仍萎缩不前。这时股价虽是下跌，然而幅度缓慢和细小，其趋势曲线渐渐接近水平，在底部时买卖力量达到均衡状态。因此仅有极小的成交量，然后需求开始增加，价格随着上升，最后买方完全控制市场，价格大幅上扬，出现突破性的上升局面。成交量方面，初时缓缓地减少到一个水平，然后又增加，形成一个圆形底，升势转急之初买入。

要点提示：

有时当圆形顶（底）头部（底部）形成后并不马上下跌（上涨）只反复向横向发展，形成徘徊区域。这徘徊区域称作碗柄。一般来说，这碗柄很快便会突破，股价继续朝着预期的下跌（上涨）趋势发展。

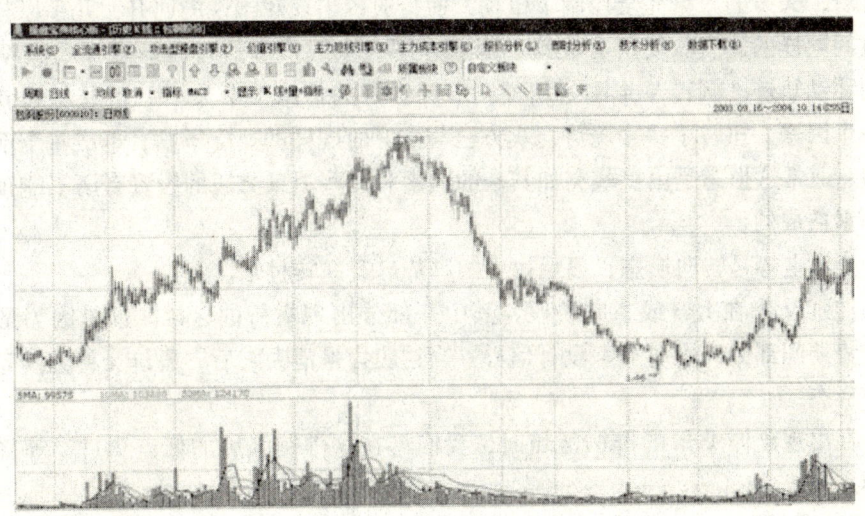

8. V形和伸延V形

V形走势可分为三个部分。

①下跌阶段：通常V形的左方跌势十分陡峭，而且持续一段时间。

②转折点：V形的底部十分尖锐，一般来说形成这种转势点的时间仅两三个交易日，而且成交量在这低点明显增多，有时转势点就在恐慌交易日中出现。

③回升阶段：股价从低点回升，成交亦随之增加。

"伸延V形"走势是V形走势的变形，在形成V形走势期间，其中上升（下跌）阶段呈现变异，股价有一部分出现向横向发展的区域，其后打破这徘徊区域，继续完成整个形态。

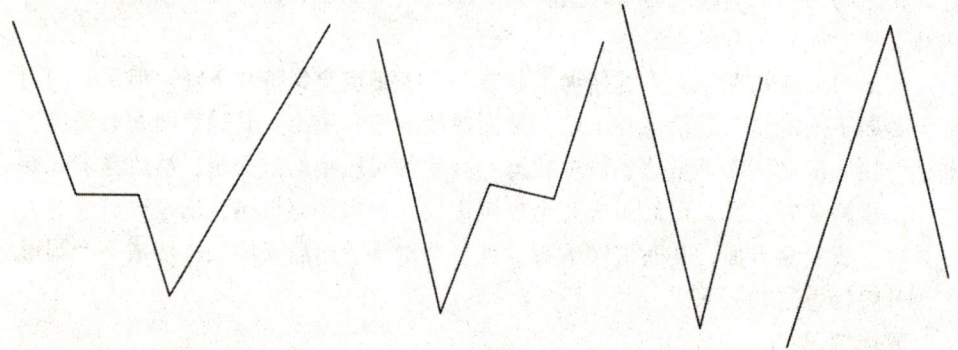

市场含义：

由于市场中卖方力量很大，令股价稳定而又持续地下跌。当这股抛售力量消失之后，买方的力量完全控制了市场，使得股价出现戏剧性的回升，几乎以与下跌时间同样的速度收复所有失地。因此在图表上股价的运行，形成一个像V字般的移动轨迹。倒转V形刚好相反，市场看好的情绪节节攀升，可是突如其来的一个因素，扭转了整个趋势，卖方已与上升时同样的速度下跌，形成一个倒转V形。通常这形态是由一些突如其来的因素和一些消息灵通的投资者所不能预见的因素造成的。

V形走势是转向形态，显示过去的趋势已经逆转过来。

伸延V形在上升或下跌阶段，其中一部分出现横行的区域。这是因为形成这走势期间部分人士对形态没有信心。当这股力量消失之后，股价又将继续完成整个形态。

在出现延伸V形的徘徊区域时，我们可在这徘徊区域的低点买进，等待整个形态完成。

伸延V形和V形具有同样预测威力。

要点提示：

（1）V形走势的转势点必须有明显的成交量的配合，在图形上形成倒V形。

（2）股价在突破伸延V形的徘徊区顶部时，必须有成交量增加的配合，在跌破伸延V形的徘徊底部时，则不必要有成交量的增加。

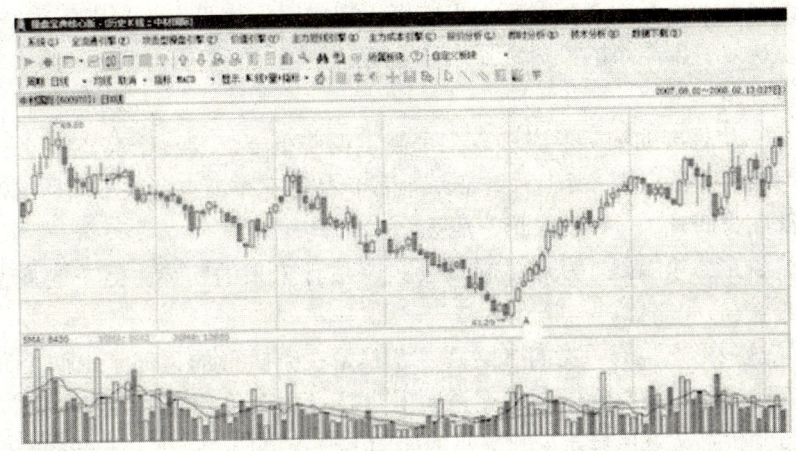

9. 喇叭形

喇叭形分为上升喇叭形和下降喇叭形。

股价经过一段时间的上升后下跌，然后再升再跌。上升的高点较上次为高。下跌的低点较上次为低。整个形态以狭窄的波动开始，然后向上下两方扩大。如果我们把上下的高点和低点连接起来就可画出一个喇叭形。

成交量方面：喇叭形在整个形态形成过程中保持着高而且不规则的成交。

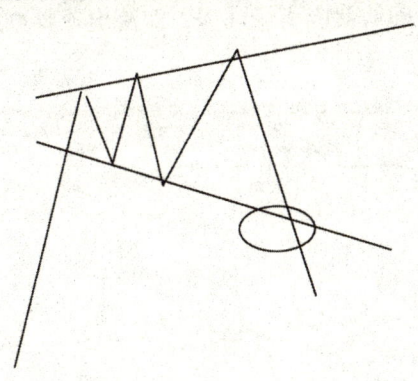

市场含义：

整个形态是因为投资者冲动的投资情绪造成的。通常在长期性上升的最后阶段出现。这是一个缺乏理性和失去控制的市场。投资者受到市场投机风气或传言所感染，当股价上升时，便疯狂跟进，但他们对市场的前景却一无所知或是没有信心，所以当股价下跌时又盲目地加入抛售行列。他们的冲动和杂乱无章的行为，使得股价不正常地大升大落，形成上升的高点较上次为高，下降时低点较上次为低，以至于不规则而巨额的成交正反映出市场投资者激动的买卖情绪。

这形态说明大跌势来临前的征兆，因此喇叭形可以说是一个下跌形态，暗示升势将到尽头。可是形态却没有指出跌市出现的时间，只有当形态下限跌破时，形态便可确定，未离市的投资者就该马上离市。

要点提示：

（1）一个标准的喇叭形应该有三个高点两个低点。这三个高点一个比一个高，中间的两个低点则一个比一个低，当股价从第三个高点回跌，其回落低点较前一个低点为低时，可以假设形态成立。

（2）这形态没有最小跌幅的量度公式来估计未来的跌势，但一般来说跌幅是很大的。

（3）这一形态也有可能向上突破，尤其是在喇叭形的顶部是由两个同一水平的高点连成。如果股价以高成交量向上突破（收市价超越阻力水平3%），那么这形态分析意义就该修正，它显示前面的上升趋势仍会持续，未来的升幅将会十分可观。这是因为喇叭形向上突破时，理论上是一次消耗性上升的开始，显示市场激动的投资情绪进一步扩大，投资者已完全失去了理智，疯狂地不计价地追入，当购买力消耗完结后，股价最终便大幅跌下来。

（4）喇叭形是投资者冲动和不理智的情绪所造成的，因此，它绝少在跌市的底部出现，原因是股价经过一段时间的下跌后，投资意愿薄弱，因此在低沉的气氛中，不可能形成此种形态。

（5）喇叭形态一经确认就应离场观望，即使出现要点提示（3）的情况也不应追入。

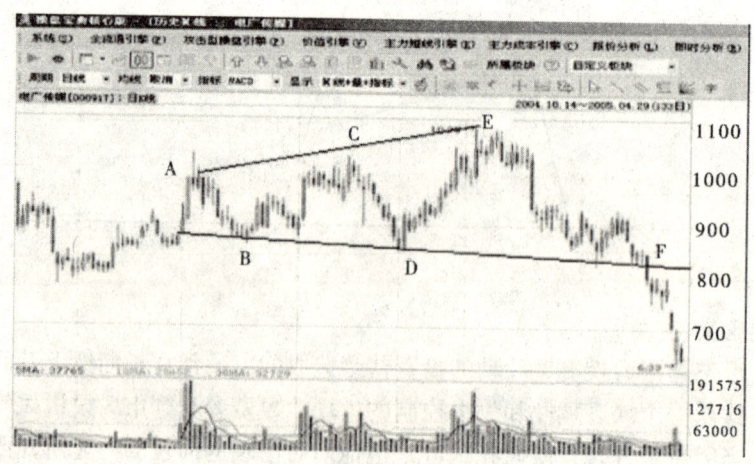

10. 菱形形态

犹如钻石，其经线为 V 字状，成交量如同三角状渐次减少。菱形实际上是喇叭形和三角形的结合。

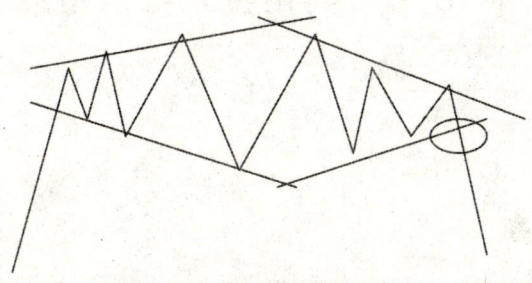

市场含义：

当股价愈升愈高之际，投资者显得冲动而失去理智，因此价格波动增大，成交量亦大量增加，但很快地投资情绪渐渐冷静下来，成交量减少，股价波幅收窄，市场从高涨的投资意愿转为观望，投资者等待市场进一步的变化再作新的投资决定。

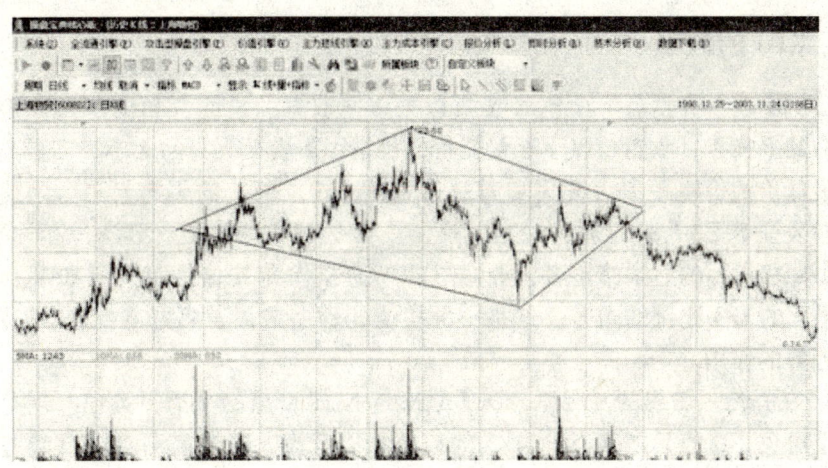

总 结

反转形态的前提：趋势。

反转形态的特征：消耗。

反转形态的确认：突破。

反转形态的验证：成交。

第 10 节　实用技术指标精解

一、KDJ

（一）KDJ 的计算

今（N）日 $\text{RSV} = \left(\dfrac{\text{今日收盘价} - N \text{日内最低价}}{N \text{日内最高价} - N \text{日内最低价}} \right) \times 100$；

今（N）日 K 值 = 2/3 昨日 K 值 + 1/3 今（N）日 RSV；

今（N）日 D 值 = 2/3 昨日 D 值 + 1/3 今（N）日 K 值；

今（N）日 J 值 = 3 今（N）日 D 值 - 2 今（N）日 K 值。

K、D 初始值取 50。

（二）KDJ 的原理

1. KDJ 以今日收盘价（也即 N 日以来多空双方的最终言和价格）作为买力与卖力的平衡点，收盘价以下至最低价的价格距离表征买力的大小，而最高价以下至最低价的价格距离表征买卖力的总力。这样，RSV 的买力与总力之比，正是用以表征 N 日以来市场买力的大小比例，反映了市场的多空形势。

2. KDJ 指标的后来修正者，放弃把 RSV 直接作为 K 值，而只把 RSV 作为新 K 值里面的 1/3 比例的内容。这是一种权值处理手法，表明更重视（2/3 权重）近期趋势的作用。

3. 在乔治·蓝恩的发明里，D 值原来是 N 日 K 值的平滑平均值。现直接从算式上可见，D 值只把 K 值作 1/3 的权重加以考虑，同样表明对近期趋势的重视。同时，D 值的变化率也就小于 K 值的变化率，因此，K 线成为随机指标中较敏感的快速线，D 线则为较沉稳的慢速线。

4. J 值本意为 D 值与 K 值之乖离，系数 3 和 2 也表现了权值的处理，表明在 KD 指标中，D 指标应被更重视一些，这与趋势分析中认为慢速线较具趋势的示向性原理是一致的。

（三）KDJ 的应用

1. 一般而言，D 线由下转上为买入信号，由上转下为卖出信号。

2. KD 都在 0～100 的区间内波动，50 为多空均衡线。如果处在多方市场，50 是回档的支持线；如果处在空方市场，50 是反弹的压力线。

3. K 线在低位上穿 D 线为买入信号，K 线在高位下穿 D 线为卖出信号。

4. K 线进入 90 以上为超买区，10 以下为超卖区；D 线进入 80 以上为超买区，20 以下为超卖区。宜注意把握买卖时机。

5. 高档区 D 线的 M 形走向是常见的顶部形态，第二头部出现时及 K 线二次下穿 D 线时是卖出信号。低档区 D 线的 W 形走向是常见的底部形态，第二底部出现时及 K 线二次上穿 D 线时是买入信号。M 形或 W 形的第二部出现时，若与价格走向发生背离，分别称为"顶背驰"和"底背驰"，买卖信号可信度极高。

6. J 值可以大于 100 或小于 0。J 指标为依据，KD 买卖信号是否可以采取行动提供可信判断。通常，当 J 值大于 100 或小于 10 时被视为采取买卖行动的时机。

7. KDJ 本质上是一个随机性的波动指标，故计算式中的 N 值通常取值较小，以 5～14 为宜，可以根据市场或商品的特点选用。不过，将 KDJ 应用于周线图或月线图上，也可以作为中长期预测的工具。

四种方法实战应用

1. 放大法。因为 KDJ 指标非常敏感，因此经常会给出一些杂信，这些信号容易误导投资者，认为产生进货信号或出货信号，使操作失误。如果我们放大一级来确认这个信号的可靠性，将会有较好的效果。如在日 K 线图上产生 KDJ 指标的低位黄金交叉，我们可以把它放大到周线图上去看，如果在周线图上也是在低位产生黄金交叉，我们将认为这个信号可靠性强，可以大胆去操作。如果周线图上显示的是在下跌途中，那么日线图上的黄金交叉可靠性不强，有可能是庄家的骗线手法，这时候我们可以采用观望的方法。

2. 形态法。由于 KDJ 指标的敏感，它给出的指标经常超前，因此我们可以通过 KDJ 指标的形态来帮助找出正确的买点和卖点，KDJ 指标在低位形成 W 底、三重底和头肩底形态时再进货；在较强的市场里，KDJ 指标在高位形成 M 头和头肩顶时，出货的信号可靠性将加强。

3. 数浪法。KDJ 指标和数浪相结合，是一种非常有效的方法。在 K 线图上，我们可以经常清晰地分辨上升形态的一浪、三浪、五浪。在 K 线图上，股价盘底结束，开始上升，往往在上升第一子浪时，KDJ 指标即发出死亡交叉的出货信号，这时候，我们可以少考虑这个卖出信号，因为它很可能是一个错误信号或是一个骗线信号。当股指运行到第三子浪时，我们将加大对卖出信号的重视程度，当股指运动到明显的第五子浪时，这时如 KDJ 指标给出卖出信号，我们将坚决出货。此时 KDJ 指标给出的信号通常是非常准确的信号。当股指刚刚结束上升开始下跌时，在下跌的第一子浪，少考虑 KDJ 指标的买进信号，当股指下跌到第三子浪或第五子浪时，才考虑 KDJ 指标的买入信号，尤其是下跌到第五子浪后的 KDJ 指标给出的买进信号较准确。

4. 趋势线法。在股指或股价进入一个极强的市场或极弱的市场，股指会形成单边上升走势和单边下跌走势；在单边下跌走势中，KDJ 指标会多次发出买入信号或低位钝化，投资者按买入信号操作了，将被过早套牢，有的在极低的价位进货的，结果股价继续下跌，低了还可以低。如果要有效解决这个问题，可以在 K 线图上加一条下降趋势线，在股指和股价没有打破下跌趋势线前，KDJ 发出的任何一次买入信号，都将不考虑，只有当股指和股价打破下降趋势线后，再开始考虑 KDJ 指标的买入信号；在单边上升的走势中，市场走势极强，股指会经常在高位发出卖出信号，按此信号操作者将丢失一大段行情。我们也可以在日 K 线上加一条上升趋势线，在股价或股指未打破上升趋势线前，不考虑 KDJ 指标给出卖出信号时，当股指和股价一旦打破上升趋势线，KDJ 给出卖出信号时，将坚决执行，不打折扣。

二、布林线

布林线是专业投资者和一些老股民经常使用的技术指标之一。此指标属于路径指标，股价通常在上限和下限的区间之内波动。动态钱龙的布林线由 3 根线组成，即下限为支撑线，上限为阻力线，还有一条中线为中界线。静态钱龙的布林线由 4 根线组成，最上面的一条线是趋势阻力线，称为 bolb1，用白色实线表示；最下面一根线是趋势的支撑线，称为 bolb4，用紫色实线表示；bolb1 之下设有 bolb2，用黄色虚线表示；紧靠 bolb4 之上的另一条线称为 bolb3，用浅蓝色实线表示。4 根线构成上限、下限、次上限、次下限、股价通常在这个带状区间内上下波动，这条带状区的宽窄随着股价波动幅度的大小而变化，股价涨跌幅度加大时，带状区会变宽，涨跌幅度缩小时，带状区会变窄。布林线的宽度可以随着股价的变化而自动调整位置．由于这种变异使布林线具备灵活和顺应趋势的特征，它既具备了通道的性质，又克服了通道宽度不能变化的弱点。

布林线具备以下几大功能：

1. 布林线可以指示支撑和压力位置。
2. 布林线可以显示超买、超卖。
3. 布林线可以指示趋势。
4. 布林线具备通道作用。

布林线因具备多种功能,使用起来非常有效方便,一旦掌握,信号明确,使用灵活,受到了专业投资者的喜爱,同时也是国际金融市场上最常用的技术指标之一。

(一) 在常态范围内,布林线使用的技术和方法

常态范围通常是股价运行在一定宽度的带状范围内,它的特征是股价没有极度大涨大跌,处在一种相对平衡的状态之中,此时使用布林线的方法非常简单。

1. 当股价穿越上限压力线(动态上限压力线,静态最上压力线 bolb1)时,为卖点信号;

2. 当股价穿越下限支撑丝(动态下限支撑线,静态最下支撑线 bolb4)时,为买点信号;

3. 当股价由下向上穿越中界线(静态从 bolb4 穿越 bolb3)时,为加码信号;

4. 当股价由上向下穿越中界线(静态由 bolb1 穿越 bolb2)时,为卖出信号。

(二) 在单边上升行情布林线的使用方法

在一个强势市场中,股价连续上升,通常股价会运行在 bolb1 和 bolb2 之间。当股价连续上升较长时间,股价上穿 bolb1,次日又下穿 bolb1 且进一步打破 bolb2,带动 bolb1 曲线,出现由上升转平的明显拐点,此时为卖出信号。

(三) 缩口的意义

1. 股价经过数波下跌后,随后常会转为较长时间的窄幅整理,这时我们发现布林线的上限和下限空间极小,愈来愈窄,愈来愈近。盘中显示股价的最高价和最低价差价极小,短线没有获利空间,经常是连手续费都挣不出来,盘中交易不活跃,成交量稀少,投资者要密切注意此种缩口情况,因为一轮大行情可能正在酝酿中,一旦成交量增大,股价上升,布林线开口扩大,上升行情宣告开始。

2. 如布林线在高位,开口极度缩小,一旦股价向下破位,布林线开口放大,一轮跌势将不可避免。

(四) 布林线开口的意义

1. 当股价由低位向高位经过数浪上升后,布林线最上压力线和最下支撑线开口达到了极大程度,并且开口不能继续放大转为收缩时,此时是卖出信号,通常股价紧跟着是一轮大幅下跌或调整行情。

2. 当股价经过数浪大幅下跌,布林线上限和下限的开口不能继续放大,布林线上限压力线提前由上向下缩口,等到布林线下限支撑线随后由下向上缩口时,一轮跌势将告结束。

（五）使用布林线的注意事项

1. 布林线参数的设定不得小于6，静态钱龙值通常是10；动态钱龙设定值通常为20。

2. 使用布林线要注意判明是在常态区还是在非常态区，在非常态区不能单纯以破上限卖，破下限买为原则。

3. 利用开口缩小，在低位容易捕捉住牛股，但在高位一旦缩口后，股价向下突破，常会有较大下跌空间。

4. 可将布林线和其他指标配合使用，效果会更好，如成交量，KDJ指标等。

三、数量指标（VR）

在技术分析中，数量指标（VR）被视为一种比较特殊的分析工具，它的基础在于成交金额。由于上海各种新闻媒介只报道股价、成交量，因此这种方法对于个股分析很难用上。不过，《上海证券报》每日都公布个股以及股市的总成交金额，因而，要运用数量指标这个工具，必须看《上海证券报》的行情信息栏。

举例可以说明这种分析方法的意义所在。例如，某日的上证指数最高为1 000点，最低为900点，开盘收盘俱是950点。如果仅从成交量来看，是看不出当日人气究竟聚于1 000点处呢，还是900点处。换言之，即出入市者是想冲高，还是获利解套。而数量指标（VR）则可以较好地说明这一点。

计算数量指标，首先要收集多日的成交金额。由于这个数值较大，可以取其约数、简化运算，其计算公式为：VR =（N日内上涨日的成交金额×0.5×N日内成交总额/N日内下跌的成交金额×0.5×N日内成交总金额）×100% 这里，N值由投资者自行决定，一般而言，取10日为佳。举例来说，某股票10天内有5天下跌，其成交金额分别是：

上涨日				
1日	3日	4日	6日	9日
1 000万	2 000万	2 000万	2 000万	4 000万
下跌日				
2日	5日	7日	8日	10日
3 000万	5 000万	4 000万	5 000万	7 000万

那么，VR = [（1 000万 + 2 000万 + 2 000万 + 2 000万 + 4 000万）×0.5

×3.2亿)] / [(3 000万+5 000万+4 000万+5 000万+7 000万) ×0.5×3.2亿)] ×100% =46%

反之,若这里的上涨日成交金额全部换成下跌日成交金额。那么,VR = 180%。

一个低迷的股市,成交不会大,因而,VR值通常较小。然而,当VR值进入40%~60%区间时,公式中的分子将远远小于分母,而分子小于分母,无非是涨日成交金额小,稍有风吹草动,便会进入下降期。

当VR值高达450%时,便是一个卖出信号了,此时上涨已过快,股指或个股股价已达顶点,成交亦将进入衰退期。大势回转的可能性很大。

第11节 实战图例技法

一、K线组合形态

(一) 二山望岳——除权低位阴阳并列小K线

图例:

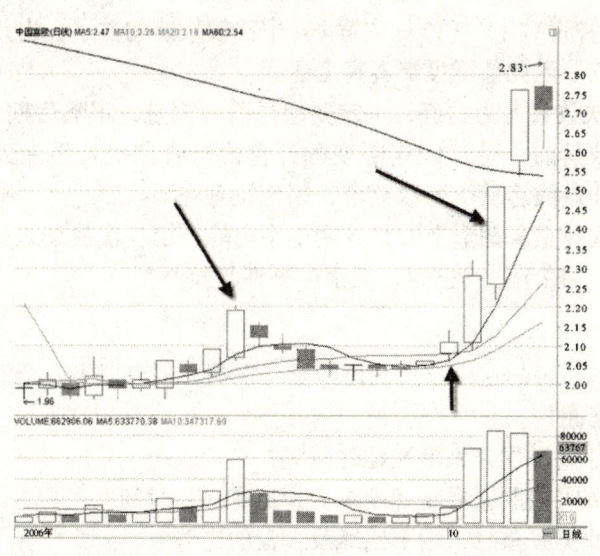

截图(2006年8月11日—2006年10月16日,重点标出
8月19日、9月19日、10月10日)

K 线图描述（日 K 线）

中国嘉陵（600877），该股从 2006 年 8 月 11 日股改除权后，经过两个月的横盘整理，不断有小阴、小阳交替出现。成交量极度萎缩，但横盘期间有三次明显单日放量过程。周线、月线明显处在历史底部，但股价就是迟迟不涨，而大盘同期从 2006 年 8 月 11 日 1605 点到 2006 年 10 月 9 日 1785 点，涨幅 11.2%。在这种情况下，投资者是应该买进、卖出还是观望？——为什么？？？

本图所涉技巧：

投资者在 2006 年 10 月 9 日附近买进都是正确的！

（1）该股在股改除权以前曾出现过一波比较明显的上涨，股票价格已经翻倍，但在高位并未出现放量滞涨的现象，说明主力并未出逃。因此，一般来讲，除权之后必有表现，只不过是时间问题。

（2）经过两个月的洗盘，连续出现了三个"底位圈"。并且每个底位圈的最低点在不断抬高，虽然只是几分之差，但意义重大，且在 8 月 29 日、9 月 19 日、10 月 10 日出现了间歇式单日放量，说明主力横盘吸货心态开始变得迫不及待要拉升股价，这也是大涨前兆。

（3）从时间周期上观察，我们也会发现一件比较有意思的事件。从第一次成交量突然放大（8 月 29 日）到第二次成交量突然放大（9 月 19 日）共经历了 14 个交易日，从第二次成交量突然放大（9 月 19 日）到第三次成交量突然放大（10 月 10 日）共经历了 11 个交易日，两者相加取平均数（14＋11）/2≈13 日，而 13 恰恰是"神奇数字"（详见注解1）中比较敏感的数字，也是江恩理论中的时间窗口变盘日。因此值得投资者高度注意。

（4）第三次放量尤为关键，一定要超过前两次量，不然后期上涨力度有限，并且在第三次放量前一周 K 线走势变的开盘价与收盘价几乎一致，主力已经有意控制浮筹不让短线客从中博取差价，因为拉升在即。

由于前两次放量从图形上看好像两座小山峰，第三次放量之后开始大涨，故称"二山望岳"，暗示二峰已过，大涨序幕即将拉开！

学员提问：

李飞老师，您讲的这个技巧我已经基本掌握，但有以下几个问题希望您再详细解释一下。谢谢！

（1）一般什么时候介入是最佳时机呢？

（2）一旦买入该股应看高幅度多少，持有多长时间？

（3）操作此类股票时，用不用顾及大盘的走势？

（4）您刚才提到的时间周期是事后您得出的结论，我们在当时怎么知道 10 月 10 日是变盘日呢？

第3章 实战篇

作者答疑：

（1）介入此类股票应在"二山"雏形出现后尝试性建仓 1/3，一旦第三次放量出现，可将其余 2/3 全部跟进。

（2）此类股票一旦拉升一般升幅会达到 30%～40% 之间。像中国嘉陵（600877）从 2006 年 10 月 10 日至 2006 年 10 月 16 日期间最大涨幅 36%。由于个股盘整期时间不同，所以拉升的时间也不一致。大多数盘整期与拉升期成正比（盘整期长，拉升期长。盘整期短，拉升期短）。

（3）一般来说个股拉升要看大盘，但此类股票一般不太理会大盘的走势。只要大盘不出现暴跌，就可大胆介入。微涨、横盘、微跌都可以不用过多注重大盘。

（4）这个问题问得很好，说明你真正用心研究过该技巧。不错，刚才我们讲的是有了事后结论的倒退法：（14+11）/2≈13 日。我们在实际运用中应该进行反退计算：13×2-14=12 日，也就是说，在第二次出现单日放量后再经过 12 天左右的调整，将会出现第三次拉升放量，所以 12 天前后两天都是比较理想的介入点。

图例：

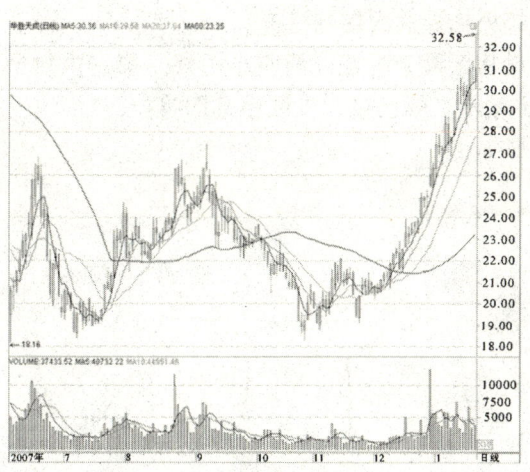

截图（2007 年 4 月 20 日—2008 年 1 月 21 日）

K 线图描述（日 K 线）

华胜天成（600410），该股从 2007 年 4 月 20 日股改除权后，经过 8 个月的横盘整理，不断有小阴、小阳交替出现。成交量时有放大，但股价变动不明显。横盘期间有三次明显阶段性放量过程，并且 K 线图上呈现涨时放量、跌时缩量的特征。整个形态构筑成了"二山望岳"的基本雏形。

本图所涉技巧：

投资者在 2007 年 11 月底附近买进都是正确的！

（1）该股在股改除权以前曾出现过一波比较明显的上涨，股票价格已经涨了 350%，但在高位并未出现放量滞涨的显现，说明主力并未出逃。因此，一般来讲，除权之后必有表现，只不过是时间问题。

（2）经过 8 个月的洗盘，连续出现了两个"底位圈"，每个底位圈的最低点在不断抬高，且在 2007 年 6 月 14 日、8 月 23 日出现了间歇式阶段性放量，并创出了当时的股价新高。说明主力横盘吸货心态开始变得迫不及待地要拉升股价，这也是大涨前兆。

（3）从时间周期上观察，我们也会发现和中国嘉陵相似。从第一次成交量突然放大（6 月 14 日）附近到第二次成交量突然放大（9 月 5 日）附近共经历了 3 个多月的时间，从第二次成交量突然放大（9 月 5 日）创出新高后到经历 3 个月左右的时间（12 月 27 日）又出现了当日近期的天量，并且股价再次上摸 9 月 5 日创出的高点，这是一次真正的突破向上，可以大比例仓位介入了！

（4）第三次放量尤为关键，一定要超过前两次量，不然后期上涨力度有限。而投资者经过前两次的时间周期测算，其实在 12 月底附近就可以逐渐建仓，因为按这只高位除权的股票规律来看，必定在 12 月中下旬会有一次阶段性的高点出现，投资者可以轻松把握这次获利机会！

由于前两次放量从图形上看好像两座小山峰，第三次放量之后便开始大涨，故称"二山望岳"，暗示二峰已过，大涨序幕即将拉开！

图例：

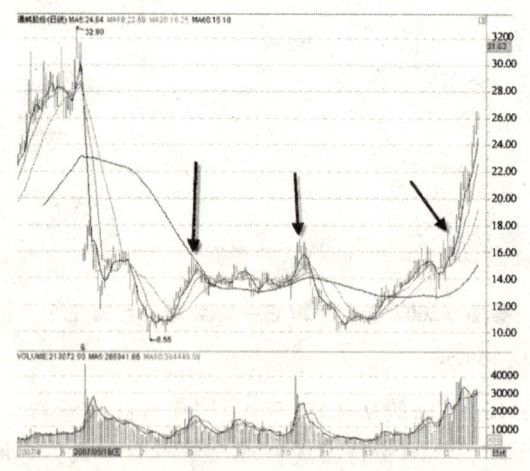

截图（2007 年 5 月 22 日—2008 年 2 月 21 日重点标出
8 月 2 日、10 月 18 日、1 月 16 日）

K线图描述（日K线）

通威股份（600438），该股从2007年5月22日股改除权后，经过9个月的横盘整理，不断有小阴、小阳交替出现。成交量时有放大，但股价变动不明显。横盘期间有三次明显阶段性放量过程，并且K线图上呈现涨时放量、跌时缩量的特征。整个形态构筑成了"二山望岳"的基本雏形。

投资者可以根据以上两个案例仔细分析该股票特征规律，相信会从中受到启示！

本图所涉技巧：

读者在使用此技巧时应格外注意以下要点：

(1) 一定是除权前大幅拉升的股票，且在高位成交量缩小，没有主力出逃迹象。

(2) 形态出现两个比较完整的小山，且山峰较尖（由于单日冲高放量所致），否则要格外注意。

注解1：斐波那奇神奇数列

神奇数字是我们在技术分析时经常提到的词语。斐波那奇神奇数列被称为艾略特波浪理论、江恩理论、黄金分割率的数学基础，被人用作寻找市场转折点的工具，用它去解决和回答以下问题：股价目前处在何种趋势之中？这种趋势能维持多久？何时何价位目前的趋势会完成而进入下一个新的趋势之中？

追根寻源，我们一起来看看这些数字的特性以及它们在技术分析中的应用。

斐波那奇神奇数列指的是哪些数字呢？神奇数字系列包括下列数字：1，1，2，3，5，8，13，21，34，55，89，144，233，377，610，987，1 597，……直至无限。

任何一个数字都是前两个数字的总和如：$1+1=2$；$1+2=3$；$2+3=5$；$3+5=8$；$5+8=13$；……这组数字由斐波那奇在13世纪发现，被人称为斐波那奇神奇数列。

其实早在中国《道德经》第四十三章中就道出了神奇数字系列的真谛："道生一，一生二，二生三，三生万物。"

如上所述，神奇数列本身属于一个极为简单的数字系列，但其间展现的各种特点，令人对大自然奥秘感叹玄妙之余，更多一分敬佩。有人计算过向日葵有89个花瓣，其中55个朝着一个方向，34个朝着另一个方向。自然界这样的例子不胜枚举。

（二）东方红大阳升之底部启明星拉放量大阳

图例：

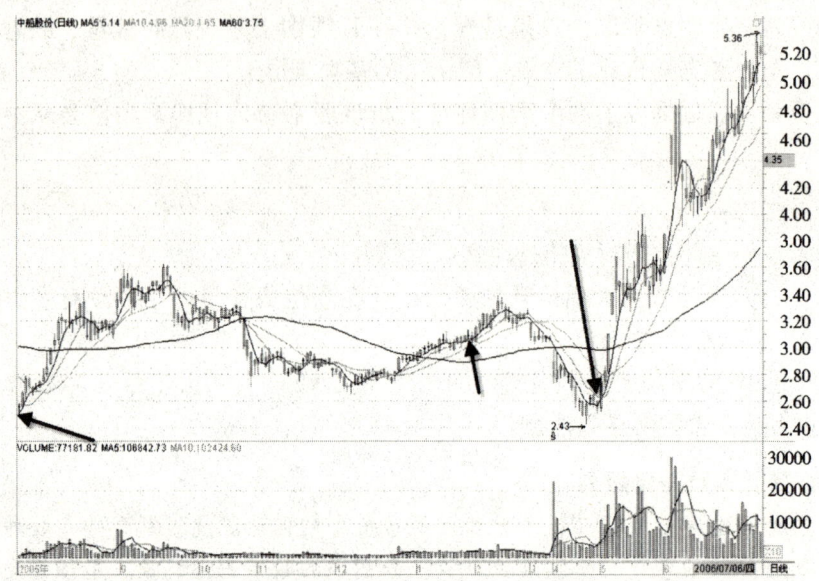

截图（2005 年 7 月 1 日—2006 年 7 月 7 日重点标出 2005 年 7 月 21 日第一次"早晨之星"，2005 年 12 月 9 日、2006 年 4 月 28 日第二次"早晨之星"）

K 线描述（周 K 线）

中船股份（600072）该股 2004 年随大市一路下跌，从 2004 年 4 月 23 日 7.32 元一直探至 2.41 元历史最低点，股价跌幅惊人。当时市场一片恐慌，投资者信心受到重创，面临崩溃的边缘，成交量极度萎缩。从 2005 年 7 月至 2006 年 4 月周 K 线出现筑底形态。最终，2006 年 5 月一根大阳线拔地而起，伴随着成交量的放大，走出了波澜壮阔的翻倍行情！因此，应该说在 2006 年 4 月 28 日介入是最佳时机，坐享庄家为我们抬轿子的乐趣。广大投资者如何在启动点那一黄金时刻买入呢？让我们仔细阅读本图技巧！

本图所涉技巧：

（1）该股股价从 2004 年 5 月到 2005 年 5 月一直沿着标准的"下级通道"缓慢盘跌，而当股价拦腰被砍一半时出现了 3 个月的横盘整理。当时市场许多分析人士认为已经到底，因为股价一般理论极限位是 50%。恰恰这时此股又出现了一次猛烈"暴跌"，出乎市场许多分析人士意料。之后出现了标准"启明星"（详见注解 2）的见底信号。启明星的出现，不言而喻，市场给出了第一次买入信号。此时投资者应介入1/3仓位。
(2) 此时股价在相对的箱体内进行整理，成交量也出现了有规则的交替放大，2006年4月28日又一次出现了"早晨之星"见底信号，之后拉出一根巨阳，开始"狂牛"向上。投资者应在4月28日介入1/3仓位，大阳出现当天把最后的1/3仓位全部买入！
(3) 第二次的"早晨之星"尤为关键，最后不要跌破第一次"早晨之星"的最低点。

例如：江南重工（600072）第一次"早晨之星"最低点2.41元，第二次"早晨之星"最低点2.43元。

学员提问：

李飞老师，您讲的这个技巧我以前在实际操作中也有遇到，但从没有如此系统研究过，我还有几个问题不大清楚，请您详细解释一下。谢谢！

(1) 我们为什么在第一次出现"早晨之星"时只买1/3仓位呢，后边也涨了不少，我想全仓介入不可以吗？
(2) 第二次启明星出现后的大阳线成交量一定要比第一次大才可以买吗？
(3) 我观察图形2005年12月9日也曾出现过一次"早晨之星"，您为什么没让介入呢？

作者答疑：

(1) 当第一次启明星过后，股价开始回升，成交量也出现了有规则的放大，短期均价线出现拐头向上发散的走势，介入1/3仓位属试探性建仓，此时不宜重。因为股价刚刚从底部回升，市场整体气氛还是空方占优势，一旦消息面上出现"风吹草动"，市场肯定又会出现恐慌性抛盘。股价反复震荡很不稳定，所以此时极限仓位也就是50%。1/3仓位是最合理的介入比例，我们不要忘记，在证券市场里"风险"永远要放在我们心中第一位！
(2) 第二次启明星出现后的大阳线成交量一定要比第一次大，这是一个关键因素，也是全仓介入的必要条件之一。因为我们刚刚讲过，第一次的阳线出现后股价并不稳定，变数较大。如果在第二次要全仓介入的话，必须满足以下两个条件：

（条件一）第二次的大阳线出现的实体部分一定要比第一次阳线实体"长"。

（条件二）第二次的大阳线出现时成交量最后是第一次大阳线出现

时成交量的 3 倍。甚至更多，但不能超过 8 倍，如果过大也会出现股价短线冲高后快速回落。

(3) 我很高兴，你能提出这样的问题（观察图形 2005 年 12 月 9 日也曾出现过一次"早晨之星"，您为什么没让介入呢?）说明你仔细用心地研究了此技巧，其实投资者成败往往就在于细节上的用心程度。的确，图形 2005 年 12 月 9 日也曾出现过一次"早晨之星"，之所以没有介入的原因是：这次"早晨之星"出现后，右边阳线没有第一次（2005 年 7 月 29 日）阳线实体"长"，成交量还没有第一次阳线成交量大，更谈不上多出 3 倍的条件。因此，不是真正介入时机！

本图要点：

此技巧常出现在庄家震仓基本完成后，从底部开始快速放量拉升，同时，成交量会维持一个比较高的水平。一般来讲，庄家建仓完毕后至少要让股价走出翻番行情，否则他也赚不到钱。当然这是从理论框架上计算的，实际操作中由于各种外界因素，股价可能翻两三倍，也有可能涨幅不到 70%。所以，关键是我们要关注成交量的变化，推算出主力介入的成本。红色的大阳线像东方升起的太阳，燃红了天际！故称：东方红大阳升——底部启明星拉放量大阳。

图例：

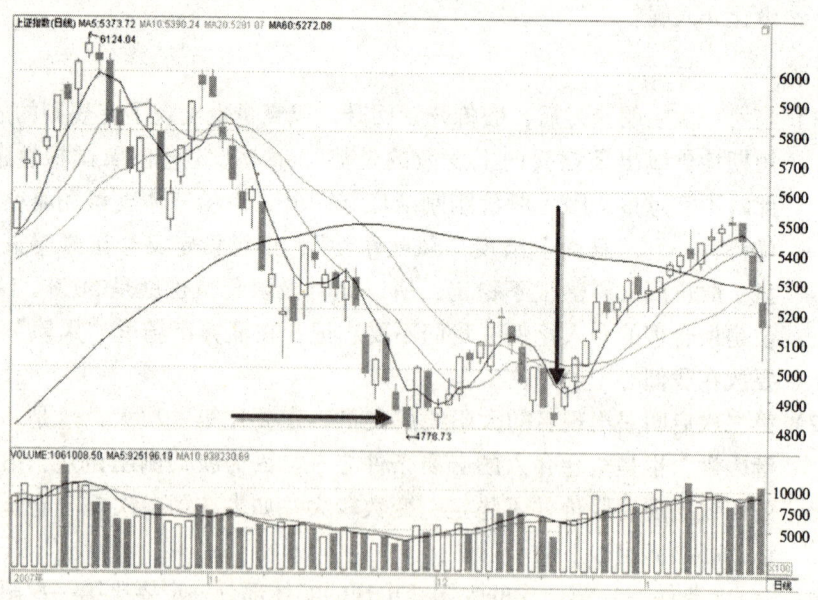

截图（沪指 2007 年 10 月 16 日—2008 年 1 月 14 日重点标出
2007 年 11 月 28 日、12 月 18 日）

K 线描述（日 K 线）

"底部启明星拉放量大阳"的技巧不仅可以用在个股，同样用做判断大盘的依据依然有效。大盘沪指从 2007 年 10 月 16 日一路下跌，截止到 2007 年 11 月 28 日第一次跌破半年线 120 日均线后，出现了底部启明星的见底信号。随之经历了短暂的反弹后股指再次回落，到 2007 年 12 月 18 日又出现了标准的底部启明星的见底信号，紧跟着出现了一波阶段性的反弹，其间很多农业股都出现了翻番的走势，是一次短线抄底抢反弹的绝佳良机！

投资者在运用此技巧时可以采取举一反三，"底部启明星拉放量大阳"可以演化出许多变异图形，就像上述案例一样。由于第二次底部启明星出现后没有出现放量拉大阳，只是小阳线，说明大盘只是反弹不是新一轮行情启动的反转信号。因此我们要活学活用，不要过于教条！

注解 2：什么是早晨之星？

早晨之星组合是出现在下跌趋势过程中，由三根 K 线构成，首先是一根顺势的长阴线，其次是一根实体向下的跳空十字星，最后是实体向上跳空的长阳线。标准特征是：(1) 第一根是阴线、第二根是十字星、第三根是阳线。(2) 第二根 K 线与前后实体都存在缺口。早晨之星又称启明星，是明显的多头形态，预示一轮涨势将要展开。尤其是第三根阳线的收盘价越深入第一根阴线实体，形态的多头气势就越浓。

（三）东方红大阳升之穿头破脚二重奏

图例：

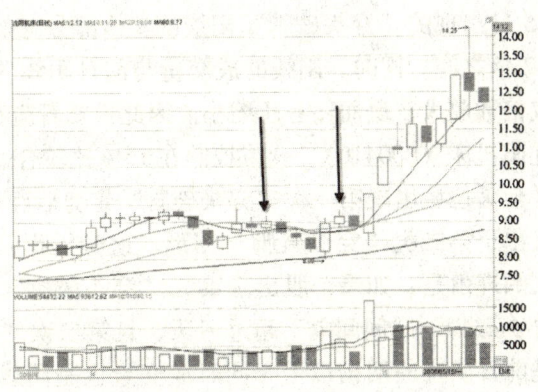

截图（2006 年 2 月 27 日—2006 年 5 月 15 日重点标出 2006 年 4 月 25 日、2006 年 4 月 28 日）

K线描述（日K线）

沈阳机床（000410）该股在2006年2月6日进行股改除权以后（10送3.3），在底部经历了较短时间的调整后，开始温和放量，股价逐级慢牛上行。经过短短一个月的时间已经填满了除权缺口。但恰在此时，股价没有像大家预期的那样继续上升，而是出现冲高回落的高位横盘整理形态。就在股价犹豫不前，有平台破位走势关键的时刻，2006年4月25日突然放量，日K线上出现了第一根"穿头破脚"（详见注解3）的K线组合，把股价拉回前期平台之上。随着两天的调整结束，紧跟着在2006年4月28日又出现比25日更强劲的"穿头破脚"K线组合走势。此时大盘相关背景是：4月25日出现一个下阴线较长的十字线，而下阴线最低点正好踩在10日均线，面对这种比较少见的K线组合我们应该怎么办？

本图所涉技巧：

（1）该股在平台破位后出现第一次"穿头破脚"走势时，投资者可及时介入，介入的仓位比例可以根据成交量的变化和实体阳线的长度作为参考依据。①如果成交量是前日阴线成交量的两倍以上，同时阳线的实体部分长度是前日阴线实体部分长度的两倍以上，至少可以买入50%仓位，但最多不能超过80%。②如果成交量是前日阴线成交量的1~2倍之间，同时阳线的实体部分长度是前日阴线实体部分长度的1~2倍之间，投资者应将买入比例控制在35%以内，但最多不能超过40%。③如果成交量是前日阴线成交量的1倍以下，同时阳线的实体部分长度与前日阴线实体部分长度接近，投资者应将买入比例控制在20%以内，但最多不能超过25%。依据以上条件，沈阳机床（000410）2006年4月25日出现的"穿头破脚"阳线的实体部分与前日阴线相比，应该在1~2倍之间。同时，阳线的成交量与前日阴线的成交量相比，不但没有成倍数放大，反而还有所缩小。因此投资者应在2006年4月25日介入沈阳机床（000410），仓位控制在15%比较合适。

（2）该股在平台破位后出现第一次"穿头破脚"走势后经过了两天的洗盘，紧跟着又出了第二次"穿头破脚"图形。这时候我们应该大胆全仓介入。介入的理由是：如果个股出现第二"穿头破脚"的时间与出现第一次"穿头破脚"时间间隔不超过三天，且第二次"穿头破脚"的阳线实体是前日阴线的两倍以上，同时成交量也是阴线成交量的1.5倍以上，就可以全仓买入。否则要视情况而定！因此，沈阳机床（000410）第二次"穿头破脚"时阳线实体是阴线的两倍，成交量是阴线的2.7倍,又突破了前期除权缺口,所以应全仓杀入!等待丰厚的回报!

学员提问:

李飞老师,您对这个技巧的使用讲解得已经非常透彻了,在实际操作中我还有几个问题想问您一下,谢谢!

(1) 一般我们在操作中遇到"穿头破脚"都是股价在底部下跌时突然出现的,而此股是出现在除权后相对高位,这与底部有什么区别吗?

(2) 第二次"穿头破脚"图形出现时,如果阳线实体不是前日阴线实体的两倍以上,或者成交量不是阴线成交量的1.5倍以上,我们应该如何操作?

(3) 您刚才讲的是日K线图,如果这类走势出现在周K线图上将如何操作?

(4) 当股票出现东方红大阳升——穿头破脚二重奏时,将会上涨多高?

作者答疑:

(1) 不错,一般来说"穿头破脚"通常都会出现在股价下跌到底部之时,在相对高位出现较少。所以出现这类走势一般都是除权的股票,我们在判断介入点和仓位时要严格按我所讲的3个条件进行比较、筛选。它和底部出现的最大区别就是,第一次在相对高位出现"穿头破脚"时上升幅度有限,而在底部往往上涨幅度要大得多(如个股基本面遇到突发重大利好除外)。

(2) 这个问题提得非常好,这也是本技巧的精髓所在。如果第二次"穿头破脚"图形出现时,阳线实体不是前日阴线实体的两倍以上,或者成交量不是阴线成交量的1.5倍以上,我们应该介入1/3仓位。有以下两种情况投资者要格外注意:①第二次"穿头破脚"图形出现时,阳线实体比前日阴线实体小,或者成交量比阴线成交量有所缩小,一般介入1/4仓位,而且以短线快进快出为主。②第二次"穿头破脚"图形出现时,阳线实体比第一次"穿头破脚"图形出现时的阳线实体小,或者成交量比第一次"穿头破脚"图形出现时的阳线有所缩小,谨慎的投资者最好不要介入!

(3) 这类图形在日K线出现的概率本身就不大,在周K线上出现的几率就更小了。一旦出现,可以按日K线所教方法同理使用。

(4) 当股票出现此东方红大阳升——穿头破脚二重奏时,一般短期理论升幅是20%~30%之间。中期理论升幅是40%~80%之间。同时,也要看当时大盘所处的点位。如果大盘处于上升阶段可高看一些,如果出现在下级通道中要适当减低一下预期收益。沈阳机床（000410）从第二次出现"穿头破脚"的大阳线（2006年4月28日）收盘价算起，短线4天升幅达到26.7%。中线截至2007年1月15日最高升幅180%左右。

本图要点：
　　此技巧一般出现在庄家第二次拉升启动前夕，但出现的频率不多。所以投资者一旦发现此K线图，要重点观察是否符合满足我们所讲技巧的相关条件，尤其是第二次出现"穿头破脚"时阳线的成交量和实体长度。如果条件符合，不要犹豫，大胆介入，中线持有。否则，也不要轻易满仓！

　　由于在使用此技巧时曾出现过两次"穿头破脚"，而且相隔时间很短，之后就是大阳拉升，故称：东方红大阳升（之二）——穿头破脚二重奏。

图例：

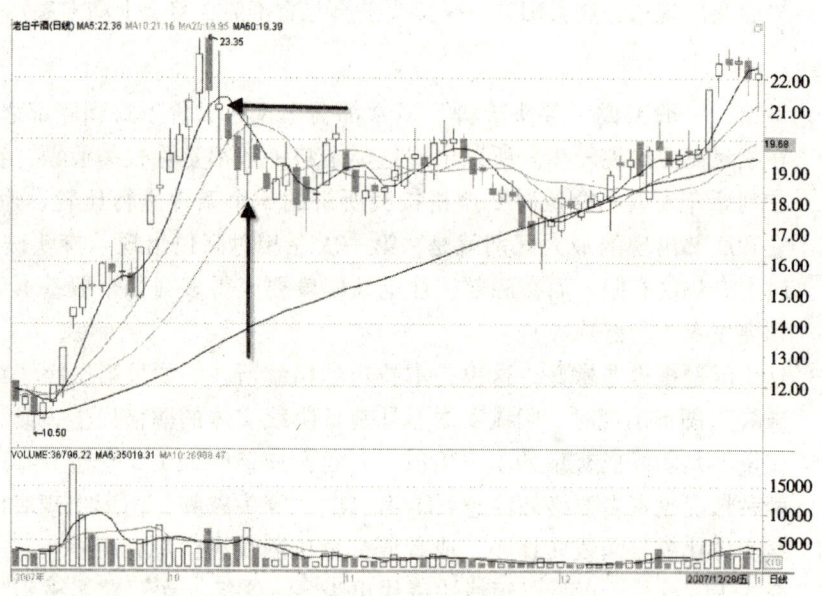

截图（2007年9月7日—2008年1月4日，重点标出
2007年10月15日、2007年10月18日）

K线描述（日K线）

　　*ST花炮（600559）该股在2007年9月6日见到阶段性高点后开始冲高回落，2007年10月15日突然放量，日K线上出现了第一根"穿头破脚"（详见注解3）的K线组合，股价开始企稳。随着两天的调整结束，紧跟着在2007年10月18日又出现比15日更强劲的"穿头破脚"K线组合走势。随后第二天无量开盘封板，第三天10月22日放出了近期的天量，此后一轮波澜壮阔的大行情拉开

了序幕!

该股在高位下跌一个月后出现第一次"穿头破脚"走势时投资者可及时介入,介入的仓位比例可以根据成交量的变化和实体阳线的长度作为参考依据。10月15日由于成交量没能充分释放,可以先30%仓位"牛刀小试",然后在调整两天后第二次出现"穿头破脚"走势再加到半仓左右观察,待2007年10月22日真正放量上攻后可以全仓介入,这样投资者进可攻,退可守!

注解3:

"穿头破脚"K线理论的出发点是根据连续若干天的K线组合状况,推断价格的走向,从K线组合中归纳总结,找出多空双方力量的消长,是多方占优还是空方占优,是暂时占优,还是真正的绝对占优。两根K线组合即由两根K线的组合推测行情。

穿头破脚:由两根K线组成,有下列几个先决条件:

第一,事先有明显的上升或者下跌趋势,短期的升/跌势也可能出现。

第二,第二根K线实体的长度必须足以包含第一根K线蜡烛部分在内,形成穿头破脚的形态。注意:穿头破脚的形态,只指实体部分而言,上影线及下影线可以不理。

第三,上升市中,一根阳线之后,必须出现一根较长的阴线,合并成为向淡的穿头破脚形态。

截图(上证指数周K线 2005年4月29日—2006年10月27日,
重点标出 2005年6月10日)

第四，下跌市中，一根阴线之后，必须出现一根较长的阳线，才足以构成向好的穿头破脚形态。

从形态分析来看，单日转向最容易出现穿头破脚。单日转向在创出新高或新低之后，出现穿头破脚形态灵敏度比较高。若穿头破脚形态出现下列情况，转向的力度增强：第一根与第二根K线的长度比例愈悬殊则转向的力度愈强；第二根K线所包含的K线愈多（例如两根或以上），力度愈强。

举例说明1：上证指数（周K线）在2005年6月10日出现了标准的"穿头破脚"的K线组合，其后稍作整理，从998点一度冲至2006年10月的1 800点。

举例说明2：山东海化（000822）在2007年11月23日出现了标准的"穿头破脚"的K线组合，其后稍作整理，从12.76元仅用了一个半月左右时间就创出了20.99元的新高，其间最大涨幅为64%。

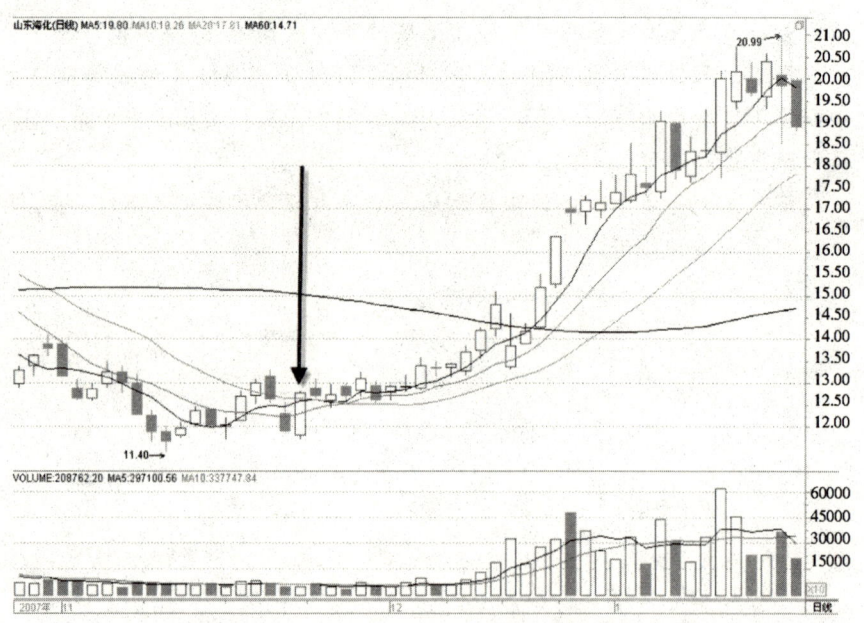

截图（山东海化日K线2007年11月12日—2008年1月16日，重点标出2007年11月23日）

(四) 东方红大阳终之双阳终结曲

图例：

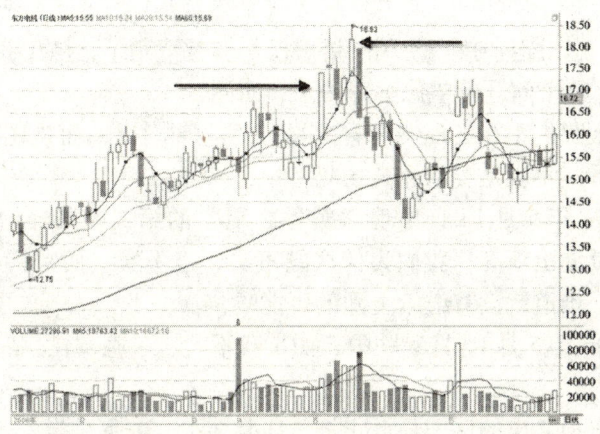

截图（2006年1月4日—2006年5月25日，重点标出
2006年5月9日、2006年5月15日）

K线描述（日K线）

东方电机（600875）该股从2006年年初随大盘一路小幅攀高，一直保持着良好的上升通道，每次调整触及25日均价线后都会止跌回升。2006年5月9日过完五一长假后一根"光头光脚"的大阳拉起，创出了近期的新高。随后3天调整，又一根涨幅5%的大阳线再创新高。当时，大部分技术指标趋向好，市场一片看多，许多投资者都纷纷抢买，恰恰这时就是短期的头部。第二根阳线出现后，第二天便出现连续7天的暴跌，途中也出现过一天的反弹，但毫无意义。7天下跌了22%，投资者损失惨重！

本图所涉技巧：

(1) 该股从1月份一直小幅攀高保持在良好的上升通道中运行，在5月9日突然放量收涨停，应引起投资者的高度注意，因为出现这种情况，后面不是大涨就是大跌。稳健的投资者可以在涨停第二天冲高卖出20%仓位的股票。

(2) 涨停之后便出现了"黄昏之星"（详见注解4）的标准K线组合，毫无疑问，应在"黄昏之星"出现后的一两天把仓位调整至30%为宜（5月12日、5月15日是卖出的最佳时机）。

(3) 由于2006年5月15日在出现"黄昏之星"的第二天又开始放量大涨，并且成交量比5月9日涨停那天成交量还大，创出了18.52元的新高。

所以，我们可以暂时观望一天，不做任何操作，静观盘面的发展。随后，16日不但没有承接15日的上涨反而出现低开下跌的走势，当时盘中分时图一泻千里。投资者应果断地全部清仓出局！

学员提问：

李飞老师，您对这个技巧使用的讲解已经非常清楚了，由于我在实际操作中较少遇到，还有几个问题希望您解释一下，谢谢！

（1）为什么我们不在出现"黄昏之星"后全部卖出，而是还要保留30%仓位，看空不就是要清仓离场吗？

（2）在2006年5月15日出现"黄昏之星"的第二天又开始放量大涨，并且放量创出新高，我们为什么既不买，也不卖，而是持有70%资金观望呢？难道就没有继续上涨的可能吗？

（3）在2006年5月16日暴跌中，如果我不卖，一直拿住，后面不是又拉回来了吗？

（4）如果止损卖出的话，最低止损价应是多少，如何确定？

作者答疑：

（1）一般从技术角度上讲，股价从低位攀升到相对高位首次出现"黄昏之星"后，股价短期预示见顶回落，本应全部卖出。保留30%仓位是因为当时大盘尚处于强势，还有强劲上攻动能，并且回踩10日均线时回升，有企稳迹象，因此可保留30%仓位观望。这样，进可攻，退可守！

（2）之所以在出现"黄昏之星"的第二天又开始放量大涨，并且放量创出新高后，我们不做任何操作，原因是虽然再次放量创出新高，且成交量比5月9日涨停那天成交量还大，看似主升浪来临，其实不然。我们仔细留心观察，就会发现15日那根大阳线实体部分比9日那天阳线实体部分小得多，可成交量却比9日放大，说明在这个价位市场主力已经产生了较大分歧。有一部分资金开始获利了结，但有一部分后进多方不甘心就此结束，因此出现放量创新高，阳线实体缩小的图形。在这种情况下，我们很难判断后边是涨是跌，所以要按兵不动，静观行情的发展。真的继续上涨，我们可以再次跟进，无非就是少赚取一些利润，但如果出现东方电机（600875）后边的下跌，投资者后悔莫及。毕竟在金融市场里风险时刻伴随着我们，小心为上！等待有时是最好的技巧。稳健的办法是在黄昏之星出现后再静等两至三天，如在两至三天内反弹能吞食掉第三根阴线实体2/3以上，说明多头力量仍具有一定的实力，操作上不必过早出局；如在两至三天内反弹未能吞食掉第三根阴线实体2/3处，说明空头力量已基本获取战争的主动权，这时可确定空头已占上风了，下跌趋势已确立；如在两至三天内不出现小幅反弹，甚至自由落体出现加速暴跌态势，说明空头能量已全面爆发，此时要快刀斩乱麻，趁早出局。

(3) 这个问题反映了普遍投资者的心态。的确如你所说，如果坚决持有不卖，后面又重新拉回，且创出新高！但你想过没有，它能拉回只是一个偶然事件，而且当时大盘处于上升期。如果大盘横盘或一路阴跌，那后果将不堪设想。前两年的熊市多少股民的血汗钱因此付之东流。我们不能抱有任何侥幸心理，铁一样的纪律是在证券市场里活着的不二法则。

(4) 最低止损价应设在5月15日那根阳线的开盘价位，一旦跌破，坚决卖出止损出局。因为那根阳线的开盘价是多方最后抵抗重新聚集人气的"生命价"，一旦失守，便会出现"多杀多"的局面。

本图要点：

由于本图出现了"黄昏之星"后又紧跟着拉大阳线放量创新高，投资者在买卖上很难判断。所以，一定要密切注意成交量的变化。如果第二根阳线的成交量比"黄昏之星"出现前第一根阳线的成交量小或比"黄昏之星"右边的阴线成交量小都是减仓的预警信号。尤其第二根阳线非常具有迷惑性，投资者切误抱有侥幸心理！

由于股价经历了两根大阳线后，不涨反跌。好比上涨的终结信号，故称：东方红大阳终——双阳终结曲。

图例：

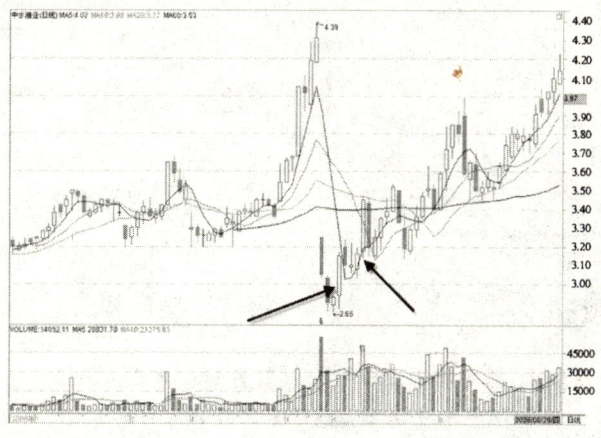

截图（中水渔业2006年1月4日—2006年5月25日，
重点标出2006年5月9日、2006年5月15日）

K线描述（日K线）

该股从1月份一直小幅攀高保持在良好的上升通道中运行，在2007年10月15日突然放量收涨停，应引起投资者的高度注意，因为出现这种情况，后面不是大涨就是大跌。稳健的投资者可以在涨停第二天冲高卖出20%仓位的股票。涨停之后调整了两天，第三日出现了"黄昏之星"（详见注解4）的标准K线组合，毫无疑问，应在"黄昏之星"出现后的一两天把仓位调整至30%为宜（10月18日、10月19日是卖出的最佳时机）。

注解4：黄昏之星

黄昏之星组合是出现在上涨趋势过程中，由三根K线构成。首先是一根顺势的长阳线，其次是一根实体向上的跳空的十字星，最后是实体向下跳空的长阴线。

黄昏之星特征：

1. 在上升趋势中某一天出现一根长阳实体。
2. 第二天出现一根向上跳空高开的星形线，且最低价高于头一天的最高价，与第一天的阳线之间产生一个缺口。
3. 第三天出现一根长阴实体。

图例：

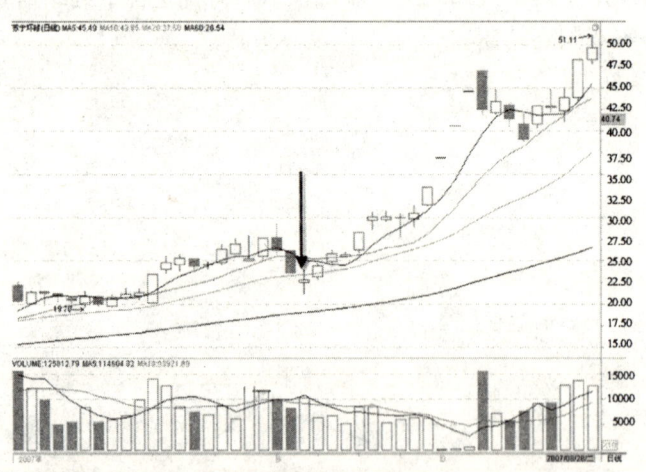

举例1：苏州环球（000718）（截图2007年5月31日—2007年8月28日重点标出2007年6月5日）

黄昏之星的情况同早晨之星（如上图）正好相反，是较强烈的上升趋势出现反转的信号。

该股从启动之日仅仅3个月左右的时间就上涨了130%的幅度，可见其威力惊人！

（五）东方绿大阴出之大阴洗刷刷

图例：

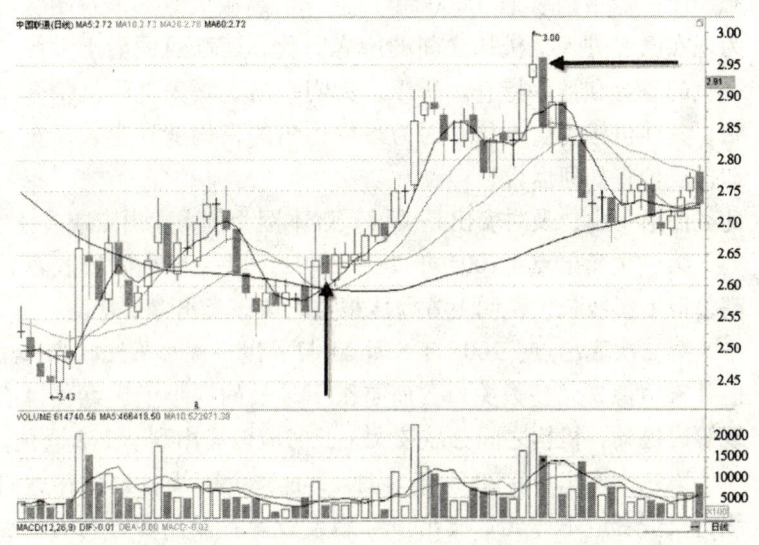

截图（2005年5月24日—2005年9月22日，重点标出
2005年7月28日、2005年8月12日）

K线描述（日K线）

　　中国联通（600050），该股属于超级大盘蓝筹股，从2005年的6月最低点2.43元逐级震荡扬升，当2005年8月11日摸到3元整数位时，当天出现放量遇阻回落，收出一根上影线很长的跳空小阳线。随后第二天高开低走，股价开盘后瞬间上冲，然后一路下挫，让投资者不知所措。最终，以一根接近"光头光脚"的大阴线收盘。其后，短暂的一天反弹，接下来就是连续4天的阴跌。5天的交易时间就把一个月的上涨果实快速消灭殆尽。大盘的背景分析：大盘当时虽然在8月份出现调整，但调整的幅度非常有限，在9月20日附近创出了当时的新高1 223点，和中国联通（600050）的走势正好相反。我们从中是不是应该得到一些启示呢？

本图所涉技巧：

（1）一般来说，股价以上影线较长的实体小阳线创出新高后，成交量也会随着前期放大。如果要继续上升，前提条件之一就是随后两天不能出现大阴线，但可以出现小阳、小阴调整线。因为当新高出现时，市场大多数投资者心里开始发慌，有前期获利了结的短线客，也有刚刚解套的老股民（尤其是整数关口或是前期密集区表现得尤为突出）。因此，接下来小阴、小阳市场还可以接受，一旦出现大阴线马上会出现恐慌抛盘，本来犹豫的投资者会纷纷卖出，有时连市场主力也无法控制局面。像中国联通（600050）这样的超级大盘股表现更为突出，因为现在已经进入了机构之间的博弈时代，而联通的前十大股东全是清一色的基金和社保持仓。所以，大阴一出先知先觉的机构开始获利了结，其他机构也会效仿，因为最慢逃出的机构就注定被套牢。可想而知，股价将如何运行！

(2) 此类图形一出，及时卖出是关键。以本图为例，卖出点应有三次。

第一次卖出点：2005年7月28日，以一根小阴线收盘。虽创新高，但上影线长，说明上方抛压很重，应该卖出1/3仓位。

第二次卖出点：2005年8月11日，以一根小阳线收盘。虽创新高但并未站稳3元整数关口，而是留下较长的一根上影线，说明高位出现筹码松动，机构之间分歧较大，此时应该卖出剩下1/2仓位。

第三次卖出点：2005年8月12日，大阴线一出，吞进前期红阳线，投资者应不计成本卖出全部剩余股票，保住现有利润。因为这是最后一次逃命机会我们要格外珍惜！

学员提问：

李飞老师，您讲的这个技巧对于我们逃顶非常有意义，但还有几个问题希望您能再详细解释一下，谢谢！

(1) 既然您前面提到是蓝筹股，是不是大阴线出现后便可以补仓？如果不是，那我们什么时候补仓最好？

(2) 此技巧在周线、月线是否适用？

(3) 大盘同期和它走出相反的走势说明什么，为什么会出现这种情况？我们将如何操作最为稳妥？

作者答疑：

(1) 中国联通（600050）的确是蓝筹股，但你也要注意它还是大盘股。这种超级大盘股一旦上升趋势结束下跌开始，通常时间比较长，尤其是前期涨幅很高的这类股票。因此，当大阴线刚刚出现时是不能补仓的。如果想摊低成本，可以在跌到启动位置上浮8%考虑补仓。即使再跌也会先反弹再下行！

(2) 如果在周 K 线或月 K 线出现此类形态，应该说下跌的幅度会更大、时间会更长。所以一旦出现，清仓卖出，不要抱有任何幻想！像长江电力（600900，见下图）月 K 线上 2004 年 2 月曾出现过此图形，结果下跌了 40%，下跌时间长达两年之久。

(3) 大盘和中国联通（600050）当时走出了截然相反的走势，联通下跌，大盘创新高。这是因为大盘当时的上涨板块轮动性很明显。联通下跌对股指的影响已经被其他板块的拉升完全消化掉了，所以会出现上述现象。但这从侧面也提醒我们，中国联通（600050）的提前下跌，说明市场一部分主力资金已经悄悄撤退，大盘很有可能是最后的疯狂，要注意仓位的控制。中国联通（600050）是 2005 年 8 月 12 日开始暴跌，大盘上证指数是 8 月 18 日开始大跌。

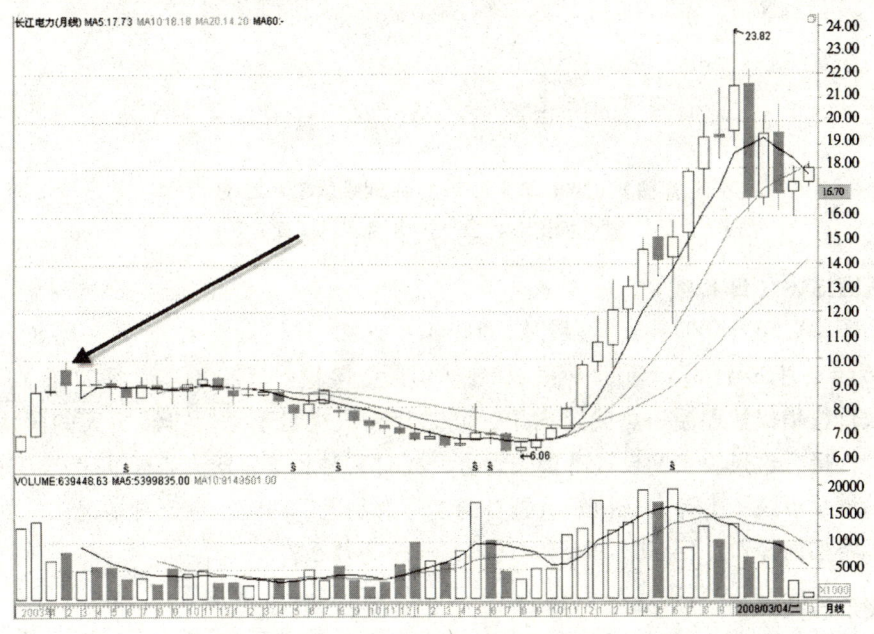

截图（长江电力的月线图，重点标出 2004 年 2 月）

本图要点：

由于本图出现了极像"黄昏之星"的 K 线组合，但我们细致观察会发现，它并不是真正的"黄昏之星"的 K 线组合。因为右边的阴线没有跳空低开，而是高开震荡向下行，所以更具有迷惑性，杀伤力更大。投资者要体会两者区别，对将来实战操作意义重大！由于股价在冲高后出现一根接近"光头光脚"的大阴线收盘，短暂的一天反弹，接下来就是连续 4 天的阴跌，像狂风暴雨一样洗去了长达一个月的胜利果实。故称：东方绿大阴出之大阴洗刷刷

（六）七连阴后有反弹，放量上攻是反转

图例：

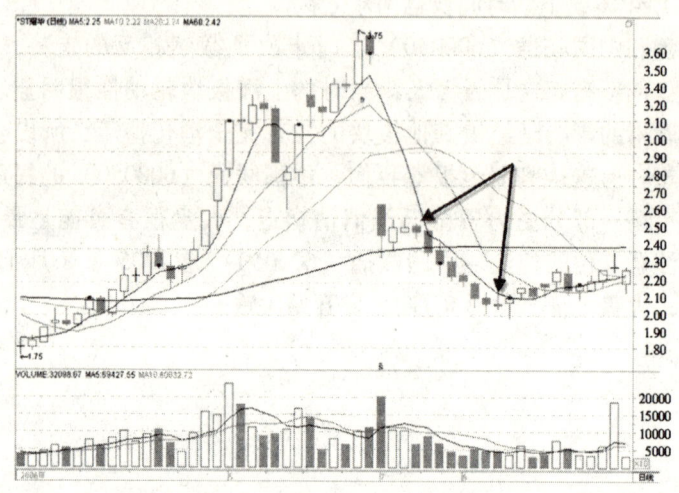

截图1（2006年4月28日—2006年8月22日，
重点标出7月26日—8月4日区间）

K线图描述（日K线）

耀华玻璃（600716），该股从2006年4月28日最低点1.75元一路拉升到2006年6月29日3.75元，升幅114%。但股改除权后（2006年7月21日），在除权价位稍作整理便一路阴跌向下，同时伴随成交量萎缩。连续7天的阴线下挫，让持有这只股票的投资者损失惨重，同时又对此股后期走势极其迷茫：补仓又怕继续下跌，不补仓又怕股价翻身向上，真是上下两难！在这种情况下，如果是你将如何操作？（买进？卖出？观望？——为什么???）

本图所涉技巧：

(1) 一般来说，除权前有过大幅拉升的股票，在除权后不会出现连续下挫，尤其是在大牛市中。而此股票却出现了罕见的"七连阴"，所以要引起投资者的高度注意。因为风险是涨出来的，机会往往是跌出来的。七连阴后是极好的买点，可70%左右重仓介入。

(2) 我们在判断第八天介入的时机时有一个重要的依据——成交量。

当然，这里指的成交量不单单是通常意义上的放大、缩小，而是要认真比较七连阴的成交量是否符合以下规律：①7根阴线的成交量不能过大，最好不要超过5日均量线，尤其是前期出现过较大涨幅的股

票。因为成交量过大，前期又有比较大的升幅，很有可能是主力出货，这时候介入风险太大。②从第二根阴线开始算起，成交量应依次减少，到第五根或第六根阴线时有所放大。成交量7天构成一个V形形态。这是介入很关键的条件之一，如果不是，即使出现七连阴介入最好也是轻仓，因为后边很有可能很快继续下跌，根本不给投资者出逃机会。例如，洪都航空（600316）2006年10月11日—2006年10月19日，也是七连阴出现，但第三根阴线突然放量不符合上述条件。投资者一旦买入，等待他的是继续20%的深幅下挫（希望投资者能对照比较，牢记于心）。③7根连续下跌的阴线中不能有一个阳线，哪怕是极小的一根小阳线也不行。只有下跌途中没有任何阳线的反弹，第八天介入抢反弹成功的概率才会大。④基本面不能出现重大利空，完全属于自然回落。

(3) "七连阴"后有反弹，放量上攻是反转。这个技巧重点就在于是否阴跌之后能放量。而且，成交量不能突然超常规放大，最后是逐步温和放量。这样，我们可以从第八天分批买入，等待丰盛的回报。我们还拿耀华玻璃（600716）为例，截图2：2006年4月17日—2006年4月25日，经历了7天的连续阴跌，然后开始出现小幅反弹，成交量逐步温和放大，最终走出了一波上涨144%的大行情。

图例：

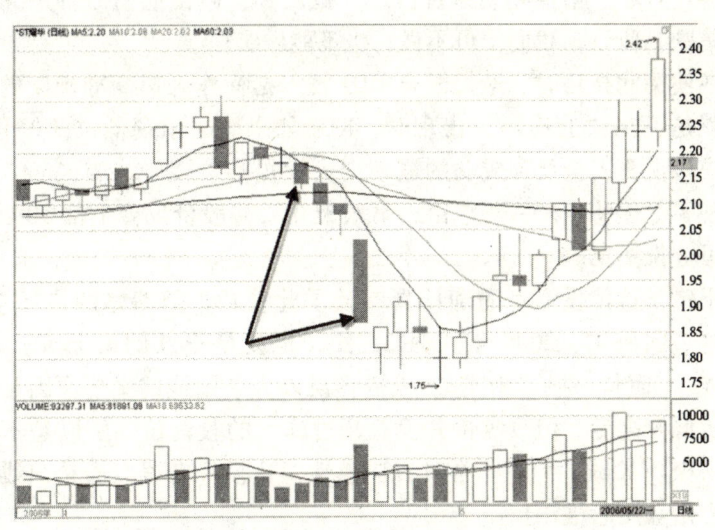

截图2（2006年4月10日—2006年6月29日，重点标出4月17日—4月25日区间）

学员提问：

李飞老师，您讲的这个技巧在操作中对于我们把握准确买点、抢反弹非常有实战意义，有几个问题希望您能再详细解释一下，谢谢！

(1) 您刚才讲的是日 K 线出现七连阴，在周线上连续下跌 7 周的并不多见。而大多数下跌都有一两周小阳线出现，在这种情况下，在周线上我们能利用此技巧抢反弹吗？（难道一定必须是七连阴才能介入吗，有一根小阳线出现其中也不行？）

(2) 如果我们七连阴后介入抢反弹，还需要参考什么技术指标可以提高准确率？还有多高上涨幅度我们可以卖出？

(3) 不是七连阴中不能有阳线吗？可这个图例中，2006 年 4 月 25 日（也就是下跌的第七天）为什么是阳线呢？和您前面讲的不是前后矛盾吗？

作者答疑：

(1) 无论是日线还是周线必须是"七连阴"出现后才能抢反弹。我们不排除有个别情况出现，但那是个案，一旦失手后果不堪设想。如你所说，在周线上连续 7 周下跌并不多见，大多数下跌过程中会伴随有一两周小阳线出现。这种情况我建议是最好不要介入。举例说明：太行水泥（600553）周 K 线 2005 年 3 月的第一周开始出现了连续 7 周的下挫，其中第六周收出了一根小阳线，和我们讲的"七连阴"很相似。如果投资者不严格按此规律盲目介入抢反弹，迎接他们的将是继续 5 周的暴跌。所以，我们宁可不做，也不能做错！

(2) 在使用此技巧时，最好配合 KDJ 技术指标作为提高准确度的指标。也就是说在"七连阴"出现时，KDJ 如果同时出现低位"钝化"现象，应该说介入抢反弹成功的概率会大大提高。耀华玻璃（600716）就出现了上述特点。一般来讲，第八天介入待股价反弹上涨 10% 左右，便可分批卖出。

(3) 不错，这位投资者的确认真阅读了此技巧，但遗憾的是还不够细心！这个图例中，2006 年 4 月 25 日（也就是下跌的第七天）不是"阳线"，而是一根"阴线"。投资者误以为是阳线的主要原因是：当天股价低开高走，但收盘价并没有超过昨天的收盘价，所以是不折不扣的一根阴 K 线。但它非常具有迷惑性，让投资者误以为是阳线。可见主力做盘用心极深！

本图要点：

运用此技巧时，投资者一定要注意：①是否连续出现七连阴。②七连阴是否出现在底部，如果在底部区域出现反转的概率较大，尤其是在周 K 线。例如，耀华玻璃（600716）在 7 月 26 日—8 月 3 日出现了七连阴，然后股价一路飙升。

图例：

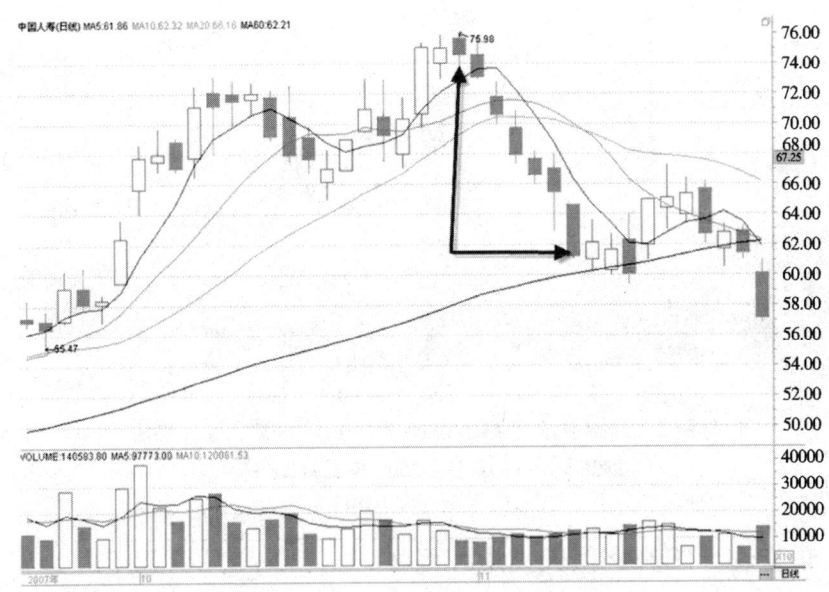

截图 1（2007 年 10 月 29 日—2007 年 11 月 21 日，重点标出 2007 年 10 月 31 日—2007 年 11 月 8 日）

K 线描述（日 K 线）

中国人寿（601628）该股从 2007 年 10 月 30 日见到最高点 75.98 元后发生了方向性的改变，从原有的上升通道改为标准的下降通道。并且，在此轮下跌中股价几乎被拦腰砍掉一半，许多投资者亏损十分严重。但我们仔细观察其下跌时惊讶地发现，有两次出现过七连阴的走势。

该股从最高点 75.98 元一路连续 7 天阴线，按照此前我们讲到的"**七连阴后有反弹，放量上攻是反转**"的规律来把握，第八天 2007 年 11 月 9 日接下来反弹的两三天内并没有出现明显放量，投资者就应该按反弹处理，设定止赢位 5%～10%，获利短线了结。否则，又会深套其中。

该股（见下图）经过平台整理后又出现连续七连阴的走势。我们如果严格按着"**七连阴后有反弹，放量上攻是反转**"的规律来把握，第八天 2008 年 1 月 23 日接下来反弹的两天内并没有出现明显放量，投资者就应该按反弹处理，即使没有任何利润或者微亏都要马上离场，不然后果不堪设想。

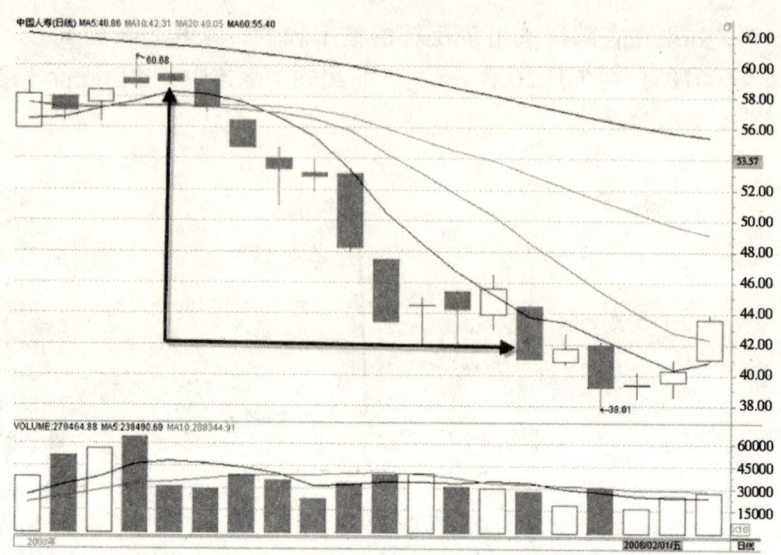

截图 2（2008 年 1 月 14 日—2008 年 1 月 28 日，重点标出
2008 年 1 月 14 日—2007 年 1 月 22 日）

（七）东方红大阳升之顶天立地风雨棒

图例：

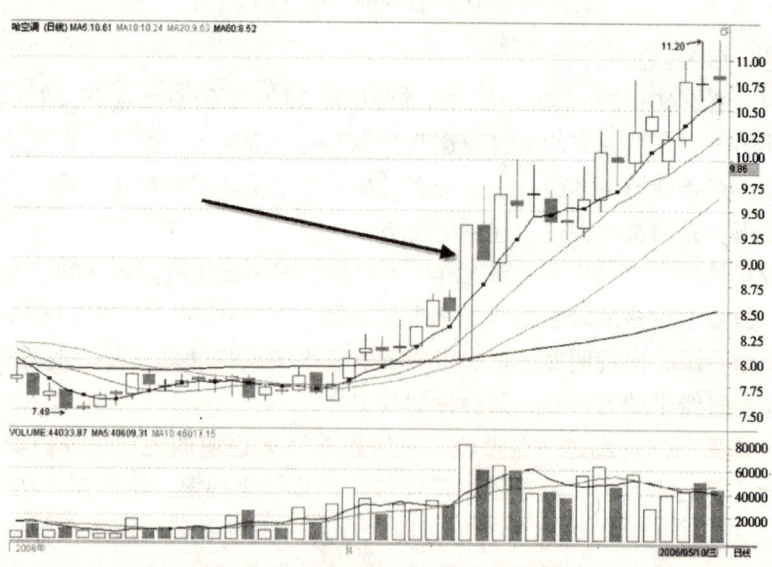

截图（2006 年 2 月 10 日—2006 年 5 月 15 日，重点标出 4 月 12 日）

K 线描述（日 K 线）

哈空调（600202），该股从 2006 年 2 月开始小阴、小阳筑底，从图形上看是一个标准的"圆弧底"形态。当股价攀升右边临界点时突然放巨量低开高走拉涨停，一举吞吃了前面 6 根 K 线，收出了"光头光脚"的大阳线。接下来涨势如虹，股价节节攀高，短短一个月涨幅接近 50%。大盘背景分析：股指当时已经上涨了 3 个月，并在 4 月 12 日（也就是哈空调低开高走拉涨停板那天）创出了当时近期高点 1500 点。随后，上证指数出现了快速的深幅回调。面对这种情况，我们将如何在第一时间快速介入获取最大利润？

本图所涉技巧：

(1) "圆弧底"我们都知道是比较典型的底部反转形态，一旦形成上涨幅度会非常惊人。但"圆弧底"构筑是否成功，关键看右侧能否有效突破。2006 年 4 月 12 日这天哈空调（600202）的股价已经运行到"圆弧底"的突破点，当天低开 6%，以 8.01 元全天最低点开盘，然后快速拉回昨天收盘价。稍作整理后，盘中出现大幅买单，放量拉涨停。应该说突破成功毫无争议，我们应该及时果断大胆重仓介入该股。

(2) 此种图形的买点应有三处：①当股价临近"圆弧底"右侧突破点时应格外注意，哈空调（600202）当天全天最低点开盘拉升至"突破点"8.7 元就是一个绝佳的第一买点。②股价第二天（2006 年 4 月 13 日）冲高回落到昨天涨停阳线的 1/3 处是第二买点。因为短线强势调整，一般庄家会洗到阳线的 1/3 处反身向上，否则我们就要对"圆弧底"是否有效突破产生怀疑。③只要在接下来的 3 天中股价不跌破"突破点"8.7 元，或收盘价都站在"突破点"8.7 元之上，我们就可放心介入！

(3) 像此类完美图形一般不易出现，但一旦出现，理论升幅至少 25%，而且时间一至两个月。因此投资者介入时不要马上卖出，可以持有一段时间会收益不菲（当然也要具体个股具体分析）。

(4) 能够支持该股一路狂涨的主要原因之一：成交量的持续放大是关键。尤其是在大盘出现横盘整理或下跌时，成交量能否有效持续放大变得尤为重要。如果能持续放大，我们可大胆耐心持有，即使大盘回调也无所畏惧。否则，应及时卖出为妙！

学员提问：

李飞老师，您讲的这个技巧在操作中对于我们把握准确买点、抓住大牛股非常有实战意义，有几个问题希望您能再详细解释一下，谢谢！

(1) 我想问，在"圆弧底"的突破点时一定要拉"光头光脚"的阳线才行吗？"光头光脚"的阳线在此有什么特殊意义吗？

(2) 我发现当股价上升时 KDJ 反而出现高位顶背离，这不是卖出信号吗，为什么还会大涨呢？

(3) 我发现股价在 2006 年 4 月 12 日低开高走放量拉涨停后，一直沿着"布林通道"的上轨运行，而且还有多次上穿上轨，一般情况不是卖出信号吗（至少也会出现短期调整），为什么该股一路向上不回头呢？

(4) 我们运用此技巧时，大盘走势因素对其股票是否可以忽略不计？

(5) 我们运用此技巧时，如何结合周 K 线把握买点？

作者答疑：

(1) 在"圆弧底"的突破点时不一定要拉"光头光脚"的阳线，一般的阳线也可以。但会直接影响后面股票的升幅高度和上涨时间。在这种关键点位收出"光头光脚"的阳线说明主力向上拉升意图坚决。低开是最后一次洗盘，把那些拉升前意志不坚定的浮筹震仓出局。因此这种低开高走拉大阳，也会使主力成本加高。但这从另一个侧面说明主力急不可待拉升的欲望无比强烈，后边的升幅肯定超出一般投资者的想象。因此，在"圆弧底"的突破点时拉"光头光脚"的阳线不是必要条件，是今后大涨的充分条件！

(2) 不错，我们在操作中 KDJ 指标出现高位顶背离情况一般是卖出信号，但由于此股票比较特殊，突破时放量拉涨停，完全不会理当时整个市场走势。因此，技术指标 KDJ 这种中长线指标很有可能会失灵。

(3) 你说得不错，通常我们在实战中股价会有规则地沿着"布林线"构成的上升通道或下降通道运行，当触及通道上轨时股价会出现短期回调。但由于此股在 2006 年 4 月 12 日低开高走放量拉涨停后改变了原来的上升斜率，同时也增强了股价上冲强度，所以才触及"布林通道"的上轨多次，毫无回调迹象。这也从一个层面说明了此种 K 线组合的爆发力。

(4) 应该说绝大部分股票的走势都会或多或少地受大盘指数的影响，但也有个别情况出现。例如，哈空调（600202）在快速上拉阶段，股指当时已经上涨了 3 个月，并在 4 月 12 日（也就是哈空调低开高走拉涨停板那天）创出了当时近期高点 1500 点。随后，上证指数出现了快速的深幅回调。大盘和哈空调走势出现了相反鲜明的对比。所以，大盘对个股的影响是相对的（注意：大盘指标股和指数关联度很高，投资者应格外注意）。

(5) 周 K 线在当周也出现了价增量升的良好态势。尤其是上周的周 K 线收出了"金针探底"的 K 线形态，大大提升了介入的成功概率。日、周 K 线配合相得益彰，是千载难逢的买入良机。

本图要点：

运用此技巧时，投资者一定要注意：在 2006 年 4 月 12 日低开高走放量拉涨停那天的 K 线最好是上无头、下无脚的"光头光脚"大阳线；否则，会影响后面上升的幅度。由于那根大阳线是确立股价从此进入快速拉升的标志，而且顶天立地无头无尾；同时形成了一阳吃多阴的 K 线组合。故称：**东方红大阳升之顶天立地风雨棒。**

图例：

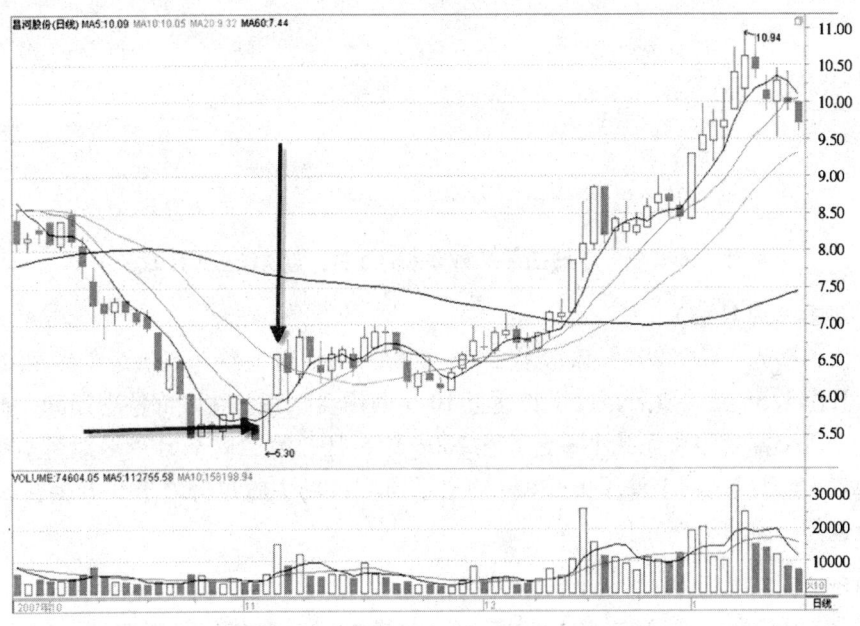

截图（2007 年 9 月 37 日—2008 年 1 月 9 日，重点标出
2007 年 11 月 5 日、2007 年 11 月 6 日）

K 线描述（日 K 线）

昌河股份（600372），该股从 2007 年 9 月开始一路下跌，当股价跌至 5.3 元最低点时见底放量出现了一根光头光脚的大阳线，第二天继续放量收大阳，这是**东方红大阳升——顶天立地风雨棒**的变异形态，它是在此基础上变形的。但它们都是以底部穿头破脚阳线为基础的，因此投资者要活学活用。

（八）东方红大阳升之周线平台跳空拉巨阳

图例：

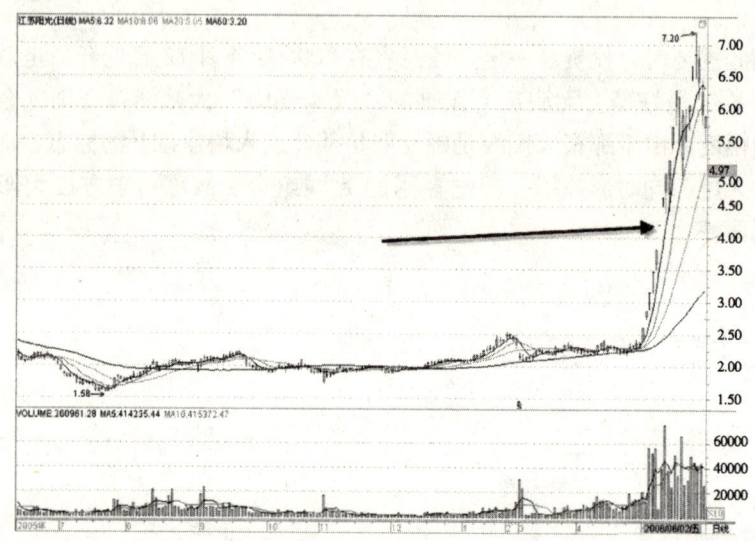

截图（2005年7月15日—2006年6月2日，重点标出5月12日）

K 线描述（周 K 线）

江苏阳光（600220），该股从2005年初一路缓慢盘跌，股价最低跌到2005年7月份1.58元，随后经过了长达近10个月横盘整理。在底部整理期间，此股构筑了两个幅度相差无几小平台。在2006年5月的第二周开始"平地跳空拉巨阳"，一个月的时间上涨了190%，创出了当时市场牛股拉升之最。大盘在5、6月份也是一路勇创新高！

本图所涉技巧：

(1) 此股在探至最低点1.58元时，并没有出现像其他股票那样快速反弹，而是用了长达近10个月的时间进行横盘整理，大盘当时却是逐级攀高，可主力并不跟随大盘急于拉升反弹，而是在底部慢慢吃货，让心浮气躁的投资者换股出局。这时，其实最是考验我们定力的时候，投资者一定要"忍住"。

(2) 在底部整理期间，此股构筑了三个幅度相差无几小平台。这三个平台看似无奇，如留心观察就会发现其中奥秘。第一个平台是从2005年8月—2005年11月，用了10周时间。第二个平台是从2006年11月—2006年1月，用了10周时间。第三个平台是从2006年1月—2006年4

月，用了 10 周时间。然后，第 11 周向上跳空拉巨阳。这三个平台的构筑所用时间几乎一致，平台确立的拉升幅度也几乎相等（第一个平台确立拉升幅度是 7.81%，第二个平台确立拉升幅度是 7.14%，第三个平台确立拉升幅度是 7.56%）。这种惊人的相似应该不完全是巧合，应该可以看出这只股票主力控盘手法相当老练，股价上涨、下跌的节奏把握得非常到位。它有意避开投资者常用的时间"窗口"（3 周、5 周、8 周、13 周……），而是用"10 周"这个不容易引起人注意的普通数字。

(3) 在 2006 年 5 月第二周开始平台突破，"平地跳空拉巨阳"，一周的时间上涨了 61%，天天拉涨停。这是此股破蛹而出的信号，投资者大胆买入，不要迟疑。

学员提问：

李飞老师，您讲的这个技巧对于我们捕捉超级"牛股"非常具有参考性，有以下几个问题希望您仔细讲解一下。

(1) 我们在介入此类超级"牛股"时，如何在日 K 线上把握第一时间买点？

(2) 一周就拉升 61%，短期这么高的股价还能跟进吗？为什么？

(3) 当股价刚刚上升时 KDJ 已经触及现高位，为什么还会大涨呢？

作者答疑：

(1) 在介入此类超级"牛股"时，应该是在第三个平台突破之时，日 K 线"第一次"出现拉涨停的交易日介入（2006 年 5 月 8 日）。而且介入时不要计较当时几毛钱的成本，要挂涨停买入。因为这种股票一旦拉升，幅度高，速度快！

(2) 天天拉涨停，一周就拉升 61%，我们在第二周还是可以大胆介入。原因是一周虽然上升了 61%，但换手率只有 32%。平均每天换手率不到 7%，说明主力控盘程度相当高，根本无法出货。而且我们前边讲过此主力在底部吸筹手法相当隐蔽老练，非一般庄家可比。因此他敢开始放量拉涨停暴露自己行踪，一周的拉升怎么会结束呢？所以投资者可放心介入。事实证明，如果第二周介入，还有 49% 的短期高额收益。

(3) 这就是此庄家聪明之处，从周 K 线看，的确 KDJ 已经出现在高位震荡。但造成此现象是由于第三个平台的平均股价高于前两个平台股价，造成 KDJ 虚高的假象，其实是庄家怕拉升前期跟风盘过多而苦心营造的指标失真假象。

本图要点：

运用此技巧时，投资者一定要注意以下几点：①平台的整理时间周期很重要。像此股三个平台的整理时间、高度都空前的一致，要引起我们高度注意。因为有时投资者认为市场的"巧合"恰恰是主力在操盘过程中不经意暴露出的"蛛丝马迹"。②"周线平台跳空拉巨阳"的关键是跳空缺口不能回补，否则后边拉升空间、时间都会缩短。这种情况投资者介入时最多1/2仓位。③这种短期暴利超级"牛股"一般从启动点算起持有2周到4周的时间，因为急涨之后必有大跌。如果大盘当时也是一片向好，我们可以持股时间长一些，否则坚决卖出。④这种股票在周线拉第一根大阳线时不是一阳包多阴，而是"跳空"上升天天拉涨停。根本不回调，每天盘中完成洗盘动作，用最快、最狠的方式甩掉底部跟风盘。一般来讲，技术指标大部分失灵、钝化。但成交量是很难作假的，尤其是底部拉升的第一周。因此投资者要睁大眼睛盯紧"细分量"。由于周K线一根长阳平台跳空拔地而起，像熊熊大火染红了半边天，故称：**东方红大阳升之周线平台跳空拉巨阳**。

（九）东方红三阳终之并列三阳下跌曲

图例：

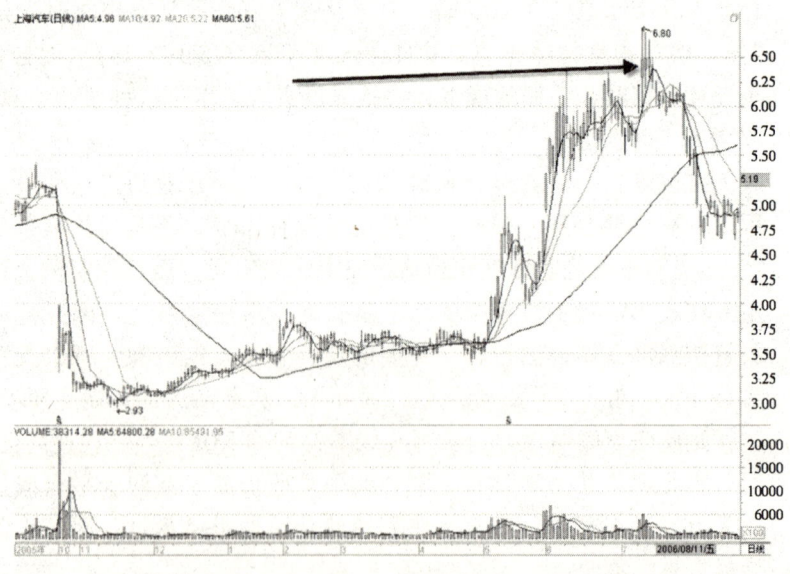

截图（2005年5月8日—2006年8月8日，重点标出
7月13日、7月14日、7月17日）

K 线描述（日 K 线）

上海汽车（600104），该股从 2005 年 5 月止跌企稳，从最低点 3.4 元逐级缓慢攀升，经过了两波的上涨，股价出现了翻倍的行情。随后一个月的横盘整理开始放量突破平台拉涨停，之后 3 天连拉"并列小三阳"。在大多数投资者都以为后边股价还能继续创新高时，此股却出现冲高回落；然后股价开始高位跳水，并且暴跌途中 5 个交易日只有一天小幅反弹，下跌极其惨烈。大盘背景分析：大盘股指当时走到 1750 点附近，在 2006 年 7 月 13 日开始放量下跌，当天上证指数跌幅 4.84%。

本图所涉技巧：

(1) 该股在上涨过程中走出了看似标准的上升"五浪"。但第五浪走出了出乎市场意料的失败浪。第一浪从 2006 年 4 月 26 日 4.76 元—2006 年 5 月 16 日 3.4 元，上涨 40% 左右。第二浪从 2006 年 5 月 16 日 4.76 元—2006 年 5 月 24 日 4.03 元，下跌 15% 左右。第三浪从 2006 年 5 月 25 日 4.03 元—2006 年 6 月 9 日 6 元，上涨 50% 左右。第四浪从 2006 年 6 月 9 日 6 元—2006 年 7 月 10 日 5.65 元，下跌 5.8% 左右。第五浪从 2006 年 7 月 12 日开始放量拉涨停，结果短暂的 3 天调整后出现了快速回落。这时候我们要十二分小心，有可能要走出"失败浪"，因此在此位投资者应卖出 1/3 仓位股票。

(2) 2006 年 7 月 12 日当天上海汽车（600104）公布了利好信息：拟向上汽股份发行约 31 亿 A 股，购买总值约 200 亿元资产。该股开始平台放量突破拉涨停，换手率仅 2.96%。应该说当时大家惜售心理比较浓重；通常接下来的交易日应该是震荡走高，但此股却没有按市场预期走势运行，而是在相对高位出现了"并列小三阳"，这是股价短期见顶的信号。因为高位小三阳说明市场主力虽有上拉之心，但已无上拉之力。并且 3 天不创新高，证明市场观望气氛浓重，庄家对后市继续上冲犹豫不决，投资者应该及时获利了结。

(3) 高位"并列小三阳"成为短期见顶的信号必须满足以下要求：①这三根阳线从形体上看它们几乎是平行并列的，而且实体部分比较小。②这三根阳线最好都有上下影线，不能是"光头光脚"的大阳线。③这三根阳线的上下影线均逐渐缩短（也就是 3 天比较：高点下移，低点上移），并且阳线实体部分也要逐级缩小。我们按以上三点对照比较上海汽车（600104）2006 年 7 月 13 日、2006 年 7 月 14 日、2006 年 7 月 17 日（注：15 日、16 日是周末）3 天的 K 线走势。①7 月 13 日、14

日、17日收出了并列小阳K线。②这3天的K线均是阳线，而且都有上下影线。③2006年7月13日最高价6.8元、最低价5.93元；2006年7月14日最高价6.75元、最低价6.19元；2006年7月17日最高价6.68元、最低价6.3元，涨幅实体分别为4%、0.31%、0.15%。通过以上对照，比较上海汽车（600104）3天并列小阳线，同时每天高点下移，低点上移，阳线实体部分也要逐级缩小，因此短期见顶信号非常明确，卖出是上策。

学员提问：

李飞老师，您讲的这个技巧在操作中对于我们短期快速逃顶非常有实战意义，有几个问题希望您能再详细解释一下，谢谢！

(1) 此类股票操作时，是否要关注大盘的走势？

(2) 一定是非要3天小阳线吗？如果其中有阴线可以吗？

(3) 我们常见的是顶部"三乌鸦"，为什么收阳线也会跌呢？

作者答疑：

(1) 如果此图形出现在小盘股时，应该说大盘对其影响应该不大，但由于上海汽车（600104）是沪市的权重股，所以一定要关注大盘的走势。大盘在2006年7月13日开始暴跌，而这正恰恰是出现"并列小三阳"的第一天。当天出现了创"新高"冲顶回落的走势。成交量虽然放大，但集中在收盘前最后半个小时，所以主力有诱惑做多之嫌。因为当天大盘暴跌，主力完全可以随大盘调整清洗前期平台浮筹，没有必要逆市上拉；这样不仅容易暴露其庄家行踪，而且拉升成本也会加大。主力这样做的目的只有一个，让短线引起市场关注，装出逆市走强的样子，吸引更多的跟风盘，在此位逐渐派发筹码。

(2) 不一定非要3天小阳，4天、5天都可以，但3天最佳。因为"3天"也是神奇数字中的变盘日。这其中不能有阴线，不然以此作为短期见顶信号的成功率会大大降低。

(3) 我们通常见的顶部"三乌鸦"是小阴线，预示股价即将下跌，这种高位"并列小三阳"更具有迷惑性，因此大家感觉阳线预示着上涨，由此也说明此庄家做盘手法很老练，能比较准确把握普通投资者心态变化。

本图要点：

运用此技巧时，投资者一定要注意以下几点：①在运用此技巧时，一定要严格对照"并列小三阳"成立的三个条件，缺一不可。②在运用此技巧时，最好配合（TOW 宝塔线）加以辅助观察，这样可以大大提高准确率。如果当时宝塔线也出现了"三平顶"的现象，我们要坚决卖出，尤其是相对股价高位。上海汽车（600104）当时明显出现了"三平顶"走势。③一旦我们在实际操作中发现高位平台突破"并列小三阳"，至少要卖出 2/3 仓位的股票。由于高位"并列拉三阳"股价不涨反跌，是短期见顶卖出信号，故称：**东方红三阳终**（三）——并列三阳下跌曲。

注解："三乌鸦"

所谓的三只乌鸦是由三根阴线构成，3 天的收盘价都向下跌，如果在上升趋势的中后期，或股价已处于相对较高的水平时，三只乌鸦为典型的见顶回落 K 线组合。其技术特征：1. 连续出现 3 根阴线；2. 每日收盘价都向下跌；3. 收盘价接近每日的最低价位；4. 每日的开盘价都在上根 K 线的实体部分之内；5. 第一根阴线的实体部分，最好低于上日的最高价位。图形上看恰似三只乌鸦坐在快要枯萎的大树之上，即三只乌鸦挂树梢，后市向淡明显。三只乌鸦挂树梢出现后，可先获利了结或止损出局，其较好的获利点与止损点为三只乌鸦的第三根阴线形成的临收盘前，或出现之后一两天之内的小阴小阳时。高位三只乌鸦出现后，卖出信号非常强烈，无论盈亏与否，均应果断卖出。

举例：武汉健民（600967）

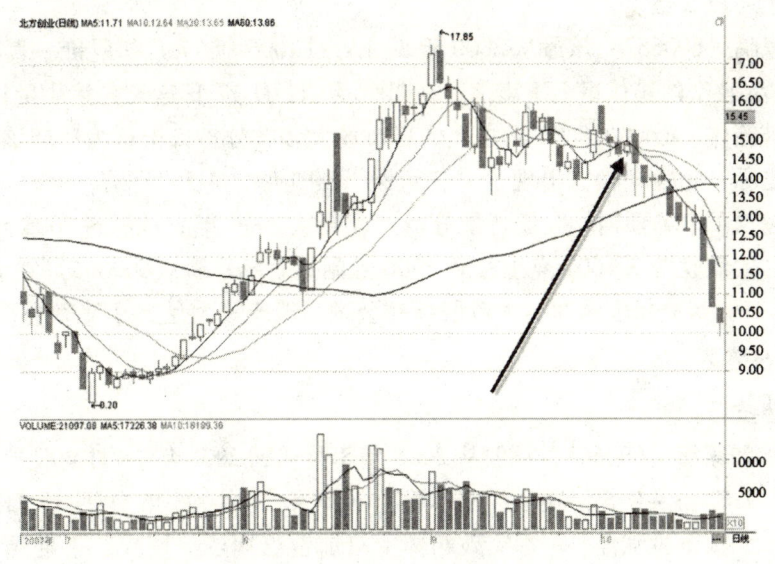

截图（2007 年 7 月 17 日—2007 年 10 月 26 日，
重点标出 10 月 10 日、11 日、12 日）

（十）东方红大阳升之临空三级跳

图例：

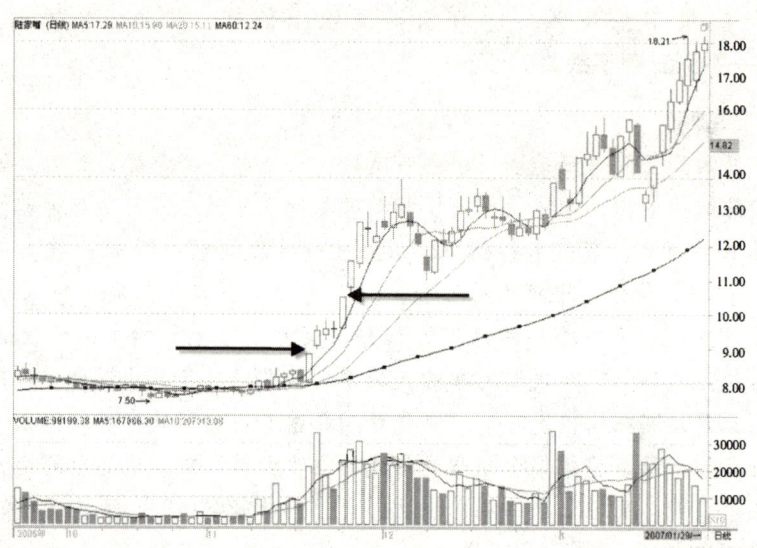

截图（2006年8月15日—2006年11月27日，重点标出11月13日、11月17日）

K线描述（日K线）

陆家嘴（600663）该股从2006年8月初到2006年11月初股价一直在7.75元~8.5元狭窄的箱体里上下震荡。在2006年11月17日这天突然放量拉涨停，一举突破箱体上沿收在8.82元之上。当市场大多数分析人士认为短期该股应冲高回落之际，此股却临空出现了"三级跳"的走势，7天上涨了59%；涨幅之快远远超出了市场预期。大盘背景分析：该股从2006年8月初到2006年11月初横盘时大盘股指从1600点上涨到1900点附近；陆家嘴（600663）在2006年11月17日开始放量上涨时，大盘股指在金融、地产等大盘蓝筹股率领下一举突破2000点大关。

本图所涉技巧：

（1）陆家嘴（600663）该股从2006年8月初到2006年11月初股价一直在7.75元~8.5元狭窄的箱体里上下震荡。在2006年11月17日这天突然放量拉涨停，一举突破箱体上沿前曾出现过"两次"上冲箱体顶部8.5元无功而返，并且上冲箱体顶部第二天均是冲高回落，之后联系小阴线调整。第一次上冲：2006年9月4日拉阳线上涨4%，9月5日冲高到 8.47 元开始逐级回落，连续 3 天小阴线调整。第二次上冲：2006年 9 月 22 日拉阳线上涨 3%左右，9 月 25 日（23 日、24 日周末）冲高到 8.53 元开始逐级回落，连续 5 天小阴线调整。一般在箱体整理前两次冲高没有形成有效突破，第三次突破概率较大，因为"3"这个神奇数字在股市中经常出现在关键点位。因此，该股在"第三次"向上突破时投资者要格外注意！第三次向上冲击箱顶时是 2006 年 11 月 13日，这天放量上涨 4.35%，上冲摸到 8.38 元。按以往前两次规律来看，接下来的几个交易日应该是冲高回落以小阴线连续下跌调整，但我们观察到 11 月 14 日、11 月 15 日并没有按前两次冲高回落的股价运行方式走，而是在 2006 年 11 月 13 日收盘价之上以"小阳线"横盘。这时，应是投资者试探性建仓 1/3 的最佳位置。

(2) 细心的投资者会发现在 2006 年 11 月 9 日、11 月 10 日、11 月 13 日（11 月 11 日、11 月 12 日周末）连续 3 个交易日出现了两阳夹一阴"多方炮"K 线组合上攻形态。但在前两次股价冲击箱顶时并没有出现，都是单阳上冲。因此细节的变化往往孕育着惊天大行情，投资者切勿忽略。

(3) 陆家嘴（600663）从 2006 年 8 月 15 日—2006 年 11 月 16 日股价一直在 7.75 元~8.5 元狭窄的箱体里上下震荡，经过粗略的估算，市场平均成交价格在 8 元附近。换句话说，陆家嘴（600663）在经历了长达两个多月的横盘期，市场参与这只股票炒作所有的投资者盈亏平衡点就是 8 元（"中枢"价格）。在 2006 年 11 月 16 日也就是结束箱体整理的前一天该股以阴线收盘，股价却稳稳站在 8.02 元之上。2006 年 11月 17 日这天突然放量拉涨停，一举突破箱体上沿。当天的开盘价正好是 8 元，而 8 元又是当天的最低价；因此主力迫不及待拉升的心情可见一斑。投资者可在当日大胆介入！

(4) 陆家嘴（600663）在 2006 年 11 月 17 日放量拉涨停后，股价在随后的一个交易日里"跳空"高开向上继续拉大阳，收盘涨幅高达 7.71%。短线股价毫无回补缺口意向。我们都知道按着缺口理论：当股价平台突破拉大阳，第二天高开跳空向上时，通常两天内不回补"向上跳空缺口"，那将暗示该股上升斜率开始改变，短线股价具有较强的上攻欲望，短线激进的投资者可以重仓介入！我们对照此方法发现：2006 年11 月 23 日再次拉升是短线投资者再次介入良机。因为陆家嘴（600663）在 2006 年 11 月 17 日放量拉涨停后，11 月 20 日（11 月 18日、11 月 19 日周末）留下了"向上跳空缺口"。其后，11 月 21 日、

11月22日以小阳、小阴在高位调整，虽然没有继续上涨，但始终没有回补11月20日留下的向上跳空。

学员提问：

李飞老师，您讲的这个技巧在操作中对于我们短期捕捉超级大牛股非常有实战意义，有几个问题希望您能再详细解释一下，谢谢！

(1) 此类股票操作时，是否要关注大盘的走势？

(2) 结合周线我们将如何把握买卖点？

(3) 上面您提到2006年11月23日再次拉升是短线投资者再次介入良机，但当时日线的KDJ已经处于高位，进入超买区，为什么股价还能再涨呢？

作者答疑：

(1) 这种短线大牛股的"诞生"，应该说和大盘及所属的板块是密不可分的。陆家嘴（600663）是昔日沪市赫赫有名的房地产"三剑客"之一，提起"两桥一嘴"哪个老股民不知道。虽然时至今日已不像以前那么风光，但如果说沪市地产股，陆家嘴（600663）应该还是响当当的地产龙头。而本轮上攻2000点大关时，主要依靠金融、地产两大板块带领大盘"夺营取寨"。可陆家嘴（600663）却在其他地产股纷纷上涨时出现横盘整理的走势，这应该引起投资者的高度注意。因为每轮地产股整体上涨时，陆家嘴（600663）从未有过出现不涨的时候，所以很有可能短时的滞涨，是孕育爆发大行情。果不其然，从2006年11月17日放量拉涨停后，7天上涨了59%。

(2) 该股周K线和日K线走势基本一致，当2006年11月17日放量拉涨停时，周K线当周放量大涨了12.93%，突破了2006年3月初以来形成的箱体整理格局。它比日K线形成的箱体时间和空间都长、都大。因此无论是日线或周线11月17日放量有效突破，都是投资者介入的绝佳好时机。

(3) 的确当时日线的KDJ已经处于高位，进入超买区，但我们对待这种"超级大牛股"不能用一般的技术分析来判断。因为它上涨速度快、拉升幅度大，必然会导致日K线上KDJ这种中线指标出现高位"背离"现象。所以在实际操作中要学会抓住问题的"关键点"。2006年11月23日再次拉升介入的"关键点"是：陆家嘴（600663）在2006年11月17日放量拉涨停后，11月20日（11月18日、11月19日周末）留下了"向上跳空缺口"。其后，11月21日、11月22日以小阳、小阴在高位调整,虽然没有继续上涨,但始终没有回补 11 月 20 日留下的向上跳空。这是我们短线再次介入的重要依据!

本图要点:

　　运用此技巧时,投资者一定要注意以下几点:①在运用此技巧时,一定要有一段时间的横盘期,而且股价不是在历史底部,而是已经有了一定的涨幅。例如,陆家嘴(600663)从 2006 年 1 月到横盘时股价已经从 5.33 元涨到 7.5 元附近。②在运用此技巧时,箱体整理的"第三次"突破要格外注意,而且要重点观察突破后两天的走势是否和前两次一样。如果有变化,不要漏下任何一点细节。例如,陆家嘴(600663)第三次向上冲击箱顶时是 2006 年 11 月 13 日,这天放量上涨 4.35%,上冲摸到 8.38 元。按以往前两次规律来看,接下来的几个交易日应该是冲高回落以小阴线连续下跌调整,但我们观察到 11 月 14 日、11 月 15 日并没有按前两次冲高回落的股价运行方式走,而是在 2006 年 11 月 13 日收盘价之上以"小阳线"横盘。2006 年 11 月 17 日终于一举放量拉涨停成功突破箱体。③一旦我们在实际操作中发现这种周 K 线、日 K 线都同时出现长期箱体整理放量涨停突破成功的市场热点板块龙头股,要毫不迟疑地第一时间介入。由于此股放量突破第二天没有回调,而是跳空向上连续拉大阳的走势,7 天上涨了 59%。故称:**东方红大阳升之临空三级跳**。

图例:

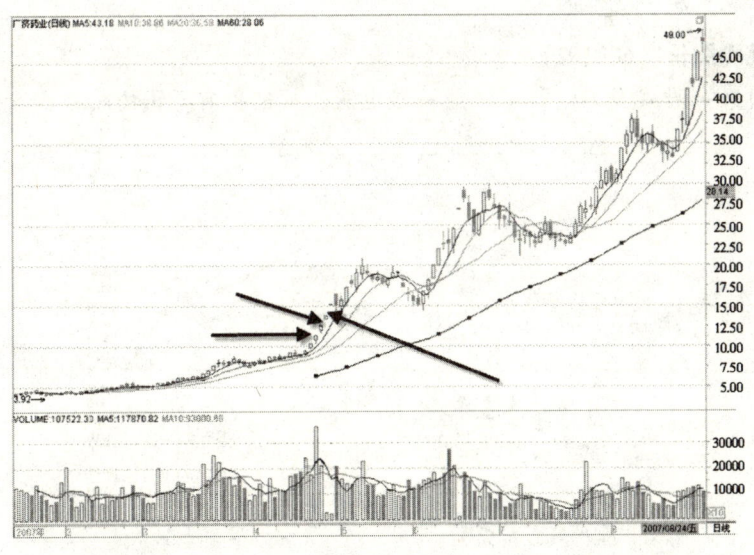

截图(2007 年 3 月 22 日—2007 年 5 月 18 日,重点标出
4 月 18 日、4 月 19 日、4 月 20 日)

K 线描述（日 K 线）

广济药业（000952），该股从 2007 年 3 月 22 日到 2007 年 4 月 16 日股价一直在 8 元~8.9 元狭窄的箱体里上下震荡。在 2007 年 4 月 18 日这天突然放量拉涨停，一举突破箱体上沿收在 10.36 元之上。当市场大多数分析人士认为短期该股应冲高回落之际，此股却临空出现了"三级跳"的走势，11 天上涨了 100%；涨幅之快远远超出了市场预期。成为当时最牛的股票之一。

注解：两阳夹一阴"多方炮"

多方炮是 K 线两阳夹一阴形态，特殊的三阳夹二阴称叠叠多方炮。

操作要点：

1. 两根阳线中间夹一根阴线，后一根阳线实体越大越好，如中间一根星线，特别是红星，后面涨势能量更强。

2. 骑墙过线看多头，第二根阳线要站在均线之上，均线要呈多头向上之势。

3. 后量超前真信号，具备了前两个条件不见得上涨，还必须看量能的态势，基本要求是超过前面的成交量，应在 3 倍以上，或是近期最大的当日成交量。

4. 符合前面三个条件，出现的是中线行情，而不是三两天的短线行情，所以一波涨幅至少看 10%~15%，不要微涨就出，错失大的利润。

任何一只股票都有起涨点，多好的股票也要把握准切入点，多方炮这个招法就会解决这个问题。

举例：莱刚股份（600102）

两阳夹一阴"多方炮"后该股一路上涨，短期也有不错的收益！

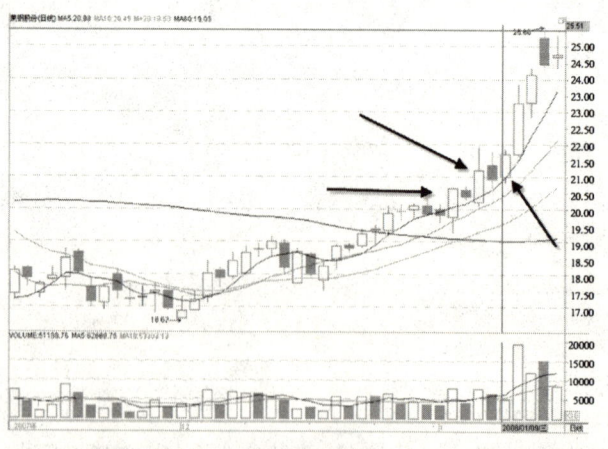

截图（2007 年 12 月 21 日—2008 年 1 月 15 日，重点标出 2008 年 1 月 3 日、1 月 4 日、1 月 7 日）

（十一）平步青云——天梯通天价

图例：

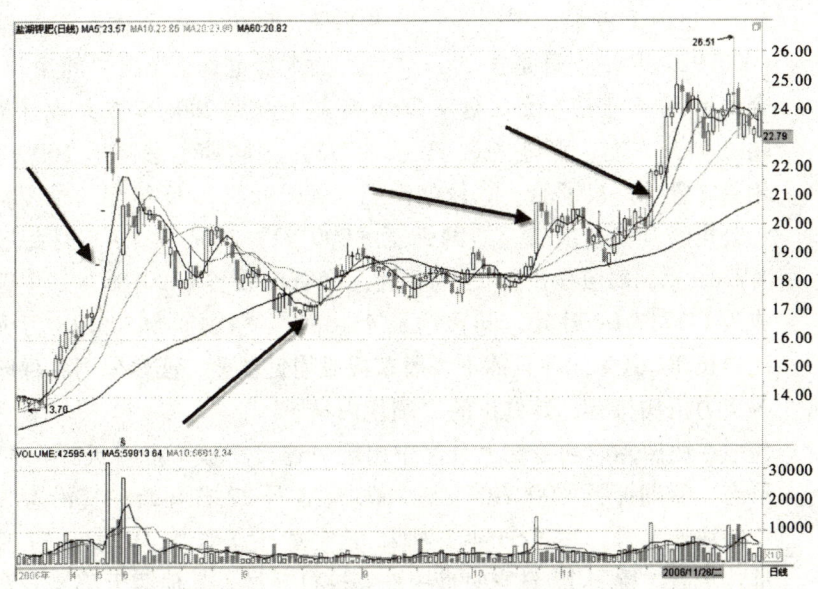

截图（2006年3月27日—2006年12月4日，重点标出
5月15日、8月21日、10月25日、11月24日）

K线描述（日K线）

盐湖钾肥（000792）该股是2006年以来涨幅惊人的少数"高价"大牛股之一。在2005年6月大盘创下历史低点998点，很多股票已经跌得"去整留零除一半"的价格。例如，中关村（000931）从最高价46元附近已经跌到3元左右了（46元去4留6，6除以2正好3元）。盐湖钾肥（000792）当时并没有出现大幅下跌，而是走出了自己的独立缓慢攀升行情。当2006年牛市到来时，它随大盘一路上冲，从年初12元上涨到5月份的24元左右，在股改前盐湖钾肥（000792）曾连续拉了3个涨停板，从图形上看像"天梯"的形状。然后在经过2006年6月29日股改后长期缩量横盘。截止到2006年11月24日开始出现再次高位拉升，让当时持有盐湖钾肥（000792）的所有投资者又大赚一把。

本图所涉技巧：

（1）在介入此类股票操作时一定要有一个大前提：①大盘一定要处于一个牛市上升过程中，而此类股票启动时间点往往要比大盘提前。②此类股票在第一波上涨过程中同期升幅也一定要比大盘高。③此类股票一定是绩优白马股，基金持仓比例较高，并且是行情总是发展的可持续性热门品种。只有满足上述基本条件，投资者在高位横盘缩量时才可以介入，否则如果盲目介入，很有可能会被套在高位，到时真成为"一失足成千古恨，再回首已百年深"。对照上述条件：①盐湖钾肥（000792）启动上升是在2005年底，而大盘也真正走出"熊途"，发奋奔牛是2006年初。②大盘从2006年初上涨到2006年5月累计最高涨幅是45%左右，而盐湖钾肥（000792）则同期上涨高达100%以上，相差之悬殊一目了然。③盐湖钾肥（000792）2006年前三季度报表显示公司经营稳步增长，盐湖钾肥（000792）2006年1~9月每股收益0.7361元，每股净资产2.3858元，净资产收益率30.86%，主营业务收入173717.04万元，同比增长43.63%，净利润56503.18万元，同比增长30.61%，并且前十大股东持股均是基金、证券公司、保险公司等实力机构持有，是真正的"绩优白马股"。

(2) 该股在股改除权前曾在上升途中出现过连拉三板，蹬"天梯"的K线形态。盐湖钾肥（000792）从2006年3月27日开始一直沿着3日均价线快速上升，在2006年5月15日突然开盘涨停，16日、17日都是涨停报收。除了17日当时盘中涨停被打开过，其他两天都是开盘就是涨停价，线组合呈现"天梯"的形态，根本不给投资者介入机会，并且我们注意到2006年15日、16日都是"无量"涨停，全天换手率不足0.5%，可见机构惜售心理非常严重，换句话说，机构根本不可能在此点位出货。机构买股票最终目的也是要获利，既然在高位"天梯"它兑现不了利润，而且市场一片向好，前三大股东在第三季度都有不同程度的增仓，说明他们对后市坚决看多，那就是说该股上涨还远远没有结束。因此投资者不必盲目恐慌，虽然股价已经不低了。

(3) 盐湖钾肥（000792）在经过2006年6月29日股改后开始长期缩量横盘。截止到2006年11月24日开始出现再次拉升时，横盘整理时间长达5个多月之久。而此时大盘却从1600点涨到了2000点左右。许多投资者在这横盘整理期间实在经受不住折磨，最后在拉升前夕忍痛卖出。在这里我们要提醒投资者：缩量"天梯"的出现说明主力机构根本不可能出货，因此横盘回调就是介入的大好良机。尤其是90日均价线是判断横盘期介入此类股票的重要依据。当K线图上出现缩量"天梯"后，股价再次调整回落到90日均价线时是最佳买入点。例如，盐湖钾肥（000792）在5个月的横盘期时曾出现过两次最佳买入点。第一次：

2006年8月21日正好触及90日均价线16.62元，其后股价反身向上。第二次：2006年9月27日正好触及90日均价线17.33元，其后股价反身向上。第二次的90日均价线明显高于第一次，说明随着调整时间推移，股价低点逐步抬高，90日均价线逐渐上移。事后证明，这两次低点都是调整介入的最好时机！

(4) 此类股票在即将结束调整时，KDJ都会出现一次短期的"底背离"形态，用以迷惑意志不坚定的投资者，把最后的"浮筹"清洗干净，为再一次上涨做最后拉升前的准备工作。例如，盐湖钾肥（000792）在2006年11月13日股价出现4%的下跌，KDJ触及0轴以下。而股价虽然下跌但并没创出近期调整的低点，反而这次低点远离90日均价线，比2006年8月21日、2006年9月27日两次低点都高。出现了KDJ＝短期的"底背离"形态，是上涨的启动前兆。因此2006年11月13日到2006年11月24日放量拉升时，投资者都可以随意介入，稳获利润。

学员提问：

李飞老师，您讲的这个技巧在操作中对于我们捕捉超级大牛股非常有实战意义，有几个问题希望您能再详细解释一下，谢谢！

(1) 这类股票既然是"绩优白马股"，为什么大盘上涨它却要横盘整理呢？主力为什么不随大盘上涨拉抬此股，这样不是还可以吸引跟风盘吗？

(2) 为什么在横盘期要参考90日均价线呢？类似的股票还有吗？

(3) 这类股票的持有股股东一定要是基金、证券公司等机构吗？个人持仓可以吗？

作者答疑：

(1) 这位投资者是非常细心的朋友，他敏锐地观察到了此类股票和大盘在同一时期不同的变化。不错，这类股票的确是"绩优白马股"，按常理来说，主力一般拉升股票会看大盘"脸色"（大盘涨，个股上；大盘跌，个股下）。但此类股票由于被许多机构投资者看好，市场惜售筹码心理非常严重。中小散户持有者根本就不卖，主力机构想再次吸筹很难。如果随大盘上涨拉升此股，中小散户大多数还是一路持有；如果使劲压盘，现有机构又怕筹码被新主力趁机在低位抢筹，因此只能选择在大盘上涨时，长期横盘缩量整理。这样可以达到两个目的：①尽量让持有盐湖钾肥（000792）的投资者失去耐心卖出。因为从投资者心理分析，当大盘横盘或下跌，该股高位横盘缩量是可以接受的，但大盘暴涨，该股迟迟不上，尤其在高位，许多投资者经受不住这种心理煎熬，会逐渐卖出。②主力机构可以进行短暂休息，又不会在"天梯"后失去筹码给场外机构介入的机会。因此，这类股票会在大盘上涨时出现高位横盘缩量整理。

(2) 90日均线被称为绩优股的万能均线

万能均线即90日均线，它的意义在于周期不是很长也不是很短，能够真实反映出股价最为接近的趋势。尤其是高价慢牛股。它的低位拐弯意味着中期内趋势有好转的迹象，股价如果能够及时站稳于其上就说明未来看涨，否则，只能代表趋势纯技术上的空头趋势。这一均线经过了长时间的实际验证，能在任何时候任何位置给出一个明确的操作买卖信号，这也是"万能"二字的真实含义。

①当万能均线从高位回落至一个相对低位后，在形态上表现为均线自高位下滑，从"陡"状到低位逐渐走平，孕育的市场含义为：相对90日内的投资者的平均成本已经有从亏损向获利转变的可能，这时的股价跌势已有所减缓或者说得到了抑制。

②当股价在真正意义上止跌并开始上涨，一举突破万能均线的压制并伴随有成交量的同步放大时，表示股价的趋势已经彻底得到了扭转，由跌势转为升势。此时的操作要点是股价在万能均线附近就是买入点或者股价突破万能均线时果断介入（注意：前提必须是要有成交量的配合，否则万能均线也将失去意义）。在买入操作结束后持股待涨。

③股价不断上升，万能均线也随之上移。当股价上涨至某一压力区出现滞涨情形时，万能均线随之跟上后开始走平，股价的变化形态也出现围绕万能均线横向震荡的局面。一旦这种平衡状态被打破，股价随之下穿万能均线，此时被认为是最佳的卖出时机（注意：这时的成交量是大是小均无意义）。

万能均线之所以万能是因为它在股价的任何时间和位置都能准确地给出操作信号。它的操作要点在于只要股价上穿万能均线并且有成交量放大的配合就被认为是买入信号，股价下破万能均线就被认为是卖出信号。在周期组合上，它被认为是一个综合周期，因此，无论是长线投资或者短线投资均适用。

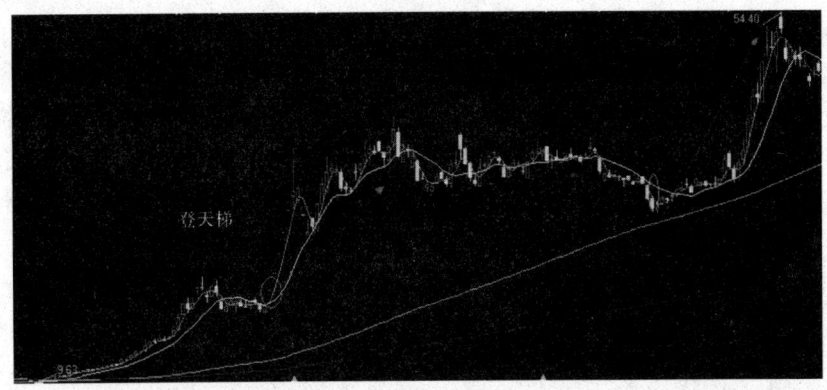

截图（驰宏锌锗2006年1月19日—2006年12月4日，重点标出4月25日、9月26日）

该股是2006年有色金属板块涨幅最大的"高价"大牛股。在2005年底此股并没有随大盘创出新低，而是走出了自己的独立缓慢攀升行情。当2006年牛市到来时，它随大盘一路上冲，从年初9元上涨到5月份的30元左右，在股改前曾连续拉了5个涨停板，在K线图上出现了"天梯"的形状。然后在经过2006年6月股改后长期缩量横盘。截止到2006年11月1日开始出现再次高位拉升，之后创出了63元的历史新高。同时在横盘期间内曾在2006年9月27日触及到90日均价线后股价翻身向上。当时是投资者短线介入的最好时机。

(3) 这类股票的持有股股东一定要是基金、证券公司等机构。因为只有这些机构才是现在市场真正的"中坚"力量。他们看好的股票，尤其是业绩能长期复合增长的"白马股"，一般会连续缓慢上涨两三年。中集集团（000930）就是最好的例子。个人持股一般不具备长期拉升的能力，而且随意性太强，不适合中长期持有，反复波段操作！

本图要点：

(1) 操作此类股票大盘一定要处于一个"牛市"上升过程中，而此类股票最初启动时间点往往要比大盘提前。像盐湖钾肥（000792）、驰宏锌锗（600497）都是2005年底逐步攀升脱离底部的，比大盘提前启动了一个多月的时间。

(2) 此类股票在第一波上涨过程中同期升幅也一定要比大盘高。大盘从年初上涨到今年5月累计最高涨幅是45%左右，而盐湖钾肥（000792）、驰宏锌锗（600497）则分别同期上涨高达100%和400%。

(3) 此类股票一定是绩优白马股，基金持仓比例较高，最好是基金不断增仓的品种。

(4)"天梯"的形成一定要缩量高位拉涨停,没有上下影线,否则将不能称之为"天梯"。盐湖钾肥(000792)、驰宏锌锗(600497)都是缩量高位拉涨停,区别在于盐湖钾肥(000792)连拉3个板,而驰宏锌锗(600497)连拉5个板。所以驰宏锌锗(600497)后期比盐湖钾肥(000792)涨幅大。

(5)90日均价线是"天梯"出现后股价缩量调整的介入点的重要依据。

(十二)东方红大阴出之巨阴倒灌买入法

图例:

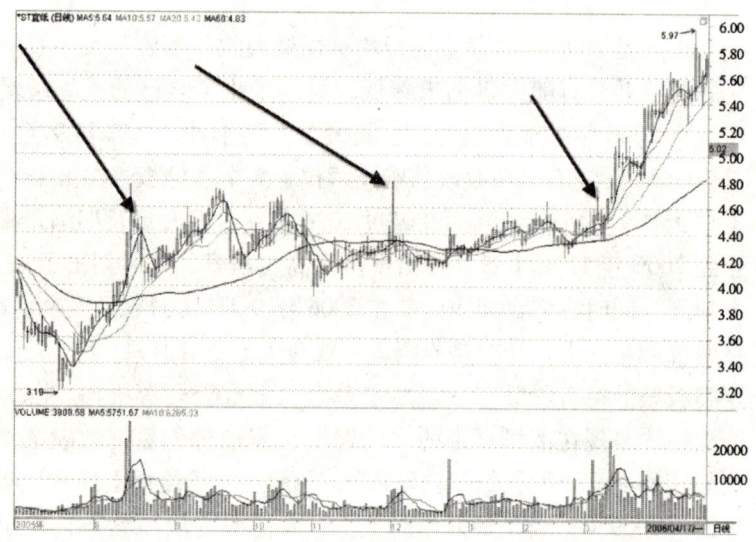

截图(2005年7月18日—2006年5月15日,重点标出2005年8月15日、2005年12月1日、2006年3月10日)

K线描述(日K线)

宜宾纸业(600793),该股从2005年7月18日触及历史最低点3.19元后,股价开始快速回升,成交量也出现了连续放大,K线图上形成了一个标准的"岛形反转"形态。当股价运行到右边"颈线"时突然连续两天放出巨量,最高摸至4.8元附近。由于放量过急,股价上冲过快,在其后的交易日开始进行横盘缩量整理走势。但在2005年12月1日这天股价突然由涨停8元开盘,在8元维持了几秒钟后开始快速下跌,几乎以全天的最低价收盘,在K线图上出现了一根"光头光脚"平地立起的"巨阴"。大盘背景分析:上证指数当时正在1100

点附近底部徘徊，2005年12月1日宜宾纸业（600793）出巨阴时，指数并没有出现大幅度上下波动。面对这种情况下，我们是买？是卖？

本图所涉技巧：

(1) 传统意义的"大阴线"应该是卖出信号，因为大阴线的出现意味着股价短期冲高受阻，上面抛压越来越大，未来还有可能下跌，应及时获利了结，或止损出局。但在2005年12月1日出现的这根"巨阴"线，不是卖出信号，反倒是我们介入的良机。为什么呢？我们仔细观察2005年12月1日出现的这根"巨阴"线，有以下4个特点：①此阴线当天开盘位置是4.8元，这个价位正好是"岛形反转"之后开始横盘箱形整理的上沿，也是2005年4月当时加速下跌的起始点。应该说是一个承上启下的价位。过去将是一马平川，不然可能延长调整时间。而此股在当天以涨停价4.8元开盘后一路下滑，几乎以全天最低价收盘，是典型的股价"高开倒灌"走势。②阴线的实体部分非常长，因为它是以最高价涨停开盘，以最低价收盘，因此给人以感观的震撼。大阴一出，投资者惊恐万分。③2005年12月1日出现的这根"巨阴"线，虽然实体部分特别长，但我们发现其最低点4.31元并不是横盘整理箱体的下沿，反而是箱体的价格"中枢"区。④2005年12月1日出现的这根"巨阴"线，按常规走势来看，应该当天放出天量。可我们发现这天"换手率"不过1.67%，成交量很不活跃，而且下跌也不过只有1.81%，幅度并不大。上述4个特点使我们明白2005年12月1日出现的这根"巨阴"线并不是主力要真正出货，但不出货为什么还要拉"巨阴"呢？答案只有一个：震仓，洗盘。洗出那些虽然看好该股后市，但意志不坚定的中小散户投资者！

(2) 当2005年12月1日出现这根"巨阴"线后，我们在K线图上发现，这根平地立起的大阴线成了多空力量对比的"分水岭"。在"巨阴"左边的股价低点明显比"巨阴"右边的股价低点要低，换句话说也就是"巨阴"出现后，股价横盘箱体整理的低点在逐渐抬高。这明显说明在"巨阴"出现后多方的实力在悄然慢慢增强，应该引起投资者高度注意。

(3) 当2005年12月1日出现这根"巨阴"线时，MACD中线技术指标并没有出现"死叉"，反而是DIFF刚刚突破"0"轴，红柱逐渐变多，预示中线趋势已经走好，稳健的投资者可以在此价位进行建仓。从这点上看也验证了前边我们分析的此"巨阴"并不是主力庄家要出货，而是在平台震仓、洗筹的一次诱空动作。所以，投资者千万不要被此假象所蒙蔽，一定要擦亮"眼睛"，看清庄家的真实意图。
(4) 当2005年12月1日出现这根"巨阴"线时，当周的周K线却出现了"仙人指路"的K线形态，与日K线呈现出正好相反的态势。但我们知道周K线寓意股价趋势从中期角度来看，一般要比日K线更准确一些。因此通过周K线走势也能印证日K线的MACD技术指标发出中期走强的信号是正确的。

学员提问：
李飞老师，您讲的这个技巧在操作中对于我们识别庄家震仓、洗筹的手法非常有实战意义，有几个问题希望您能再详细解释一下，谢谢！
(1) 遇到此类股票，我们应该什么时候介入？
(2) 如果买入此股票，它的常规升幅是多少？如何判断？
(3) 虽然您讲的MACD的确是指标向好，但KDJ却出现了"死叉"，为什么？是不是KDJ这个指标不如MACD？

作者答疑：
(1) 此类股票买入一般应在"巨阴"线出现的右侧介入比较安全，而且最好在右侧阴线介入比较安全。因为"巨阴"洗盘后必然有一段比较长的整理过程。在横盘整理过程中只要阴线的低点不断抬高，成交量呈缩量状态，稳健的投资者便可分批介入。一旦放量拉大阳线，便可大胆重仓介入！像宜宾纸业（600793）2006年3月3日放量拉出中阳线，调整两天后股价开始大幅拉升！
(2) 这种"巨阴倒灌"图形出现后，一般股票在横盘整理后都会出现较大的升幅，尤其是在大牛市当中表现更为突出。它的一般升幅是"巨阴"最高价的基础加上实体"巨阴"的两倍左右，个别的会更多。例如，宜宾纸业（600793）2005年12月1日"巨阴"最高价格是4.8元，其实体是0.5元，它的两倍是1元，常规涨幅是4.8元加1元等于5.8元。而由于宜宾纸业（600793）当时正处于大盘的快速上升期，因此5月份最高摸到6.83元，比其常规涨幅多了20%左右！
(3) 这是因为MACD是中期指标，它的走好说明股价中期开始走强，但并不排除短期调整的可能。但KDJ是短线技术指标，它"金叉"和"死叉"相对操作周期比较短，比MACD中期指标反应灵敏，尤其是日K线。因此KDJ出现了"死叉"而MACD却发出了走强信号。所以短线股价可能还会出现反复，但中期趋势已经向好！

本图要点：

宜宾纸业（600793）"巨阴倒灌"买入法关键要注意两个要点：①此类股票前期要有一定涨幅，换句话说，要成功从底部盘出，要有明显的底部形体完成。②当"巨阴"出现后右侧的低点最好要逐级抬高，或者与左边相同，但决不可股价重心下移。这是关键，因为只有右低点抬高，才能充分说明"巨阴"是主力庄家洗盘的骗线，不然很有可能是下跌的开始。由于投资者在操作中这类图形并不是很普遍，有其自身的特殊性，所以，一旦发现可持续跟踪，大胆介入。

（十三）新股东方红大阳升之双杠圆弧买入法

图例：

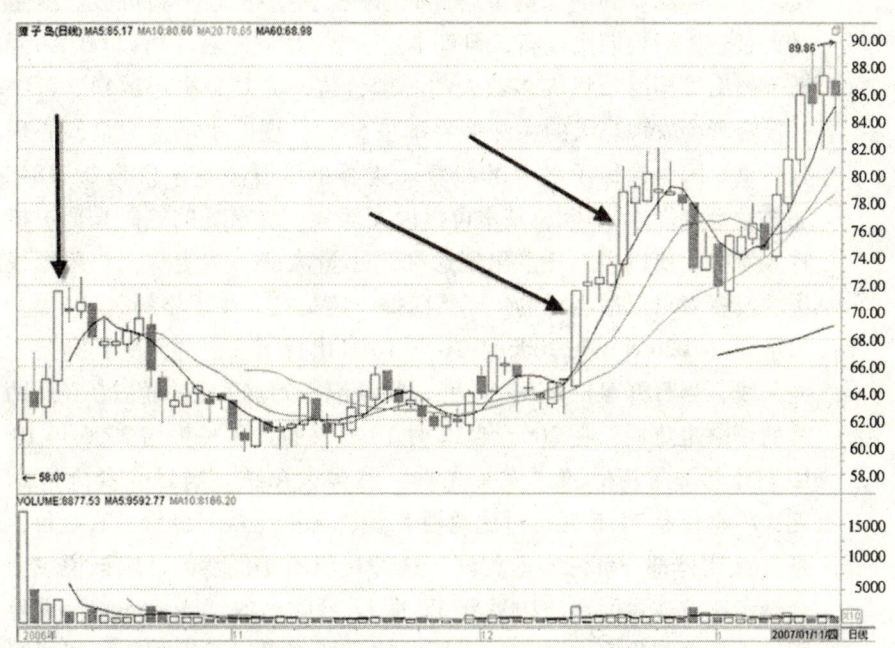

截图（2006年9月28日—2006年12月22日，重点标出
2006年10月10日、2006年12月13日、2006年12月19日）

K线描述（日K线）

獐子岛（002069），该股是2006年9月28日上市的次新股。公司依托"振兴东北，农业先行"的政策背景，秉承"诚信、品质、创新"的经营理念和"抢抓机遇，抢入市场，抢占海域"的工作思路，努力提高公司高附加值水产品养殖技术水平和资源的综合开发能力，扩大公司养殖规模，成为深沪两市名副其

实的"海洋渔业"龙头股。在上市的第一天以 60.89 元的首日开盘价，创下中小板公司开盘价最高纪录。当天獐子岛收于 62.11 元，从而成为当时仅次于小商品城的沪深两市第二高价股、中小板第一高价股。随后短短一周最高摸至 72.59 元，股价开始回落盘跌，经过了整整两个月的整理，在 2006 年 12 月 13 日再次放量涨停回到历史高点，经过 3 个交易日的高位横盘，再次上攻。2006 年 12 月 19 日股价瞬间冲破 80 元大关。大盘当时背景：大盘从 2006 年 10 月 1700 点一路狂奔至 2006 年 12 月中旬 2300 点附近。

本图所涉技巧：

(1) 2006 年 9 月 28 日上市的第一天以 60.89 元的上市首日开盘价，创下中小板公司开盘价最高纪录。当天獐子岛收于 62.11 元，从而成为当时仅次于小商品城的沪深两市第二高价股、中小板第一高价股。由于当时大家对该股预期比较高，但基本定价在 50 元左右，所以 60.89 元的天价超出了当时市场大多数人的心理价位，尤其是中小散户。可细心的投资者会发现当天的大涨换手率是 59%，说明市场主力惜售心理十分严重。因为像獐子岛（002069）这类小盘股中签率仅为 0.7184%，加之发行价高达 25 元，基本可以说大部分一级市场的筹码全部被机构收入囊中。所以当天开盘出现这种"小量大涨"的走势，一般短线激进的投资者可以适当跟进！当然前提一定是在"牛市格局"。

(2) 獐子岛（002069）在 2006 年 10 月 10 日出现了一根"光头光脚"涨停大阳线。当日开盘价是 64.89 元，收盘价是 71.49 元。随后在经历两个月的调整走势后，在 2006 年 12 月 13 日又收出了一根与 2006 年 10 月 10 日走势非常相似的"光头光脚"涨停大阳线。当日开盘价是 64.5 元，收盘价是 71.5 元。对比两根 K 线，无论是从开盘价、收盘价，还是 K 线实体部分都惊人地相同。这种相似不是偶然的，应该说主力资金做盘迹象非常明显，2006 年 12 月 13 日收出的"光头光脚"涨停大阳线大有调整收官之势。预示短线拉升即将爆发，投资者可根据当时盘中波动分批介入 1/2 仓位，等待拉升！其后不到两周股价就上涨了 10 元之巨。

学员提问：

李飞老师，您讲的这个技巧在我们操作中如何在第一时间介入"新股、次新股"获取短线暴利，非常有实战意义。以下有几个问题希望您能再详细解释一下，谢谢！

(1) 您以前讲的技巧中曾经提到过，强势牛股一般都会出现"沿 3 踏 10"

第3章 实战篇

的走势，请问这类股票也是吗？

(2) 2006年10月10日出现一根"光头光脚"涨停大阳线后有两天调整，其后股价就一路下挫调整；而2006年12月13日再次出现一根"光头光脚"涨停大阳线后也有两天调整，但其后股价就一路冲高，这是为什么呢？为什么几乎相同的技术走势却有完全不同的结果呢？

作者答疑：

(1) 首先，我们要祝贺这位投资者，因为的确大多数强势牛股一般都会出现"沿3踏10"的走势，他能提出这样的问题说明已经很熟练地掌握了"沿3踏10"的技巧（详见均线技巧）。但像獐子岛（002069）这种超级小盘高价行业龙头股在上市不久一般会出现"沿3踏5"的走势（股价沿着3日均价线上爬，如回调，必踩5日均价线，其后反身再次向上）。一旦3日均价线和5日均价线同时走平，说明短期上涨趋势要发生逆转，深幅回调随时出现，投资者应毫不迟疑全部清仓。例如，2006年12月25日3日均价线和5日均价线同时走平，股价当天最高上冲至81元。随后两天股价大跌，12月28日收盘价73.21元。

(2) 这位投资者学会了技术分析的比较法，但欠缺的是"细心"。不错，2006年10月10日和2006年12月13日都出现了"光头光脚"涨停大阳线。其后有两天调整，但股价运行的方向却截然不同。原因是2006年10月10日出现一根"光头光脚"涨停大阳线后有两天调整，这两天的调整收盘价分别是69.99元、70.65元，全部在2006年10月10日收盘价71.49元以下，说明主力资金上冲意愿并非十分强烈，并不急于上升，洗盘意图显而易见。而2006年12月13日出现一根"光头光脚"涨停大阳线后也有两天调整，这两天的调整收盘价分别是72.2元、72.48元，全部在2006年10月10日收盘价71.5元以上。说明庄家洗盘已经结束，71.5元以下该股市场承接盘非常踊跃，短线拉升一触即发。事实也证明了其短线爆发的惊人动力——4个交易日最高涨幅超过10元！

本图要点：

此技巧适合于刚上市不久的"新股、次新股"短线炒作，并且盘小、价高、处于行业"龙头"地位。最为关键是运用此技巧一定要在"大牛市"上升格局中，否则会被深度套牢。切记！

（十四）新股定海神针——长阳善舞

图例：

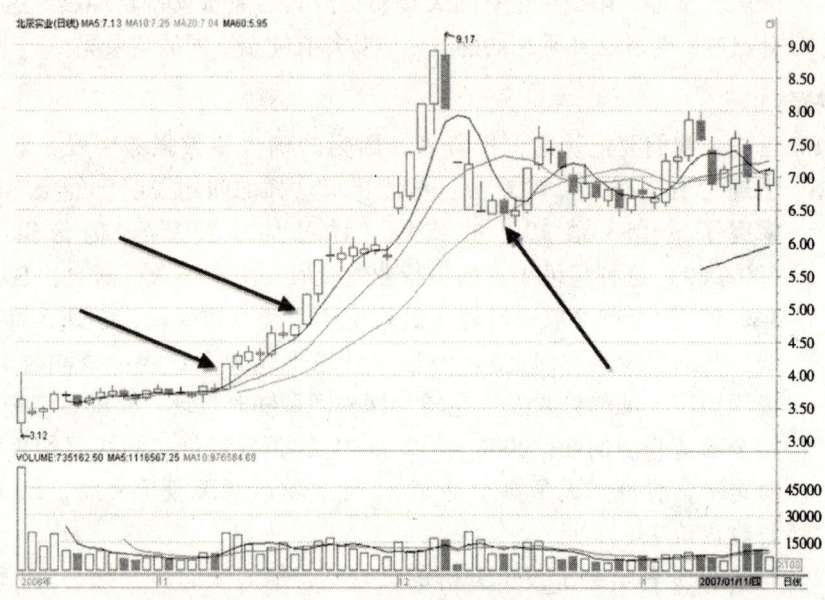

截图（2006年10月16日—2007年1月8日，重点标出
2006年11月9日、2006年11月30日、2006年12月14日）

K线描述（日K线）

北辰实业（601588），该股2006年10月16日首日发行上市，当天开盘价是3.27元，收在3.63元。全天换手率高达75.24%。随后经历了近一个月的横盘整理，于2006年11月9日突然放量拉涨停，收在4.15元。创出了当时的市场新高。随后，出现了该股连拉19阳的"井喷"行情，一个月的时间股价翻倍，2006年12月6日最高摸至8.91元。在游资的疯狂推动下，北辰实业在上市不到两个月时间内股价节节攀升，最大涨幅高达153%，静态市盈率一度超过100倍。12月7日开始放量跌停。12月8日，开盘即告跌停，在113626手巨额抛单的重压下，全天股价一直被牢牢地钉死在跌停板上。至此，北辰实业股价在接连两个跌停走势的打击下，往日一路高歌猛进的狂热激情荡然无存。北辰实业股价从疯狂暴涨至疯狂暴跌的转换背后，是疯狂与理性的生死搏杀。市场对北辰实业的估值出现两种极端，"正规军"（基金）对北辰实业参与申购的机构大都在上市当天10月16日撤场离去。但是，在地产资源＋奥运概念的激励下，大量游资疯狂涌入北辰实业。尽管持有北辰实业的机构从申购时的21家降至10月16日

的两家，机构持股数量也下降了61%，由最初的9908万股减持至3900万股，但是机构的抛压并没有阻挡住股价疯狂飙升的步伐。市场对这一现象，戏称为"疯狂的游击队战胜了理性的正规军"。我们作为投资者面对这种"疯牛"将如何操作呢？

本图所涉技巧：

(1) 其实，当时市场大多数机构对其定价并不是很高。例如上市之初，兴业证券预计公司的合理价位在2.73～3.08元之间，中信建投的报告称上市合理价格为2.69～3.90元，其他券商如国泰君安、华泰证券、方正证券也出具了相应评估报告。尽管具体的估值区间存在差异，但也大体在3.5元附近。可实际情况是：上市当天，北辰实业股价却一骑绝尘，最高冲至4.05元，大大超出了这些机构的预期。许多市场人士认为，比较H股的价位，A股的股价已经偏离了市场的普遍预期，股价的攀升缺乏价值支撑。如果我们换个角度看问题就会发现其"隐藏"价值。首先，作为新股上市第一天的换手率超过了70%，表明市场参与热情非常高涨，同时也为将来该股充分表现打下了坚实的基础。其次，在大牛市当中，市场普遍调高对新股的定价是很正常的，就像"熊市"非理性下跌通道。最后，当时市场"地产"和"金融"是引领大盘上涨的两大龙头，而北辰实业（601588）恰恰是地产资源＋奥运概念特殊题材的新股，因此我们不能按常规定价来判断该股。

(2) 北辰实业（601588）2006年10月16日首日发行上市，当天开盘价是3.27元，收在3.63元，最高冲至4.05元。随后经历了近一个月的横盘整理，于2006年11月9日突然放量拉涨停，收在4.15元。创出了当时的市场新高。应该说当股价上冲过前期最高4.05元后激进的投资者应及时介入。原因有二：第一，新股尚无套牢盘，一旦创出新高想象空间就被打开，很可能出现爆发式行情，尤其是在"牛气冲天"的大背景下。第二，在开盘近一个月的横盘整理期间，股价始终没有回到该股开盘中枢价3.48元。说明即使开盘首日定价如果真像当时大多数市场分析人士所认为的那样偏高，那一个月的时间应该出现所谓的"理性回归"。可事实股价并没按他们的预期回落调整，说明该股主力利用市场舆论强势洗盘，2006年11月9日的放量涨停，表示大涨才刚刚开始。果不其然，在随后的短短一个月里该股连拉19阳，最大涨幅高达153%。

学员提问：

李飞老师，您讲的这个技巧在我们操作中如何在第一时间介入"新股、次新股"获取短线暴利，非常有实战意义。以下有几个问题希望您能再详细解释一下，谢谢！

(1) 在操作这类股票时我们结合什么样的技术指标判断，其准确率会更高些呢？能相对比较及时地把握买点。

(2) 李飞老师，我其实也一直关注这只股票，就是没有胆量参与，总感觉股价高了，等回调介入。可真回调，心里又害怕，同时又不知道如何把握买点？

作者答疑：

(1) 在操作这类股票时，我们可以结合 RSI 相对强弱指标来把握买点，相对成功概率在 95% 以上。例1：在 2006 年 11 月 8 日，技术指标 6 日 RSI 刚刚进入短线买入区 50.61。如果投资者当时买入，正好可以享受其后的大涨巨额利润。例2：在 2006 年 11 月 29 日，技术指标 6 日 RSI 出现调整收在 76.53 元，属于上涨中的强势调整，第二天马上收在强势买入区 80 以上。如果投资者懂得其指标含义，就应该在 2006 年 11 月 30 日大胆介入，因为其后股价又出现了 45% 的连续大涨。

(2) 其实这位投资者说出了很多中小投资者的"心声"。的确，许多投资者看好了一只股票，就是没胆量参与，总感觉股价高了，等回调介入。可真回调，又不知道如何把握买点？首先，我们要克服自己的"恐高症"。因为在牛市中很多股票都是强者恒强，股价一高再高。例如，驰宏锌锗（600497）、张裕 A（000869）都是这样的走势。其次，如果投资者在此类股票第一轮快速上涨时没赶上，想调整后介入，需要注意以下两个问题：第一，回调幅度一定要深，回调速度一定要快。因为此类股票上涨凌厉，其下跌回调也必然凶悍。第二，一般第一次深幅回调后的企稳价在 20 日均线上下附近。投资者可适当介入抢反弹。例如，北辰实业（601588）2006 年 12 月 7 日开始放量跌停。12 月 8 日，开盘即告跌停，在 113626 手巨额抛单的重压下，全天股价一直被牢牢地钉死在跌停板上。截至 2006 年 12 月 14 日，短短一周下跌了 30%，跌幅之快、下跌之深都是当时市场"第一"。2006 年 12 月 14 日股价第一次下穿 20 日均价线 6.44 元，可收盘前又快速拉回，正好收在 20 日均线 6.44 元。这时抢反弹的投资者应及时介入，其后股价两天反弹了 16%。

本图要点：

此技巧适合于刚上市不久的"新股、次新股"短线炒作，尤其是该股第一天开盘价格比市场大多数分析人士合理的估值价格都高，并且在随后的调整里一直维持高位整理，没有回到当日开盘价的中枢区。一旦调整到位，放量创新高，激进的投资者可适量介入，因为这类股票往往在"牛市"中容易出现"暴利"！而开盘第一天的 K 线就像"定海神针"一样，为该股日后的拉升起到了稳定"股心"的作用，其后 19 天的连续上涨，长阳善舞，也是源于这根"定海神针"的巨大作用。故称此技巧为"定海神针"——长阳善舞。

注解：此技巧提到的"RSI 指标"的详解

计算公式：

1. 先介绍 RSI 的参数，然后再讲 RSI 的计算。

参数是天数，即考虑的时间长度，一般有 6 日、9 日、14 日等。这里的 6 日与 MA 中的 6 日线是截然不同的。下面以 6 日为例具体介绍 RSI（6）的计算方法，其余参数的计算方法与此相同。

2. 先找到包括当天在内的连续 7 天的收盘价，用每一天的收盘价减去上一天的收盘价，我们会得到 6 个数字。这 6 个数字中有正（比上一天高）有负（比上一天低）。

A = 6 个数字中正数之和

B = 6 个数字中负数之和 ×（-1）

A 和 B 都是正数。这样，我们就可算出 RSI（6）：

RSI（6）=［A/（A+B）］×100

3. 从数学上看，A 表示 6 天中股价向上波动的大小；B 表示向下波动的大小；A+B 表示股价总的波动大小。RSI 实际上是表示向上波动的幅度占总的波动的百分比，如果占的比例大就是强市，否则就是弱市。很显然，RSI 的计算只涉及到收盘价，并且可以选择不同的参数。RSI 的取值介于 0～100 之间。

在实战中运用时要注意：

1. 取值。RSI 大于 50 为强势市场，高于 80 以上进入超买区，容易形成短期回档（但大牛股往往都在 80 以上运行，不能一概而论）；小于 50 为弱势市场，低于 20 以下进入超卖区，容易形成短期反弹。RSI 原本处于 50 以下然后向上扭转突破 50 分界，代表股价已转强；RSI 原本处于 50 以上然后向下扭转跌破 50 分界，代表股价已转弱。但经常出现超买而不跌、超卖而不涨的指标钝化现象，RSI 取值在研判方面的作用不大。

2. 交叉。一般有长、短期两条 RSI，短期 RSI 大于长期 RSI 为多头市场，反之为空头市场。短期 RSI 在 20 以下超卖区内，由下往上交叉长期

RSI 时，为买进信号。短期 RSI 在 80 以上超买区内，由上往下交叉长期 RSI 时，为卖出信号。

3. 形态。形态分析在 RSI 中得到大量的运用，可依据超买区或超卖区出现的头肩顶或底、双头或底等反转形态作为买卖信号。

4. 背离。股价一波比一波低，相反的 RSI 却一波比一波高时，为底背离，股价很容易反转上涨。股价一波比一波高，RSI 却一波比一波低时，为顶背离，股价很容易反转下跌。

5. 趋势线。连接 RSI 连续的两个底部，画出一条由左向右上方倾斜的切线，当 RSI 向下跌破这条切线时，为较好的卖出信号；连接 RSI 连续的两个峰顶，画出一条由左向右下方倾斜的切线，当 RSI 向上突破这条切线时，为较好的买进信号。事实上这只是短线买卖信号，中线效果并不十分好。沪综指在 2006 年 1 月 17 日 RSI 跌破了 1311 点开始的上升趋势线，此卖出信号虽规避了短线风险，但中线离场显然还是顶背离发出的信号较好。

（十五）倒孤阳 + 小红星——平台买入法

图例：

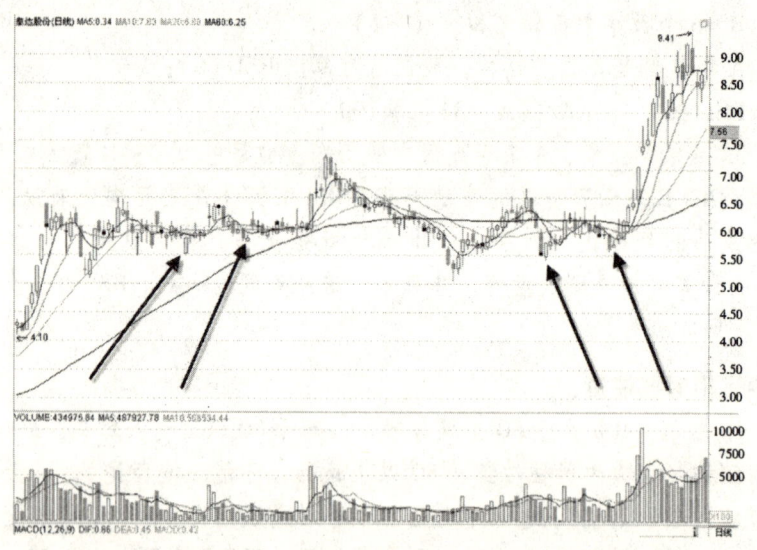

截图（2006 年 7 月 4 日—2007 年 1 月 10 日，重点标出 2006 年 8 月 21 日、2006 年 9 月 8 日、2006 年 12 月 11 日、2006 年 12 月 29 日）

K 线描述（日 K 线）

泰达股份（000652），该股是"天津滨海新区"龙头，是泰达五虎之一。从

2006年初2.2元开始从底部一路攀升，直到2006年7月股价已经站在6元大关之上，最高涨幅达到300%之多。随后开始出现平台整理形态，高位整理的时间长达6个月之久。其间也出现了7.26元阶段性的高点，但冲高之后便马上回落，形成假突破，让广大投资者追进就被套住，感觉非常茫然，不知所措！大盘背景：沪指从2006年的1700点一路飙升到2007年1月2 700点，大盘上涨了50%以上！相对而言，从表面上看好像泰达股份（000652）在这段时间里和大盘相比，简直是天壤之别。其实，我们细心观察，会发现在长达6个月的高位平台整理期间，曾经非常有规律地出现了两次"**倒孤阳 + 小红星**"的K线组合形态，如果投资者能好好把握也有近50%的收益，一点也不逊色大盘！

本图所涉技巧：

(1) 首先，"倒孤阳"是指一只股票在高位出现横盘整理，当股价开始刚刚跌破平台，便马上出现低开高走的"阴线红柱"（注：因为收盘价比前日收盘价低，所以是阴线；而同时当日收盘价又比开盘价高，所以出现会"阴线红柱"）。这种单根K线我们称为"倒孤阳"。一般在高位平台出现破位"倒孤阳"短线95%都会出现快速反弹，反弹高度一般是"倒孤阳"收盘价的10%左右！例如，泰达股份（000652）在2006年8月21日以5.52元开盘，开盘后股价开始逐波上升，最终收在5.78元。而前一日的收盘价是5.85元，比21日收盘价高。收出一根阴线红柱"倒孤阳"K线。这表示这种缩量平台破位是明显的"诱多陷阱"，只要"倒孤阳"K线一出，一般都会出现反弹，投资者可在"倒孤阳"当日收盘价附近介入。泰达股份（000652）从8月21日后开始反弹，短线上涨了11%。

(2) 其次，"小红星"是指一只股票在高位出现横盘整理，经过了"倒孤阳"反弹后又重新回落到前期平台，当股价再次跌破平台后，出现一根实体很小的小阳线（注：开盘价与收盘价相差很小，一般不足0.6%），像远方天上闪闪的"小红星"。通常在高位平台出现破位"倒孤阳"反弹后再次破位出现"小红星"，是一次进场买货的绝佳好时机，成功率在98%以上，而且股价升幅最少是20%以上，往往还会创出新高！例如，泰达股份（000652）在2006年9月8日收出一根K线"小红星"。开盘价5.75元，收盘价5.79元，开盘价与收盘价格相差只有0.17%。在此之前的2006年8月21日曾出现过跌破整理平台，"倒孤阳"反弹。因此按正常规律来讲"小红星"当日是最好的介入点。泰达股份（000652）从2006年9月8日收出一根K线"小红星"后到2006年10月9日最高涨幅达到23%。投资者如能及时介入，获利不菲。

(3) 通常像这类主力介入比较深的股票，在高位横盘时会反复出现相同的 K 线形态，因为毕竟是同一主力所为，他们的操盘手法在短时间内很可能改变，这种操盘习惯一旦被我们发现，就要毫不迟疑地跟进。例如，泰达股份（000652）2006 年 8 月 21 日平台破位收出一根阴线红柱"倒孤阳"K 线，反弹结束后拐头向下，在 2006 年 9 月 8 日收出一根平台破位 K 线"小红星"。在这之后，心细的投资者便会发现在 2006 年 12 月 11 日同样收出一根阴线红柱"倒孤阳"K 线，反弹之后拐头向下，在 2006 年 12 月 29 日也收出一根平台破位 K 线"小红星"。这种惊人的相似应该引起投资者的高度注意。比较两次升幅，第一次"倒孤阳 + 小红星"升幅是 11% + 23% = 34%。第二次"倒孤阳 + 小红星"升幅是 10% + 35% = 45%。通过比较我们发现，"倒孤阳"的反弹高度前后两次基本一样，但"小红星"发生的作用却截然不同。

学员提问：

李老师，您讲的这个技巧对于我们操作那些高位平台横盘整理的股票非常有实战意义，以下有几个问题希望您能再详细解释一下，谢谢！

(1) 您讲的这类股票股价都已经有 3 倍的升幅，我心里总有些害怕，不愿做这类股票，总感觉不踏实，您说这是为什么？

(2) 这只股票当时明显落后于大盘，大盘同期上涨了 50% 以上，您为什么还说它是龙头品种呢？

(3) 请问老师，如果不是行业龙头，这个技巧对于高位横盘的股票还适用吗？

作者答疑：

(1) 这位投资者说出了很多投资者的心理误区。认为股价已经涨高了，不敢再介入。我们不如换个角度思考问题，为什么它会比别的股票涨幅高呢？我们虽然不可能完全知道原因，但投资者都知道"一分钱、一分货"的道理，通常情况下，大多数股票贵有贵的道理，背后肯定有不被人知道的"秘密"。因此贵点也是正常的，我们买股票买的是股票的未来，不要被它的过去价格影响太深。否则，会错过很多大好机会！

(2) 不错，这只股票从表面上看的确明显落后于大盘上涨，大盘同期上涨了 50% 以上，而它基本在 6 元 ~ 7.5 元附近震荡。但如果运用我们这里所讲的技巧**"倒孤阳 + 小红星"**便应有 4 次比较好的介入机会。分别是：2006 年 8 月 21 日、2006 年 9 月 8 日、2006 年 12 月 11 日、2006 年 12 月 29 日，合并在一起就是出现两次**"倒孤阳 + 小红星"**，第一次

"倒孤阳+小红星"升幅是 11%+23%=34%。第二次"倒孤阳+小红星"升幅是 10%+35%=45%。它们的累计升幅是 34%+45%=79%。比同期大盘只多不少,这难道不是龙头风范吗?只不过它的表现形式不是"直线上升"罢了,需要我们投资者细心观察!

(3) 这个技巧无论是不是行业龙头,对于那些相对高位横盘的品种 90% 都适用。是不是龙头的差别在于"倒孤阳+小红星"升幅有所不同!例如,海马股份(000572)主营汽车销售、物流,并不是该行业的"龙头领军人物"。从 2006 年 3 月 3.8 元一路上冲到 2006 年 7 月最高点 6 元,基础升幅 85%。随后开始长达近 5 个月的整理。2006 年 8 月 21 日出现了平台破位"倒孤阳",其后反弹了 8% 左右回落,在相隔不久的 2006 年 9 月 8 日出现了平台破位"小红星",其后股价上升了 15%。

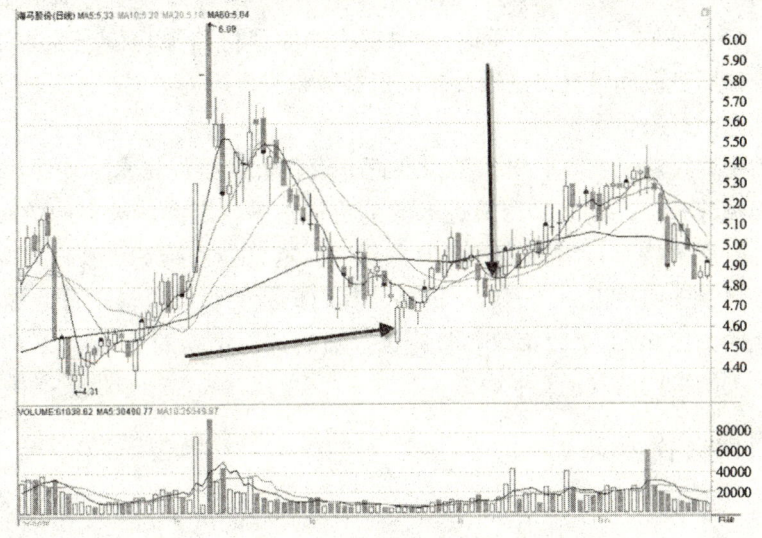

截图(2006 年 6 月 13 日—2006 年 10 月 18 日,重点标出 8 月 21 日、9 月 8 日)

本图要点:

其实"倒孤阳+小红星"这个技巧既是各自独立的,又是相互依托的。尤其是"小红星"要想发挥其最大效用,必须前期出现"倒孤阳"反弹走势,否则其效果会相差甚远。当然这也需要投资者细心、耐心。因为这种变化是很细微的,不认真分析 K 线形态是不可能发现的。

我们在运用此技巧时,必须注意以下四点:第一,出现"倒孤阳"反弹的前提是股价在高位平台缩量整理,并且此股一定是同行业的龙头领军人物。否则,很有可能出现连续下跌。第二,"小红星"作为介入标志的前提也是必须前期出现过"倒孤阳"反弹,然后再次平台破位出现"小红星"。否则盲目介入,很容易被套牢！第三，无论是"倒孤阳"反弹，还是"小红星"反转都要缩量。如果当日成交量迅速放大，即使K线形态上相似，也不要介入，因为那样很可能是庄家的骗线。第四，在运用此技巧时一定要把握好"倒孤阳"反弹的高度，一般都在10%左右，稳健的投资者把目标位定在7%更为安全。如果是牛市可以把目标定得高些，相反，熊市应在3%左右！"小红星"的反转信号出现，在牛市最少是20%的短期升幅，熊市8%左右！

二、均线的使用及实战应用

（一）移动平均线的定义

移动平均线（MA）是以道·琼斯的"平均成本概念"为理论基础，采用统计学中"移动平均"的原理，将一段时期内的股票价格平均值连成曲线，用来显示股价的历史波动情况，进而反映股价指数未来发展趋势的技术分析方法。它是道氏理论的形象化表述。

移动平均线定义："平均"是指最近n天收市价格的算术平均线。"移动"是指我们在计算中，始终采用最近n天的价格数据。因此，被平均的数组（最近n天的收市价格）随着新的交易日的更迭，逐日向前推移。我们计算移动平均值时，通常采用最近n天的收市价格。我们把新的收市价格逐日地加入数组，而往前倒数的第n+1个收市价则被剔去。然后，再把新的总和除以n，就得到了新的一天的平均值（n天平均值）。

（二）计算公式：

$MA = (C_1 + C_2 + C_3 + \ldots + C_n) / N$，C：某日收盘价 N：移动平均周期

移动平均线依算法分为算术移动平均线、线性加权移动平均线、阶梯形移动平均线、平滑移动平均线等多种，最为常用的是算术移动平均线。

（三）移动平均线在"实战中"的意义及如何选择周期

移动平均线理论中，分别以三种移动平均线代表不同趋势周期。短期移动平均线代表短期趋势，中期移动平均线代表中期趋势，长期移动平均线代表长期趋势。长期移动平均线方向向上则代表长期趋势上升，可以确定是牛市或叫多头市场；长期移动平均线方向向下则代表长期趋势下降，可以确定是熊市或叫空头市场。

均线系统的周期选择有很多种，从三日到数百日平均移动线都有投资者采

用。但是到底应以几日平均移动线作行情判断的参考比较具有实效,这一问题一直困扰着多数投资人。投资者因为大都倾向短期投机,所以证券公司的均线设置,通常都是短期或短中期均线,比如5日、10日、20日或者3日、10日、30日,极少使用可以代表短中长三种趋势的均线。事实上,均线的选择应该代表短中长三种趋势,而不是过分重视某一种趋势而忽略别的趋势,这都是不明智的。

  移动平均线这种技术指标,由于简单、实用等特点而优于其他均线,较好地反映了在一定时期内市场的平均交易价格或持仓成本,所以得到了广大投资者的喜爱和重视。然而,在实际运用过程中,不少投资者对这一指标却缺乏足够的认识,使用效果并不理想。在绝大多数系统中,均线一般统一设为5-10-20(或30),计算起来较为简便,而且考虑到了非常重要的市场周期问题,即5或55。简单地说,移动平均线最主要应用于日线,设置的时间周期越短,均线追随价格就会越敏感,反之,则滞后性会更加突出。经过反复测试和比较,对于中短线投资者而言,日线采用5-15-40、周线采用5-13-26的设置较为理想,若要兼顾两者,建议采用4-9-18的配置,至于分时情况,60分钟的短线价值很高,可采用34-55-89的组合。应用方面值得注意的是,单条均线使用时,10日均线的支撑或阻力作用十分明显,依托该线上攻的个股往往有较好的表现,其次是55日均线。对于中长线投资者来说,在周线图上选股更为可靠。除上述周均线外,40周均线的得失尤为关键,一旦有效越过该线,后市都会出现一段相当可观的急速运动。使用单条均线时,通常需要一个"过滤器",以剔除虚假或无意义的信号,其方法主要是要求超过一定百分比(如3%、5%)和时间(如3日、3周),有的则要求其他图表突破信号所验证,或要求当日的全部价格范围清晰地突出在均线的同一侧等。使用过滤器的缺点,就是有可能失去最佳的机会。

  传统技术对于短期移动平均线、中期移动平均线、长期移动平均线的具体时间划分没有统一的说法,因为各国金融市场成立的时间、环境、投资者成熟度都有所不同,因此在实战中应该说是"仁者见仁,智者见智"。所以应参考以下几种趋势:

  短期趋势:通常是指一个月以下的股价波动趋势,因为3日均线所代表的是前半周的走势;5日均线代表一个星期的波动。10日线代表的是半月线。所以我们经常以它们代表短期趋势,短期均线通常波动起伏较大,过于敏感。

  中期趋势:是指一个月以上,半年以下的股价波动趋势。常用20日线、40日线、60日线。这是因为20日线代表的是一个月股价波动趋势。40日线代表的是两个月的股价波动趋势。60日线所代表的是三个月的波动趋势,又正好是一个季度,因此又叫季线,也经常有投资人采用。中期均线走势既不过于敏感,又有沉稳的一面,因此最常被投资人使用。

长期趋势：是指半年以上的股价波动的趋势。比较常用的是 120 日线与 250 日线。120 日线代表半年的波动方向，又叫半年线。250 日均线代表的是正好一年的波动方向，又叫年线。总的来讲长期均线走势趋于平缓，稳重灵活度差，适合趋势判断。

为了同时显示这三种趋势与短期、中期、长期投资大众的平均成本，我们应同时选择这几种趋势（短期移动平均线应在 30 天以下，中期移动平均线在 30 天至 125 天之间，125 天以上周期属长期移动平均线），而不能因为个人习惯或爱好厚此薄彼。其中最重要也最常用的是中期移动平均线，因此可以再细分为中短期线 30～50 天、中长期线 50～125 天。在划分时也不必过于犯"教条主义"，一定要把短、中、长均线划分的一天不差，可以把各期移动平均线的"界限"理解为一种模糊界限即可。要结合市场、个股具体分析！

（四）三种周期移动平均线的重要作用及特性

1. 作用：

（1）移动平均线指出了趋势走向。长期移动平均线指明了长期趋势，是市场行情的决定性方向，长期移动平均线向上表明市场长期趋势向上，长期移动平均线向下表明长期趋势向下，可使投资者了解所处市场是长期强势还是长期弱势市场，决定基本投资战略。中期移动平均线指出了市场中期趋势走向，中期移动平均线向上表明市场中期趋势向上，即中期看好，中期移动平均线向下表明市场中期趋势向下，中期线是投资者操作获利的战术依据。短期移动平均线揭示市场的短期震荡，短期移动平均线向上表明短期趋势向上，短期移动平均线向下表明短期趋势向下，是投资者选择最佳战机的有利工具。

（2）移动平均线代表了市场目前持股的平均成本。长期移动平均线代表一个相当长时期内交易的平均价，即在此期间交易的平均成本；中期移动平均线代表近几十天内交易的平均成本；短期移动平均线代表最近几天或十几天内交易的平均成本。了解不同时期的持股成本，使投资者更加明确当前行情所处的价位高低，对未来走势有一个大体估计。如果目前价格远远高于平均成本，市场上的持股多数都是盈利的，自然会有获利了结的要求，未来向下可能性就大；如果市场价远低于平均成本，市场上持股多数处于亏损状态，自然产生逢低吸纳的行为。因为如果这时买进比多数人的平均成本低很多，会吸引投资者进场，未来向上的可能性就大。

2. 特性：

(1) 安全的特性。通常愈长期的平均线，愈能表现出安全的特性，即移动平均线不会轻易地往上往下，必须等市势明朗后，平均线才会真正改变方向。经常是市势开始回落之初，平均线却是向上的，等到市势落势显著时，才见平均线走下坡。这是平均线的最大特色。越是短期的平均线，安全性越差。越是长期的平均线，其安全性越好，但也因此会使平均线反应迟钝。

(2) 助涨的特性。股价从平均线下方向上突破后，平均线也开始向上移动，可以看成是多头的支撑线，市价每次跌回平均线附近时，自然会产生支撑力量。短期平均线向上移动的速度较快，中长期移动平均线向上移动的速度较慢，但都表示一定期间内平均持股成本增加，买方力量若仍然强于卖方的话，股价每次回落到平均线附近时，便是买进的时机。如果平均线的助涨功能消失，股价重回平均线之下，这时可能趋势已经转变。

(3) 助跌的特性。股价从平均线上方向下突破后，平均线也由此开始向下方移动，这时平均线成为了空头的阻力线，市价每次反弹至平均线附近时，自然产生阻力。因此在平均线往下运动时，每当股价反弹到平均线附近都是卖出的时机，平均线此时具有助跌的功能。如果市价下跌逐渐趋缓，平均线开始减速下行，此时若股价再次与平均线接近，则可能向上冲破均线开始升势，此时均线的助跌功能减弱。

结合当前股市发展状况：一周5个交易日，一个月22个交易日左右，100天大约是4个多月，250天均线基本代表一年平均持仓成本。由于长期移动平均线没有封顶，所有对超长周期的预测都可包括在内，比如对上证综合指数来说，投资者在实践中可以结合自己投资习惯的偏好，有重点、有选择、有计划地利用短、中、长均价线来判断股票的未来走势，加大操作成功率，充分发挥移动平均线的作用！千万不要人云亦云，去盲目效仿别人操作手法，适合自己的才是最好的！

（五）结合实战案例具体讲解移动平均线在操作中"重要性"

1. "短线"均线投机战法精要图解案例

沿三踩十"牛狂奔"

图例:

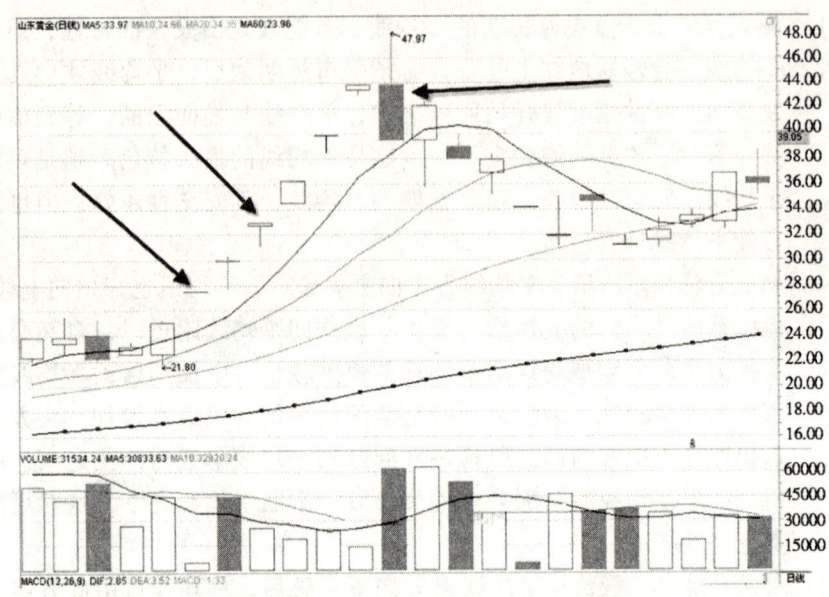

截图(2006年4月14日—6月9日,重点标出
5月8日、5月11日、5月16日)

K 线描述(日 K 线)

山东黄金(600547),该股股改对价除权当天(2006年3月31日)大涨22%,同时公司又公布了预计2006年一季度净利润比上年同期增长50%以上(上年同期净利润为1396.05万元,每股收益为0.09元),此股经过了半个月的横盘整理后,从2006年4月17日开始一直稳步沿着3日均价线稳步攀升,其间有一次回踩10日均线过程。短短一个月,山东黄金(600547)累计涨幅高达161%,涨幅十分惊人;当时被称为有色金属板块的"龙头"。大盘背景分析:同期大盘指数也是迭创新高。

本图所涉技巧:

(1) 山东黄金(600547)从2006年4月18日放量收出一根大阳线后,一直沿着3日均价线逐波拉升。其间有过两次回调踩到10日均线后企稳回升,分别是2006年4月19日和2006年4月28日。应该说这两次回调都是比较理想的介入点,尤其是第二次回调。因为第二次调整结束后股价改变了原有的上升斜率,几乎以90度角加速上扬,让当时市场投资者瞠目结舌。

(2) 山东黄金(600547)从第一次开始拉涨停(2006年5月8日),在接下来的第二天、第三天都有比较理想的短线介入点。因为股价在5月9日、5月10日的分时图上都出现了相同的走势：股价高开后迅速回落，当下探至3日均线时快速拉起，然后盘中逐波走高，收盘都以全天最高价格收盘。因此，我们如果在3日均线附近介入虽然不能享受从底部拉升的所有利润，但至少短期也有40%的暴利！

(3) 山东黄金（600547）从4月28日股价拉升启动时，直到2006年5月11日3日均价线与10日均价线一直保持同步上涨速率（3日均价线与10日均价线近似两条上升"平行线"），但从5月12日开始3日均价线与10日均价线"交角"开始变大，10日均价线上涨速率明显慢于3日均价线。这应该引起我们的高度警觉，稳健的投资者应该在此卖出70%仓位，锁定好前期利润，留下30%筹码继续观望。

(4) 山东黄金（600547）2006年5月15日再次无量拉涨停，从表面上看应该还继续上攻动能。但我们却发现此时的股价已经远离3日均线，投资者应该将手中剩余的股票全部卖出。如果不卖，次日该股便出现放量冲高收盘跌停的走势，其后反弹一天便开始长期下跌。

学员提问：

李老师，您讲的这个技巧在操作中对于我们短期捕捉"大牛股"有实战意义，有几个问题希望您能再详细解释一下，谢谢！

(1) 为什么必须是沿着3日均线上涨，而不是我们通常用的5日均线呢？

(2) 该股在冲高回落后，在2006年5月19日又回踩10日均价线，而且收盘在10日均线之上，我们是不是可以进场抢反弹呢？为什么？

(3) 这只股票在整个上涨途中只有两次回踩10日均价线，如果多次回踩10日均线还会出现后面的"暴涨"吗？

(4) 如果在最高点5月16日那天没卖出去，哪天还是卖点，为什么？

作者答疑：

(1) 3日均线是短线操作中目前"最佳"的短期均线。因为5日均线是一周平均交易成本的体现，对于狂奔的"大牛股"显然反应太慢。而且现在大多数投资者都去关注5日均线，而市场主力往往会利用大众指标做骗线，迷惑投资者。同时，1日、2日均线又过短，无法反映主力的真实意图，并且中国对"3"这个数字十分敏感，因此，短线大牛股一般都会依托3日均线上扬。

(2) 坚决不能介入。因为该股在冲高回落后，虽然在2006年5月19日又回踩10日均价线，而且收盘在10日均价线之上，但由于3日均线已经拐头向下，10日均线已经走平，原来上涨的趋势已经被打破，尤其前期该股已经出现了"暴涨"，因此一旦3日均线拐头向下要坚决卖出，因为中期调整从此开始。

(3) 这只股票在整个上涨途中只有两次回踩10日均价线（2006年4月19日，2006年4月28日），而且都是"低开高走"，股价一路回升基本以全天高点或次高点收盘。这也是"大牛股"狂奔前的准备工作，是庄家最后一次收集低位筹码的方法。但一般都以10日均线为支持。如果在股价上涨过程中多次回踩10日均线一般不会出现像山东黄金（600547）那样"暴涨"，但上涨时间会相对比较长。例如，吉电股份（000875）。

(4) 如果在最高点5月16日那天没卖出去，5月18日是当时最后的一个卖点。因为，5月16日出现放量跌停的走势；17日虽然也反弹上涨了7%，但由于成交量比16日还大，而实体阳线并没有吞吃16日的大阴线，因此说明多方虽有反攻之心但已无上冲之力，应及时获利了结。如果有些投资者还抱有侥幸心理持股观望一天的话，那5月18日就是最后逃亡日。因为这类"大牛股"如果还要继续上冲的话，应该18日会延续17日的反弹继续高开高走，但18日当天却是低开低走，因此见到这种走势要毫不迟疑地卖出手中股票。

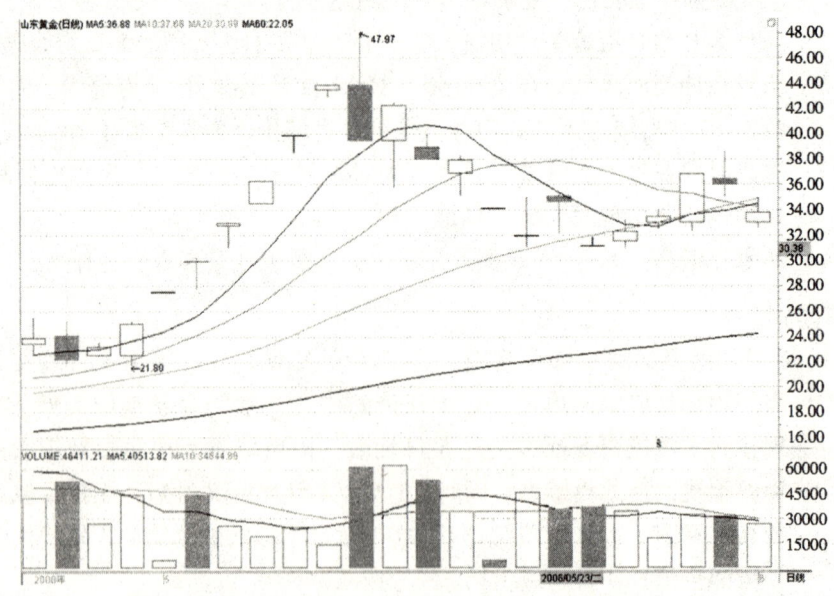

截图（2006年4月25日—2006年6月8日）

本图要点：

　　运用此技巧时，投资者一定要注意以下几点：①在运用此技巧时，一定要严格遵守"沿三踩十"的纪律操作。②在运用此技巧时，一定要观察成交量的变化。在整个上升过程中成交量要温和放大，换手率每天控制在5%～10%为宜，过大、过小都不利于此类股票上涨。③一旦我们在实际操作中发现3日均价线与10日均价线"交角"开始变大，失去了原来的"平行"走势，10日均价线上涨速率明显慢于3日均价线，这时候要坚决清仓卖出，无论后面是涨是跌！④这类大牛股一般都是该板块的"龙头"品种。

举例：海南椰岛（600238）

　　该股从2007年11月29日起开始逐渐攀升，在上升过程中始终保持"沿三踩十"的规律一路上涨。上涨期间有两次回踩10日均线，但当天都以阳线报收，并没跌破。但是2008年1月22日开始放量第一次跌破10日均线，必出反弹，但原来上升的轨迹被打破，投资者可以冲高分批卖出，获利了结。同期，大盘一路下挫！

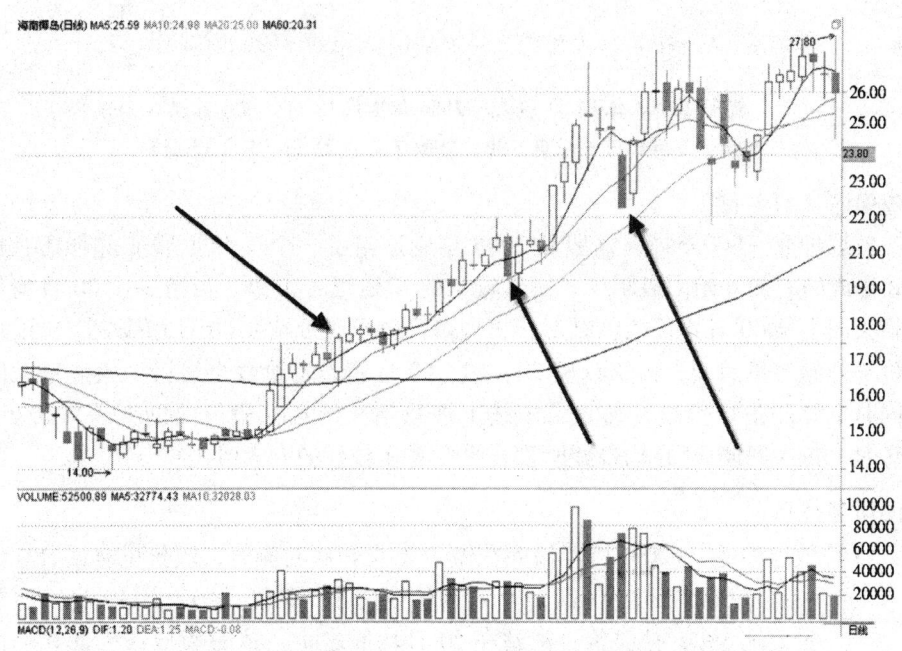

截图（2007年11月29日—2008年2月13日重点标出
2007年12月14日、2008年1月9日、2008年1月22日）

2. "中线"均线投资战法精要图解案例

一阳穿三线（20日、40日、60日均线）"慢牛"沿20日线。

图例：

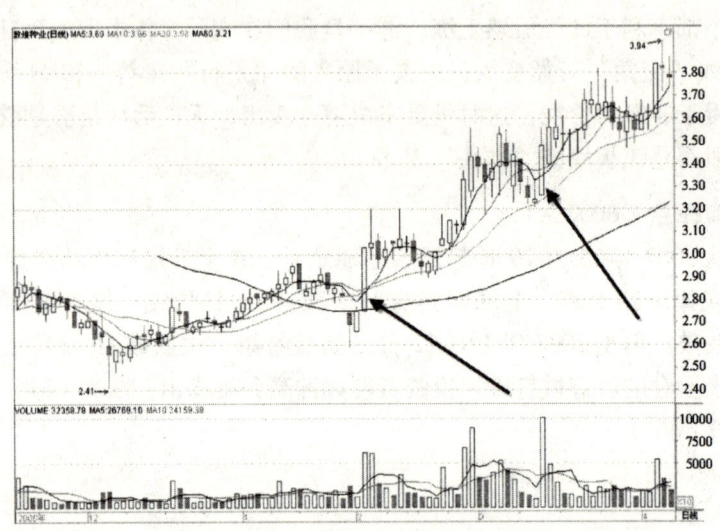

截图（2005年11月17日—2006年4月12日，重点标出
2006年2月7日一阳穿三线、2006年2月21日、3月13日）

K线描述（日K线）

敦煌种业（600354），该股从2005年底走出了一个V形反转底部形态，在V底形成的右侧开始阳多阴少、实体较小的K线组合走势。当第一次20日均价线拐头向上与40日均价线粘贴后，出现单日放量股价站在60日均线之上，随后股价又开始缩量回调，再次跌破20、40、60日三条均价线，最后一根放量大阳线同时上穿3条均价线，确立了中线上涨行情。而且在股价前期上涨"慢牛"走势时，每次回调20日均价线时都是投资者比较好的介入时机！

本图所涉技巧：

（1）敦煌种业（600354），该股在做V形反转底右侧时，股价虽有回升，但一直处在20日、40日、60日均价线之下。2005年12月19日突然放量上涨5%，使股价一举站在20日均线之上，这时候应该引起我们的注意。因为虽然在接下来的5个交易日里一直在20日—40日均价线之间的夹层运行，但我们留心观察会发现3条均线所表现的特征是：20日均价线已经开始走平。预示未来一个月反弹的可能性极大。40日均价线与60日均价线呈"平行"线缓慢向下。

(2) 敦煌种业（600354），从 2006 年 1 月 4 日到 2006 年 1 月 11 日股价缓慢攀升，以小阳线缩量上涨的方式升到 60 日均价线之上。这时我们不要盲目跟进，而是观察有没有放量拉大阳加速上升迹象，如果没有投资者应继续耐心观察。因为很有可能股价会再次回落。3 条均线表现的特征是：60 日均线由原来向下改为"走平"；20 日、40 日均价线已经粘合成一根均线"缓慢"向上。

(3) 敦煌种业（600354），当 3 天均价线逐渐粘合在一起时，利空消息突如袭来，2006 年 1 月 25 日敦煌种业：根据公司初步测算，2005 年度公司预计将出现较大亏损（上年同期净利润 3024.94 万元、每股收益 0.16 元）。以跌停价开盘股价逐渐回升，最终收出了一根下影线很长的"吊线"，次日一个涨幅不大但实体较长的阳线吞吃了"吊线"阴线的实体部分，是短线企稳信号，但注意：不是进场买货信号！3 条均线表现的特征是：60 日均线没有受股价下跌影响继续"走平"；20 日、40 日均价线已经粘合成一根均线由原来"缓慢"向上趋势改为向下，但幅度不大，很不明显。

(4) 敦煌种业（600354），2006 年 2 月 7 日一个"光头光脚"的涨停大阳线收盘，明确发出买入信号，但投资者不要急于强买，这样很容易追高。而是等股价回调 20 日均线附近大胆介入，中线持有！当"一阳穿三线"时 3 条均线表现的特征：60 日均线继续"走平"；20 日、40 日均价线由原来粘合成一根均线"缓慢"向下改为向上"发散"。值得一提的是：**均线转向"发散"是涨升信号**，尤其是"一阳穿三线"3 条均线同时拐头向上发散，股价上涨概率高达 85%。

学员提问：

李老师，您讲的这个技巧在操作中对于我们中线稳健的投资者选股非常有帮助，有几个问题希望您能再详细解释一下，谢谢！

(1) 为什么股价第一次站在 40 日、60 日均线之上不可介入呢，难道一定会有回调吗？

(2) 2006 年 1 月 25 日敦煌种业公布了利空消息后，为什么第二天阳线不可以介入而是观望呢？当时介入不正好是最低点附近吗？

(3) 当"一阳穿三线"时，对这根阳线有什么要求吗？

(4) 为什么均线转向"发散"是涨升信号？具体如何运用呢？

(5) 60 日均价线将如何单独使用？请仔细讲解！

作者答疑：

(1) 股价第一次站在 40 日、60 日均线之上一般通常都会回调，尤其是"缩量"上涨第一次站在 60 日均线之上。只有第二次放量"一阳穿三线"时才最终确立升势。当然也有例外,这里讲的是通常情况下。

(2) 当 2006 年 1 月 25 日敦煌种业公布了利空消息后,第二天阳线不可介入。因为在证券市场操作中"安全"第一!第二天阳线虽然实体阳包阴,但毕竟不能完全确定股价是否止跌。一定要等 20 日、40 日均价线粘合向上放量上穿 60 日均线时介入成功率会比较大。注意:如果第二天阳线没有包住前天实体阴线时,即使第三天拉大阳,投资者介入时也要半仓。因为证明主力对股价拉升上涨的信心不够坚决或控盘能力比较差,这样会直接影响将来股价上涨的时间和高度。

(3) 当"一阳穿三线"时,对这根阳线最好是"光头光脚"低开高走的大阳线,且成交量最后超过 10 日均量 3 倍。

(4) 均线转向发散是涨升信号。在投资者选股之时,均线系统多为投资者的参考指标之一。一般投资者只注意均线系统的两个功能,一是黄金、死亡交叉。二是均线对股价的支撑作用。其实均线系统更为重要的功能即由粘合的形态突然发散(一般指向上发散),这是个股涨升的重要先行信号。股票的 3 条均线粘合缠绕在一起多日,股价上扬突然发散向上(多头排列),这时均线并未出现黄金交叉,但这种形态能指示出该股后市的涨升潜力极大,例如敦煌种业(600354,见后图),在 2006 年 2 月初股价在 3.08 元区域徘徊时,3 条移动平均线明显粘合在一起,2006 年 2 月 23 日该股报收 3.15 元,其均线系统明显开始发散。如果此时该股成交量放大,有了涨升,均线系统在随后会完全打开发散。均线发散要有股价的扬升促发,而股价扬升必须要有成交量的放大,否则涨升多为反弹,均线系统则会刚发散马上又转入粘合,是无效发散。另外,投资者在具体操作之时,应在均线粘合转向发散后果断介入,因为这种发散形势是由于股价上涨促成的,等待、观望待股价的均线明显向上发散后再介入风险会越来越大,收益会越来越小,而当均线系统发散后相距距离大时,股价回调的风险也加大,这一点也应引起投资者注意。

(5) 60 日平均线被称为中期均线里的"生命线"。当股价有效突破 60 日平均线时是中线买入时机。60 日平均线在波段操作中有着十分重要的指导作用。由于不少中线庄家吸筹的时间都在一个季度左右,所以 60 日均线往往也就成为波段高手操作的利器。当股价有效突破 60 日均线后,其 60 日均线在横向整理一段时间后拐头向上,若此时短期均线也呈多头排列,则说明该股的庄家吸筹已经完毕,正在试图拉升脱离其成本价，这也是该股中期行情启动的信号，此时是参与的最佳时机。

操作要领：

①当股价突破60日均线前，该股下跌的幅度越大、时间越长越好，一旦突破之后其反转的可能性也将越大。②在股价突破60日均线前，其股价从最低点算起，升幅一般不应超过30%，如超过投资者则应视为涨幅已大，不易参与。③当股价突破60日均线后，需满足其均线拐头上行的条件才可买入。若该股突破均线后其60日均线未能拐头上行，而是继续走下行趋势时，则表明此次突破只是反弹行情，投资者不应加以关注。

移动平均线也有若干无法避免的缺点，这是公开的事实，但它的优点也不少，最大的贡献是可将一段时期内购买股票者的平均成本公开，在知己知彼的情况下，使你作出一个明智的选择，从而判断最佳的买卖时机，使您满载而归。

截图（敦煌种业2006年2月23日—2006年6月28日，
重点标出2006年4月21日）

本图要点：

运用此技巧时，投资者一定要注意以下几点：①在运用此技巧时，一定要严格遵守"一阳穿三线"的规律操作；宁可错过，不能做错。②在运用此技巧时，一定要观察成交量的变化。在第一次20日均线与40日均线粘合时，如果"缩量"并成一根线，同时60日均价线走平在其上，说明此股庄家还未完全收集完筹码，因此后面还有低点介入机会，操作上不用太心急。相反，如果第一次20日均线与40日均线粘合时如果"放量"并成一根线，同时60日均价线拐头向上，这时投资者可以快速跟进。③运用此技巧时，20日均线与40日均线要相离比较近，而离60日均价线应相离比较远，而且20日均价线与40日价均线要粘合在一起时，股价站在 60 日均线之上但成交量始终不能放出，这时股价很可能还会回落前期低点。

3. "长线"均线投资战法精要图解案例

二线"交叉"法（125 日均线 + 250 日均线）

图例：

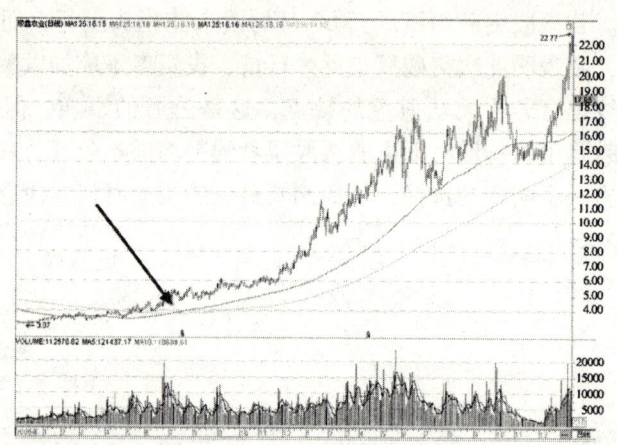

截图（2006 年 5 月 9 日—2006 年 11 月 9 日，重点标出 2006 年 6 月 23 日 125 日均线走平、2006 年 7 月 24 日 125 日均线上穿 250 日均线）

K 线描述（日 K 线）

顺鑫农业（000860），该股从 2006 年初一直以小阴、小阳缓慢攀升。成交量也呈现出上涨放量、下跌缩量的态势。当股价上穿 125 日半年线时曾经过两次反复震荡，同时在股价不断上移时，250 日均价线也在由原来下降趋势逐渐走平。在 2006 年 7 月 19 日 125 日均价线成功上穿 250 日均价线后，确立该股中长期上涨趋势；随后顺鑫农业（000860）一路上涨屡创新高。

本图所涉技巧：

(1) 125 日均价线是"半年线"，它表示投资者在近半年来持有这只股票的平均成本价，对于下降趋势的股票是重要的压力线；相反，对于上升趋势的股票是重要的支持线，也是中线趋势（上升趋势或下降趋势）确立的标志。250 日均价线是"年线"（也称生死线），它表示投资者在近一年来持有这只股票的平均成本价，对于下降趋势的股票是重要的压力线；相反，对于上升趋势的股票是重要的支持线。同时也是长期趋势（上升趋势或下降趋势）确立的标志。

第3章　实战篇

(2) 结合本图案例：顺鑫农业（000860）股价在2006年初已经止跌回升。虽然股价涨幅不大，但底部低点在逐级抬高。这时，125日均线与250日均线已经开始"走平"，但我们要注意125日均价线"走平"比250日均价线提前5个交易日。两个长期均线走平说明股价已经底部企稳，但作为中、长线投资者来说长期上升趋势还未真正确立，因此无需急于进场买货。

(3) 顺鑫农业（000860），2006年3月—2006年5月股价一直在125日均价线和250日均价线的"夹层"中运行，其间股价反复震荡。而当股价第一次有效突破250日均价线回踩确认时，（2006年5月29日）是中线投资者介入的良机。此时，250日均价线继续"走平"，而125日半年线已经拐头向上，上升斜率为15度角左右。

(4) 当顺鑫农业（000860）股价成功地站在250日年线之上时，250日均价线开始慢慢有抬头之势，上升斜率为15度角左右；而125日半年线此时的上升斜率为30度角左右。股价也同时出现放量大涨的态势（2006年6月23日放量拉涨停），此时应是中长线投资者第二次买入点。

(5) 随着125日半年线上升斜率逐渐加大，离250日年线就越来越近；当上升斜率扩张到45度角时，一举上穿250日均价线，此时"穿越点"（125日均价线与250日均价线相交点）2006年7月24日是中长线投资者第三次最佳介入点。

(6) 当125日均价线成功上穿250日均价线后，从技术分析角度上来讲，长线"牛股"上升趋势已经确立，股价只要不出现突然放量连续涨停的走势，对于长线投资者而言应该说可以一路持有。因为这种从底部发生半年线成功穿越年线的现象并不多见，一旦发生就是长期股票走牛的标志。

学员提问：

李飞老师，您讲的这个技巧在操作中对于我们长线稳健的投资者选股非常有帮助，有几个问题希望您能再详细解释一下，谢谢！

(1) 此技巧是否对于判断大盘也有效？如果有效，成功概率是多少？

(2) 为什么您只要125日均线和250日均线两条均价线作为牛股的判断依据？

(3) 我们发现125日均线上升斜率扩张到45度角时，一举上穿250日均价线，"穿越点"当时的股价已经很高了，为什么还是介入点呢？

作者答疑：

(1) 此方法对判断大盘同样有效，而且准确地说应该比个股的成功概率还要高。因为大盘指数是众多股票的集合表现形式；它的 125 日均价线和 250 日均价线所代表的是当时整个股市的平均半年和一年的所有投资者持仓成本。例如，上证指数 2005 年 12 月 23 日—2006 年 4 月 24 日这段走势应该说是 2006 年真正的"大牛市"的确立。一般来讲，发生此情况时成功概率为 85%，尤其是在历史的底部区域。

(2) 我们在做股票时，有时过于计较短线的涨跌，而忽略了中长线股价的趋势，变成"见一叶，而不见森林"。这是投资者常常犯的错误。这里只讲 125 日均线和 250 日均线相结合作为牛股的判断依据，有两个原因：①不想让投资者"眼花缭乱"而不知所措。有的分析方法把四五条（甚至更多）中长期均线结合使用作为判断股价长期走牛的依据。这些方法对于年龄较大的投资者来讲很难理解，就更谈不上熟练运用了。②具有代表性。125 日均价线是市场平均半年的成本线，很具有投资者心态代表意义，而 250 日均线是技术分析理论中的多空"生死线"，意义独特。我们应学会在纷乱复杂变化的市场里利用最简单的方法找出最重要的规律，这才是投资的精髓所在。

(3) "穿越点"当时的确股价已经很高了，但这是相对于短线投资者而言。我们这里讲的这个技巧主要是选择"长线牛股"，一旦 125 日均价线能成功上穿 250 日均价线，确立该股长线牛市上涨的标志，我们可以不用太计较短期的股价高低，风物长宜放眼量。

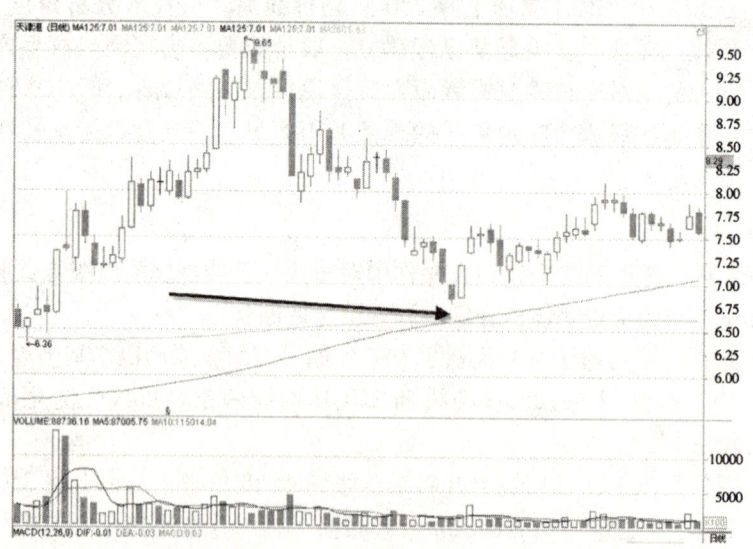

截图（2006 年 5 月 11 日—8 月 30 日，重点标出 7 月 13 日，日 K 线）属于"被动穿越"。

本图要点：

　　"穿越点"应该说是此技巧的核心所在，而"主动穿越"和"被动穿越"就是判断将来个股是否短期会出现深幅回调的重要标准。顺鑫农业（000860）的"穿越点"是发生在 2006 年 7 月 24 日。当天顺鑫农业（000860）出现了 4% 的放量上涨，收出了一根中阳线，属于"主动穿越"。而此时 125 日均价线是 4.21 元，250 日均价线是 4.2 元。虽然 125 日均价线上穿 250 日均价线只有 0.01 元之差，但应该说意义重大。它是一只股票真正开始长牛上涨的标志。"穿越点"当天是阴线还是阳线也相当重要，因为如果当天是阳线尤其是中阳或大阳往往是"主动穿越"的信号；而如果当天是阴线尤其是中阴或大阴往往是"被动穿越"的信号。例如 1：顺鑫农业（000860）2006 年 7 月 24 日发生 125 日均价线上穿 250 日均价线。"穿越点"当天的股价是以中阳报收，其后股价在短暂的 3 天调整后一路缓慢攀升，股价始终再没有回落到 125 日半年线附近。属于"主动穿越"。例如 2：天津港（600717）2006 年 7 月 13 日发生 125 日均价线上穿 250 日均价线。"穿越点"当天的股价是以跌停大阴线报收，其后股价很快再次回落到 125 日半年线附近整理，然后才继续重新回升，并且回升力度明显有限。

4. "短线+中线"均线投资战法精要图解案例

四线（3 日 +11 日、30 日 +60 日）"双叉"法

图例：

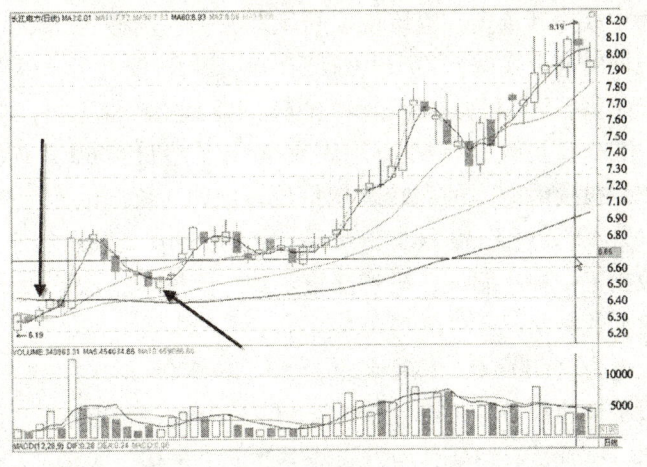

截图（2006 年 9 月 11 日—2006 年 11 月 8 日，重点标出
2006 年 9 月 12 日、2006 年 9 月 27 日）

K 线描述（日 K 线）

长江电力（600900），该股从 2006 年 5 月中旬见到 8.15 元高点后，逐级阴跌回落，股价一直沿着下降通道缓慢下跌。2006 年 9 月 15 日一根大阳线拔地而起，当天大涨 7%，出现了"一阳穿三线"的 K 线形态。其后股价又开始回落，当回调到阳线起点附近，2006 年 9 月 27 日止跌企稳，该股 3 日均价线与 11 日均价线价格正好相等；同时 30 日均价线与 60 日均价线价格也正好相等；9 月 27 日出现了罕见的"两线上穿、四线同升"的均线图形。在随后短短的一个月里，长江电力（600900）股价大涨 20%。同期大盘上证指数缓慢攀升！

本图所涉技巧：

(1) 3 日均价线是判断股价"短线"运行的重要指标依据。11 日均价线代表该股票半月加权平均成本。如果配合 3 日均线使用效果更佳。当股价由下跌转为企稳，10 日均线开始走平，3 日均线拐头向上穿越 10 日均线；它们的"相交点"（3 日均线上穿 11 日均价线或 3 日均线价与 11 日均线价一致时）是短线投资者介入的比较理想的价位。例如，长江电力（600900）2006 年 9 月 12 日当天 3 日均价线是 6.31 元，10 日均价线是 6.3 元。当天收出了一根小阳线，虽然涨幅不大，但属于上涨形态的"主动穿越"。

(2) 30 日均价线是判断股价"中线"运行的重要指标依据，是现在市场主力普遍参考的重要均线指标之一。60 日均价线被市场称为"生命线"。它是股价能否获得新升的关键均线指标之一。如果配合 30 日均线使用作为中线判断依据，应该说成功率非常高。当股价 30 日均线和 60 日均线同时向上发散，30 日均价线在 60 日均价线之下，但由于股价低点逐渐抬高，30 日均线上涨速率比 60 日均线上涨速率快，它们的"相交点"（30 日均线上穿 60 日均线或 30 日均线价与 60 日均线价一致时）是中线投资者介入的比较理想价位。例如，长江电力（600900）2006 年 9 月 12 日当天 30 日均价线是 6.47 元，10 日均价线是 6.47 元。当天收出了一根小阳线，虽然涨幅不大，但属于上涨趋势已经形成。投资者在此种状况下可适当介入。

(3) 长江电力（600900）2006 年 9 月 13 日—2006 年 9 月 19 日 5 个交易日内股价快速拉升，3 日均价线与 11 日均价线呈现快速向上发散之势；而 30 日均价线与 60 日均价线基本处于"平移"走势。2006 年 9 月 20 日—2006 年 9 月 26 日 5 个交易日内股价快速回落，3 日均价线拐头向下、11 日均价线缓慢走平；而 30 日均价线与 60 日均价线却缓慢向上移动，并且30日均价线与60日均价线越走越近。2006年9月27日是一个非常重要的"变盘日"。因为当天走势出现了罕见的"两线上穿、四线同升"（3日均线上穿11日均线或3日均线价与11日均线价一致，与此同时，30日均线上穿60日均线或30日均线价与60日均线价一致时）的均线图形，是难得一见的标准中短线上涨趋势的确立。尤其是这天以"阳线"报收，投资者见到这种均线组合时可大胆重仓介入，短中期都会有相当不错的收益。长江电力（600900）从9月28日到11月7日上涨了近20%。

学员提问：

李飞老师，您讲的这个技巧在操作中对于我们中短线选股非常有帮助，有几个问题希望您能再详细解释一下，谢谢！

(1) 使用两条或两条以上均线时，最重要的是看什么？

(2) 在2006年9月27日，当时KDJ是呈现"死叉"向下发散的态势，为什么却是买点呢？不是金叉买入吗？

(3) "两线上穿、四线同升"说明什么，如果不是同一天发生可以吗？

(4) 中期均线与短期均线的区别？

作者答疑：

(1) 使用两条或两条以上均线时，最主要的是看均线之间的交叉所发出的信号。但是，在多空拉锯即无趋势状态时，均线交叉信号的效果却非常糟糕，而且多数属于典型的反向指标，换言之，"金叉"时卖出和"死叉"时买入，经常能够取得意想不到的收获！因此，"交叉"所发出的信号，主要应在趋势状态下使用，而时间最短的一条均线就成为紧跟趋势的第一止损参考。无论是在哪一种状态下，交叉点所出现的时间和位置都极具分析价值，在这一时间，市场很快就可能出现一些重要变化，而交点位置则扮演着支撑或阻力的角色。

(2) 不错，2006年9月27日当时KDJ的确是呈现死叉向下发散的态势，与KDJ的传统"金叉"买入和"死叉"卖出的原则相违背。但我们知道"均价线"是除了K线以外在技术分析层面上最重要的指标，因此当出现短线、中线在同一天"两线上穿、四线同升"时，完全可以抛开KDJ这个参考指标，因为它相对均价线灵敏度较差。

在一般情况下，许多投资者均以KDJ指标和MACD指标作为买卖的重要指标，当大盘或个股的KDJ指标和当大盘或个股的KDJ指标与MACD指标在高位形成死叉后，他们通常会卖出。但是，由于市场的主力经常进行反向操作，所以常常导致股价在顶部出现"金叉"或在股价底部出现"死叉"的情况发生，因此这种指标常常会失灵。

鉴于上述现象，于是许多投资者用移动平均线来作为买卖股票的主要依据，意思是：当月线指标（即5日均线、10日均线和20日均线）形成多头排列时，他们通常会买进。反之，当月线指标形成空头排列时，他们通常会卖出。但是，由于市场主力经常会进行反技术的操作，故意令股价连连破位，从而打穿上述均线，这样做会令很多人的筹码因此而脱手。

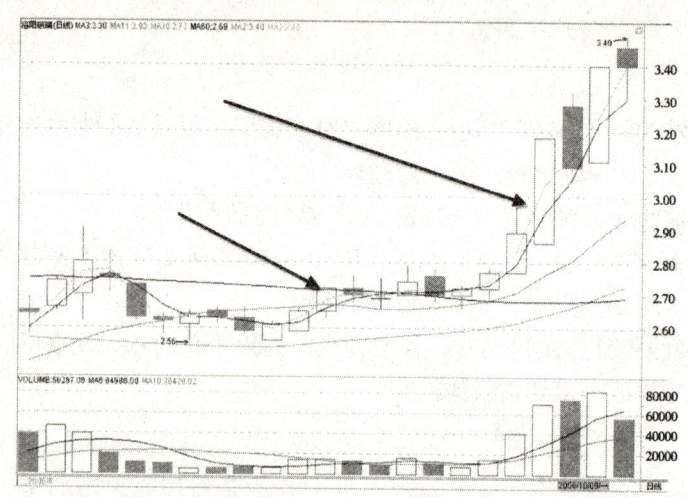

截图（洛阳玻璃2006年9月1日—2006年10月10日，重点标出9月15日、9月28日）

（3）"两线上穿、四线同升"，说明短线主力资金与中线庄家在同一时间点达成向上拉升或向下出货的默契，是投资者中短线买入或卖出的重要依据。当然这种"两线上穿、四线同升"也可以不发生在同一天。应该说大多数情况不是发生在同一天，基本都是3日均价线先与11日均价线相交后，经过一周或更长的时间，30日均价线再与60日均价线粘合。但这种上穿对于股价以后的上涨（或下跌）幅度影响相对较小。例如，洛阳玻璃（600876，见上图）3日均价线上穿11日均价线是发生在2006年9月15日，30日均价线上穿60日均价线是发生在2006年9月28日，前后相差11个交易日，而且30日均价线上穿60日均线时属于"被动上穿"，因为当天是阴线收盘。

（4）中期均线与短期均线的区别在于：以收盘价作为计算均线系统的基点，是因为在过去，不论是任何的技术指标，包括K线的记录，完全是手工记录。所以要将每一只股票的收盘价记录在案已经很不容易了，要得到股票的每日均价，必须要有交易所提供的全部成交记录，才能计算得出。一方面计算数据太大，另一方面资料来之不易，而收盘价较为容易得到，所以就将收盘价作为计算平均移动线的基点，久而久之习惯成自然，就一直沿用到了今天。实际上最可以代表一天股价平均成本的当然不是收盘价，而是一日的均价。运用收盘价计算短期的均线，比如 5 日均线，就离真正均价的差距较大，所以用这种计算方法得出的均线周期越短，就越不能代表平均成本。相对来说，越长的周期这种误差就越小，所以真正有代表意义的是每日的均价，而并非收盘价，这一点是使用均线系统的投资人必须注意的。

本图要点：

本技巧主要是结合了短（3 日、11 日）、中（30 日、60 日）期均价线的特点，在特殊的日子即"两线上穿、四线同升"发生在同一天时为投资者最佳的买入点。而且 3 日均线穿越 11 日均线；30 日均线穿越 60 日均线都应是"主动"穿越，这点十分关键，因为它将决定今后股价上涨或下跌的幅度。

5. "短 + 中 + 长"三均线（10 日、55 日、120 日）**投资战法精要图解案例**

三线兼顾"夹层"组合法

图例：

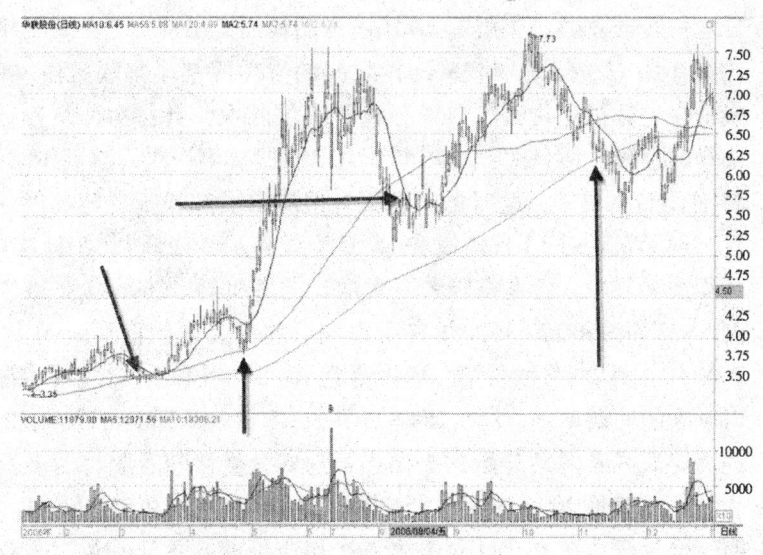

截图（2005 年 12 月 27 日—2006 年 11 月 21 日，重点标出
3 月 8 日、4 月 25 日、8 月 10 日、11 月 8 日）

K线描述（日K线）

华联股份（000882），该股从2005年12月初股价小幅攀高，成交量不温不火，到2005年12月22日股价一举站在10日、55日、120日三条均线之上。经过短短几个交易日的整理，短、中、长（10日、55日、120日）期三条均线从粘合开始向上发散，其后股价一路上扬，其股价最大涨幅接近109%。随后该股在顶部出现高位震荡整理，两次冲到7.7元附近遇阻回落。同时，在整个上升和高位整理的过程中，短、中、长（10日、55日、120日）期三天均线在底部和顶部分别出现了上升"夹层"和回调"夹层"，应该说给投资者提供了买、卖的重要依据！

本图所涉技巧：

（1）2005年12月12日该股当天放量大涨，并且一举站在了10日、55日、120日三条均线之上。这是"变盘"向上的重要依据之一。因为10日均线在短期均线中是非常重要的参考指标；而55日均线又被称为短线和中线的"分界线"；120日均线又是牛熊"生死线"。因此股价能在同一天站在三线之上，其蕴涵的意义不言而喻。尤其是在当"三线"从粘合到向上发散的过程中，应该是投资者低位建仓的好时机。

（2）当该股从底部"三线"粘合向上发散时，形成了两个均线"夹层"，即：10日均价线与55日均价线形成的"夹层"和55日均价线与120日均价线形成的"夹层"。本图所指的均线夹层是：三条短、中、长期均线（10日、55日、125日）之间的空隙距离。华联股份（000882）股价在上升过程共回落到"三线"夹层两次，且每次都是投资者一次加仓的过程。第一次：2006年3月3日股价第一次回落到10日均线和55日均线夹层中，此时虽不急买，但应该引起投资者的高度注意。一旦出现无量跌破10日均线和55日均线夹层，回调到55日均线和120日均线夹层中，便是投资者一次加仓的好机会。2006年3月8日触及到55日均线和120日均线夹层底线后股价又开始重新上扬。第二次：2006年4月20日股价第二次回落到10日均线和55日均线夹层中，经过4天的回调整理，股价2006年4月25日触及到10日均线和55日均线夹层底线后便又开始拐头向上，且成交量伴随着股价的上涨不断放大。因此股价2006年4月25日触及到10日均线和55日均线夹层底线时，是投资者在上升过程中第二次加仓买点。而且前两次买点没有把握好机会介入的投资者，在这次可以重仓介入。两次回落到"三线夹层"的区别在于：股价上升过程中第二次出现回落到10日均线和55

日均线夹层中，很快就放量反弹，并没有像第一次跌破10日均线和55日均线夹层，回调到55日均线和120日均线夹层中才企稳回升。而且成交量也随着股价的回升快速放大，说明主力已经迫不及待地要大举拉升股价，前一次回调到"三线"夹层中已经把意志不坚定的散户震仓出局。因此也是投资者在该股大涨之前最后一次买入的机会。华联股份（000882）从2006年4月25日起股票呈90度直线上涨。

(3) 当该股2006年6月开始出现头部，股价在7元一带反复徘徊，始终不能再创新高时，虽然55日均线和120日均线还以匀速向上运动，但10日均线却开始走平。这是短线有可能见顶的一个重要信号。2006年7月28日股价开始跌破10日均线，进入10日均线和55日均线夹层底线中运行，在短短3个交易日后，股价几乎在毫无抵抗中跌破10日均线和55日均线夹层的底部，进入55日均线和120日均线夹层。触及到120日均线后股价开始企稳回升，连续3天小阳线后，55日均线开始走平，10日均线继续俯冲向下。2006年8月10日10日均线向下"穿越"55日均线，而当天是一根小阳线。属于"被动向下"穿越。此时，正是投资者短线介入抢反弹的绝佳时机。因为股价经过大幅涨高后，第一次向下调整就会出现不同程度的反弹。华联股份（000882）在进入10日均线和55日均线夹层中时间过短，几乎在无抵抗的状态下直接进入55日均线和120日均线夹层中运行。特别是2006年8月10日10日均线向下"穿越"55日均线时属于"被动向下"穿越，因此反弹的概率有85%，而且幅度应在15%左右，甚至更高。当然这也要看前期股票整体升幅。前期股票整体升幅越高，反弹幅度就越大；前期股票整体升幅越低，反弹幅度就越小，成正比例关系。华联股份（000882）前期股票整体升幅高达100%以上，因此从2006年8月10日反弹算起，最大反弹幅度35%。但同时也要注意，如果2006年8月10日10日均线向下"穿越"55日均线时属于"主动向下"穿越，也就是说当天收阴线，那么投资者介入时仓位要轻，而且反弹幅度不能预期过高。

(4) 该股经过第一次反弹后，股价又接近了前期顶部区域，并且于2006年10月10日创出了7.73元的新高后快速下跌。当跌破10日均线和55日均线夹层的底部时，出现了无量阳线拉升，重新站在10日均线之上。这与第一次跌破10日均线和55日均线夹层的底部时完全不同。但很快就又跌破10日均线和55日均线夹层的底部，进入55日均线和120日均线夹层中运行。在2006年11月7日10日均线向下"穿越"

55日均线,而当天是一根中阴线属于"主动向下"穿越。此时,正是投资者获利清仓的绝好机会。

学员提问:

李飞老师,您讲的这个技巧在操作中对于我们中长线的投资者选股、及时介入买卖点都十分有帮助,有几个问题希望您能再详细解释一下,谢谢!

(1) 此技巧中提到的55日均线,有什么特别的意义吗?如何运用?

(2) 您讲的均线"夹层"是什么意思?

(3) 在高位10日均线向下穿越55日均线时,"主动向下"穿越和"被动向下"穿越有什么区别?

(4) "三线"粘合向上发散的意义何在?

(5) 10日均价线单独将如何运用?

作者答疑:

(1) 55日均线又被称为短线和中线的"分界线"。55日均线的用法:当股价突破55日均线时,不要急于追涨,等它回调到该均线时如有5、10日均线及时跟上形成黄金模式时可以考虑买进,这叫线上阴线买,这种黄金模式的成功率是百分之百,万一买错股价跌破55日均线,必须在股价反弹临界至55日均线第一时间抛,这叫线下阳线抛的止损方法,损失的是一次来去手续费。当股价有一定幅度上升后回调到55日均线时还可能会涨,但不能急于追涨,要看5、10日均线反压程度,如破有效压到55日均线以下,两天内不能及时返升至55日均线之上,一个趋势算结束,这叫死亡模式,但回调至55日均线上并横走几日,5日均线能在55日均线上形成拐点,日线不论是阴是阳能站在55日均线之上的5日均线上,为买入时机。每一年的7、8、9月都是调整期,没有太大的机会,每一年的第四季度都是机构调整持仓结构时期,请关注那些急拉后小阴小阳缓步上升的股票,关注那些急拉后一路下跌的股票,这些都是来年会有很好表现的股票。

(2) 所谓均线夹层是指3条均线(10日、55日、120日)之间的空隙距离,按照均线所处的形态可划分为单线夹层和双线夹层两种情况:①单线夹层。股价经过持续下跌后出现暂时止跌企稳的走势,波动范围始终位于10日和55日均线之间,因此称"单线夹层"。随着10日均线的不断上移,55日均线的不断下移,就形成了一个压力与支撑相互对峙的局面,导致股价的波动幅度逐渐收窄,操作中若价格长时间不能有效突破55日均线,意味此时的夹层区压力大于支撑,应及时卖出。

②双线夹层。这种走势恰好是"单线夹层"的一个良性演化,是指股价单线夹层破位后重新蓄市并且一举走出突破10日和55日均线,在120日均线(半年线)附近遇阻回落并再次同时跌破10日和55日均线的过程,由于夹层区是以10日和55日两条均线为基准的单条均线,再附加120日均线就构成了一个"双线夹层"。这个区域仍然是股价遭遇120日均线(半年线)无力突破而出现下跌的一种形态,操作中股价接近半年线出现量能不能放大、走势偏软的迹象时应及时卖出。像图中第二次反弹向下就是很好的例子。

(3) 在高位10日均线向下穿越55日均线时,"主动向下"穿越和"被动向下"穿越主要区别在于判断今后股价格上涨(或下跌)的幅度大小,而且最后结合成交量观察股价运行趋势。①当股价格已经升幅很高,在顶部区域股价"第一次"10日均线向下穿越55日均线,无论是"主动向下"穿越或"被动向下"穿越投资者都可以介入抢反弹。如果是"主动向下"放量穿越,今后反弹力度相对较小,反弹时间相对较短。如果是"主动向下"缩量穿越或"被动向下"穿越则今后反弹力度相对较大,反弹时间相对较长。华联股份(000882)2006年8月10日第一次缩量"被动向下"穿越,其后反弹上涨35%。②当股价格已经升幅很高,在顶部区域股价"第二次"10日均线向下穿越55日均线,无论是"主动向下"穿越或"被动向下"穿越,投资者都应获利卖出,以清仓回避风险为主。

(4) 发散是涨升信号。强庄股走势能鼓舞人气,那么,如何找强庄股,判断强庄拉升的时间呢?在投资者选股之时,均线系统多为投资者的参考指标之一。一般投资者只注意均线系统的两个功能,一是黄金死亡交叉,二是均线对股价的支撑作用。其实均线系统更为重要的功能即由粘合的形态突然发散(一般指向上发散),这是个股涨升的重要先行信号。

  一只股票的3条均线粘合缠绕在一起多日,股价上扬突然发散向上(多头排列),这时均线并未出现黄金交叉,但这种形态能指示出该股后市的涨升潜力极大,例如华联股份(000882),在2006年1月初股价在3.3元区域徘徊时,3条移动平均线明显粘合在一起,1月6日该股报收3.45元,其均线系统明显开始发散。由于此时该股成交量放大,有了涨升,均线系统在随后会完全打开发散。均线发散要有股价的扬升促发,而股价扬升必须要有成交量的放大,否则涨升多为反弹,均线系统则会刚发散马上又转入粘合,是无效发散。投资者在具体操作之时，应在均线粘合转向发散后果断介入，因为这种发散形势是由于股价上涨促成的。等待、观望，待股价的均线明显向上发散后再介入风险会越来越大，收益越来越小，而当均线系统发散后相距距离大时，股价回调的风险也加大，这一点投资者也应注意。

(5) 10日均线是短期均价线的"生命线"，它是短线投资的重要依据。上升趋势中股价回档下破10日均线是短线买入时机。在上升趋势中，股价经过先期的快速上扬之后，由于短期获利盘太大，出现了获利回吐的现象，必然会令股价有一定幅度的调整。但只要股价不跌破10日均线且10日均线继续上行，则说明该股是正常的短线强势调整，上涨行情尚未结束，而此时也是逢低买入的一次良机，特别是股价在10日均线获得支撑后又继续上涨时，则说明该股调整已结束，新的上升浪正在展开，此时更是追涨买入的好时机。

操作要领：

①在上升趋势中，股价回档至10日均线附近时成交量应明显萎缩，而再度上涨时成交量应放大，这样后市上涨的空间才会更大。②如你在股价回调至10日均线附近后买入，但其股价又很快跌破了10日均线且放量，此时你还是应坚持止损原则，等到调整结束，股价重回10日均线之上时再买入。

本图要点：

在顶部区域"均线夹层"走势纯属重要的股价弱市特征。无论是单线夹层还是双线夹层，都是股价缺少量能配合无力突破重要阻力区的体现，而其中可怕的、杀伤力最大的是股价结束夹层走势后，往往会出现加速下跌的迹象，那么在实战中只有结合两种不同的均线夹层走势及时做出卖出决策，才可避免大的损失。

支撑和压力是股价特定区域买卖能量大小的体现。而它们的表现方式除了相对高点和低点，以及成交密集区外，还有更为直观的表达途径，那就是长期均线与中、短期均线结合起来的指导意义。如果从深层次来讲，其显示的远远不是这么简单。对股价由强转弱、由弱转强的趋势变换信号也能起到积极的作用，这些恰恰是实战中运用的关键。尤其当股价波动于长期均线夹层时，所带来的操作信号往往是及时的，而且是至关重要的。如果股价在底部均线夹层中运行，一旦向上突破，应及时跟进，最好配合"一阳穿三线"的技巧结合使用。否则，相反向下跌破均线夹层应及时卖出。

例如，在本轮行情中，大盘指标股的轮换活跃对指数的上涨起到了四两拨千斤的作用。与此同时，指数大涨的背后仅有20%的个股跑赢大盘，而占有市场80%份额的个股在下跌，通过二者的形态对比我们发现，处于极度弱市的80%个股始终位于长期均线的压制之下，大多数都在均线夹层区徘徊后破位加速下跌，造成这方面的原因在于缺少场外资金的介入，同时对股价接近长期均线后所产生压力的一个提前性的技术性共鸣，而这个共鸣的最高点正好是投资策略的转折点，是仓位实施动态调控的一个绝佳时机，因为股价接近长期均线后长时间的无量横盘意味着股价很难在短期内实现突破，唯一能够选择的就是价格的下跌，那么在操作中这时也只能以卖出为主，否则将蒙受更大的损失。

在当前的股市中，中小散户要想获得收益，必须"宏观"、"技术"两手抓，不能重此失彼。尤其是一定要找到适合自己的方法。在第3章实战篇中对技术分析已经有了详细的讲解。

通过多年的实战经验来看，用经济学或金融工程等学科的思考范式去把握股市的脉络，常常不如行为科学和心理学的参考价值大。换句话说，股市中真正交易的不是股票，而是人性。对于同样一笔交易只有当交易者产生了分歧性的看法这笔交易才可能达成，这种分歧更多的是根植于人性的差异而不仅仅是客观的估值不同。主观性的差异造成了思维方法、投资理念、投资工具、交易频率、交易习惯等种种的不同。而这些都是股票市场内在交易机制的组成部分。

日常的商品，人们通常是根据商品的基本价值来进行交易，而在股票市场上人们则根据市场的涨落趋势来进行交易。往往股市沿着市场阻力最小的方向前进，但人性有时却沿着市场阻力最大的方向前进。比如，人们不断推高已经被高估值的股票，这等同于自己正在努力制造未来的下跌走势，而真正的智者是在寻找股市上升的市场阻力最小的方向。为什么人们愿意去疯狂地干这种明知山有虎，偏向虎山行的"壮举"？因为短期超额的利润会让投资者失去理智。2007年"5·30"行情成就了无数"股神"，一个月50%利润的收益者很多。网上曾有人戏称巴菲特凭借他年收益25%的业绩来到中国该下岗了。可最终又有几个人能把利润落袋为安？

价值投资者认为，在安全边际上进行投资，仅仅是做了寻找市场阻力最小方向工作的一小部分。还有一些投资者去寻找最具"成长性"的股票，他们做对了工作的另外一小部分。在货币的流动性过剩的条件下，人们甚至误以为市场不存在阻力，可以到他们想到的任何地方，这当然是误解。现实常常是当货币流动性过剩时，股票的供应也越来越多，板块轮动的频率非常快，旧有的价值投资型股票成长性太低而备受冷落。当"新龙头"吸引了不少的眼球和资金的时候，会忽然发现身边又多了"很多"新龙头，市场流动性有时就不问青红皂白地改变方向了，非理性总是作为市场交易的一部分甚至是主要的一部分。而只有价值投资者不为所动，认为他们手中的股票是股市这条大河的"河床"，那些"成长性"股票好多情况下很快会灰飞烟灭，而河水沿着河床运动阻力才是最小的，不能不说价值投资者在这一点上是异常精明的。但是河床也是不断变化的，原来的河床也会暗暗消失，就像从 6 100 点下跌以来，股市正发生着一场阶段性的调整寒冬，"理性"的交易者可能预测到吗？未必全能，换句话说，能预测到的寥寥无几。他们当时只能思考如何在这场暴风雪中将损失控制到最小。股市的冬天总会过去，他现在必须思考如何在未来的春天、夏天和秋天弥补损失。未来像六月飞雪这种极端气候的概率还是较小，市场仍会恢复而交易仍会继续。就像 2007 年年底南方发生了罕见的"雪灾"，极端的雪灾也许对应 2008 年夏天极度的"酷热"。我想股市如自然也是同理。

第 12 节 熊市生存的"必修课"

2008 年全国的"新股民"听到对股市形容最多的一句话就是：熊市来了！！！这位熟悉又陌生的"熊先生"似乎一夜之间把我们辛辛苦苦的劳动果实全部"吃掉"，而且它的兄弟好像遍布世界各地。"老大"在美国，江湖人称——次级债。面对这位似乎没有主动离开市场的"熊先生"，我们广大投资者又将如何应对呢？

首先，让我们了解一下熊市的发展周期。

熊市第一期（chaosui：反思）。其初段就是牛市第三期的末段，往往出现在市场投资气氛最高涨的情况下，这时市场绝对乐观，投资者对后市变化完全没有戒心。市场上真真假假的各种利好消息到处都是。公司的业绩和盈利达到不正常的高峰。不少企业在这段时期内加速扩张，收购合并的消息频传。正当绝大多数投资者疯狂沉迷于股市升势时，少数明智的投资者和个别投资大户已开始将资金逐步撤离或处于观望。因此，市场的交投虽然十分炽热，但已有逐渐降温的迹象。这时如果股价再进一步攀升，成交量却不能同步跟上的话，大跌就可能出现。在这个时期，当股价下跌时，许多人仍然认为这种下跌只是上升过程中的回调。其实，这是股中大跌的开始。

熊市第二期（chaosui：草木皆兵）。这一阶段，股票市场一有风吹草动，就会触发"恐慌性抛售",一方面市场上热点太多,想要买进的人反而因难以选择而退缩不前,处于观望。另一方面更多的人开始急于抛出。加剧股价急速下跌。在允许进行信用交易的市场中,从事买空交易的投机者遭受的打击更大,他们往往因偿还融入资金的压力而被迫抛售,于是股价越跌越急。经过一轮疯狂的抛售和股价急跌以后,投资者会觉得跌势有点过分。因为上市公司以及经济环境的现状尚未达到如此悲观的地步,于是市场会出现次较大的回升和反弹。这一段中期性反弹可能维持几个星期或者几个月,回升或反弹的幅度一般为整个市场总跌幅的三分之一至二分之一(参照过去从2100点跌到1300点的几次反弹)。

熊市第三期(chaosui:**等待业绩印证**)。经过一段时间的中期性反弹以后,经济形势和上市公司的前景趋于恶化,公司业绩下降,财务困难。各种真假难辨的利空消息又接踵而至,对投资者信心造成进一步打击。这时整个股票市场弥漫着悲观气氛,股价继反弹后较大幅度下挫。

在熊市第三期中,股价持续下跌,但跌势没有加剧。由于那些质量较差的股票已经在第一、第二期跌得差不多了,再跌的可能性已经不大,而这时由于市场信心崩溃,下跌的股票集中在业绩一向良好的蓝筹股和绩优股上。这一阶段正好与牛市第一阶段的初段相吻合,有远见和理智的投资者会认为这是最佳的吸纳机会,这时购入低价绩优股,待大市回升后可获得丰厚回报。

其次,当我们已经身处"熊市"之中,无法改变这既成的事实。那接下来就是我们采取什么样的方法去应对。

(1)**了解熊市发生的原因,知道可能发生由熊回牛的转折原因**。例如,对于市场的状态,可以从企业盈利、国家政策、市场资金和市场信心这四个方面去分析。如果其中某项发生了变化,我们就要有所反应。就像这次当你看到"美国次级债"在2005年悄然开始并在2007年10月全面爆发时,你可能就会意识到当这个以"信用"为基础,不断放大金融风险的高风险资本市场,它产生的恶劣反应一定会像"瘟疫"一样快速传播,而我们A股不可能独善其身……

(2)**学会在熊市中降低预期值**。熊市生存,操作很重要,和牛市不同的是,牛市中可以追涨去买入,可以满仓操作,可以持股不动,分享上涨周期;可熊市中操作就完全不同,必须保有现金,不可追涨,波段操作是最佳操作方法。买股票在下跌过程中去买,而且一定要控制仓位,不能贪,有3%~5%回报就很不错了。稍有祈望,现有都会化为乌有。例如,这次从6124点的暴跌,每一次的"反弹"只要你预期过高,最终结果只有一个:再次深度被套。奥运行情、印花税救市行情等等,都是一个个鲜活的例子。

(3) **熊市阶段的投资方向**。选择投资方向与当前熊市状态的经济特征,现在高通胀对企业的盈利有一定影响,因此需要选择弱周期行业的投资机会。也就是景气周期比较长,受国家宏观调控影响小的行业,例如医药、农业、消费、水泥等;信贷紧缩政策可能对企业现金流有较大考验,因此可以选择现金流充足、负债不是很多的企业。

(4) **"勿患踏空,只怕套牢"**。在市场处于持续低迷的情况下,无论是仓位重的投资者还是仓位轻的投资者均首先应该转变牛市中形成"怕踏空"的思维定式,而屡屡去搏反弹。在熊市中没有踏空的风险,只有套牢的危险。

(5) **"牛市捂股,熊市捂钱"**。这是一条非常浅显的道理,但很实用。有人说股市投资拼得就是"耐心"。笔者以为很有道理,但不同的是应该明确耐心在熊市中不是体现在"死捂股票",而是体现在"死捂现金"。现金为主的策略是一在熊市中担心的策略。

(6) **"三高"股票最危险,"久盘必跌"是要诀**。从历史经验看,三高股票的跌势将贯穿熊市的始终,而且是市值损失最大的个股。此外,在牛市惯用的"横得多长,立得多高"的理论在调整市中是十分危险的,取而代之的是"久盘必跌"。因此对于横盘整理的股票应该注意择机减仓。

(7) **学会关注成交量变化**。在熊市中,成交量是反弹或反转的重要提示性指标。特别是在市场下跌的初期,一旦成交量放大,应该迅速离场。而在反弹的时候,如果成交量不能持续升温和放大,则不应该轻易搏反弹。这点非常重要,在每一次反弹中"成交量"都是制约行情发展的关键。

例如,2008年5月20日是"4.22"行情3000点保卫战的相对反弹高点,当天我在"新浪博客"中写了《成交量维持大盘的"生命源"》一文。

http://blog.sina.com.cn/s/blog_4ab2656701009a1r.html

内容:5月16日我已经在"博客"中公开指出:大盘下周三前将面临选择方向,如果**成交量不足1 300亿**,**必然向下突破**。最好半仓操作。5月20日大盘跌破我给大家画的"三角形"右角,缩量下挫,为什么呢?下面我把自己的看盘经验与大家一起探讨!

5月20日在消息面平静的情况下,周二两市股指早盘在中国石油、万科A等部分指标类个股调整的压力下出现幅度不大的回落,但是市场的做多热情上午未有明显的衰减,市场并不缺乏个股机会,但下午开盘后股指开始跳水,盘面抛压越来越大,大盘总卖量持续上升,从收盘数据来看总卖量是总买量的4倍多,全天沪市下跌了161.69点,收在3500点之下。

从目前场内情况来看,整体呈现缩量下跌态势,前期获利盘明显有回吐迹象,市场人心明显不足,短线资金炒作热情减退。

从指数运行形态来看，短期上证股指已经跌破布林线中轨及 3 日线下穿 10 日均线的"死亡点"，同时近几个交易日成交呈现出持续的萎缩，5 月 14 日至 20 日五个交易四沪市成交金额分别为 1248 亿元、1142 亿元、907 亿元、685 亿元和 907 亿元。这五天的"均量"在 977 亿元，明显低于维持大级别反弹的"底量"——1300 亿元，因此深度调整在所难免！

投资者不禁要问：什么样的成交量才是维持大盘反弹的"健康量"？

首先，我们分析本轮行情的启动是基于两大利好政策《上市公司解除限售存量股份转让指导意见》和《证券交易印花税率下调至千分之一》。他们公布时间是分别是 4 月 21 日和 4 月 24 日，分别对应的成交量是：829 亿和 1958 亿。两天均量是 1393 亿元。这也就是为什么我们一直强调的维持大盘持续反弹的"底量"。

其次，大盘反弹是分阶段的。在第一阶段大盘上攻 3700 点无果后必然进入"巩固期"，而巩固期间的成交量变化是关键。在调整下跌阴线时成交量可以缩小。例如，5 月 15 日、5 月 16 日成交都不足 1150 亿，但每次出现阳线时，尤其是有突破欲望的"攻击性"阳线时，必须大于或等于"底量"1300 亿元（沪市）左右。而 5 月 9 日大盘上涨 2.17% 成交量才 1100 亿，5 月 14 日大盘突破临界点时大涨 98 点，但成交量不过 1248 亿元。因此，5 月 20 日大跌在情理之中。

最后，大盘加之"天灾"突发情况，使大盘原有运行轨迹变得越来越复杂。成交量变成了大盘唯一的"生命源"。向上成功突破的前提必须符合我们的"底量"原则，否则投资者不要恋战。坚持大跌大买，小跌不买，大涨先卖，小涨不卖的方法操作！

行情后来的发展，相信不要多说，大家也都十分清楚，成交量真的很重要。

（8）**把握时机，调整持续仓结构。** 最后需要指出的是，市场的每一次大幅回落也是一次将手中筹码进行结构性调整的绝好时机。我们一定要关注那些先于大盘企稳筑底的板块。因为，一旦重新转强，这类股票必然会充当市场的反弹急先锋——反弹时间最长、反弹力度（幅度）最大，投资者参与获利机会最大的股票。

例如，2008 年 9 月 19 日依托"三大利好"展开的"报复性"反弹，金融券商股一马当先，涨幅处于前列。其实，仔细留心观察的投资者就会发现，"券商股"后期的爆发并不是前期没有征兆的，投资者关心如何在二级市场操作中把握其中的机会？那我们就要从券商股的整体走势与大盘进行对比，从中发现股价运行的规律。本轮大盘反弹是在 9 月 18 日见底 1802 点后，在三大利好的刺激下开始展开报复性的"反弹"，因此我们就以 9.19 行情为中枢位置，与券商股进行比较。

大盘 9.19 行情之前：

大盘（沪市）：股指在 9.19 行情前一个月 8 月 18 日就跌破了前期 2300 点的平台，在几乎毫无抵抗的单边下跌中，截止到 9 月 18 日收盘 1895 点，累计跌幅 18.5%。

券商板块：券商板块在 8 月 18 日前后已经开始逐渐放量企稳，券商指数从 8 月 18 日的 2511 点截止到 9 月 18 日 2464 点，累计跌幅 1.87%。其中，龙头品种"宏源证券"（000562）从 8 月 18 日 11.17 元到 9 月 18 日 13.78 元，不跌反涨 23%，说明该板块属于"先知先觉"品种，备受主力机构"关照"。

大盘 9.19 行情爆发之时：

大盘（沪市）：股指在 9.19 行情爆发时，连续两天股指大幅上扬，累计涨幅 17.7%。

券商板块：券商指数在 9 月 19 日、9 月 20 日两天整体上涨 19.87%，说明大部分券商股是连续两天涨停板，中信证券、海通证券、太平洋等都是坚决开盘封涨停。

大盘 9.19 行情爆发至今：

大盘（沪市）：股指在 9.19 行情上涨至今，截止到 10 月 9 日收盘 2074 点，累计涨幅 9.4%。

券商板块：券商指数从 9 月 18 日的 2464 点截止到 10 月 9 日 3153 点，累计涨幅 27.9%。明显超越大盘股指涨幅。

综上所述，通过以上数据对比，我们可以很清晰地看到，本轮反弹行情的"金融股"中，"券商股"是名副其实的"领军"品种，也是继银行之后接起做多大旗的唯一板块。因此在接下来的操作中我们要密切关注"券商板块"的动向。短期的两天 20% 的急调后如能在 10 日均线企稳，并在成交量的配合下依托 3 日均价线稳步上扬，投资者可考虑盘中逢低介入，重点关注：宏源证券、中信证券、海通证券、太平洋等。但如何反复 3 天不能有效站在 10 日均线之上，投资者要逐渐减仓卖出，大盘反弹短期可能也会告一段落，注意风险。

具体内容详见新浪博客：

http://blog.sina.com.cn/s/blog_4ab265670100b67x.html

（9）要学会在"熊市"中通过市场颇具影响力的"实力派"龙头的一举一动，去认真辨别大盘未来发展的趋势及操作策略。

例如，2008 年 6 月 18 日大盘经过了长期的下跌，出现了当天涨幅 5% 的全面"反弹"，而 9 月 17 日"联通股份"则出现了异动。我在"新浪博客"中写了《透过现象联通看本质（大盘）》一文。

http://blog.sina.com.cn/s/blog_4ab2656701009kdi.html

第3章 实战篇

内容：

下午开盘后大盘继续震荡下挫，两市上涨个股合计仅有100余家，再现普跌行情。数据显示大盘总卖量持续上升，总买量不断下降。通信、银行板块跌幅较小；从个股活跃程度来看，沪市罗顿发展、哈飞股份等个股涨停。但我们注意到，这几家个股共同的特点是流通市值不大，对市场人气影响有限。我还是保持中午的观点：在博文中我也写道：如果下午暴跌，投资者可以适当在低点介入，明日盘中会有出货的机会！这就是短、平、快的打法！

有些朋友最近在聊天中总是问我如何通过个股去把握大盘节奏，今日我以"中国联通"为例结合我个人经验与大家交流看盘心得，对错不重要，重要的是"态度"！

案例分析：中国联通（600050）

图例：

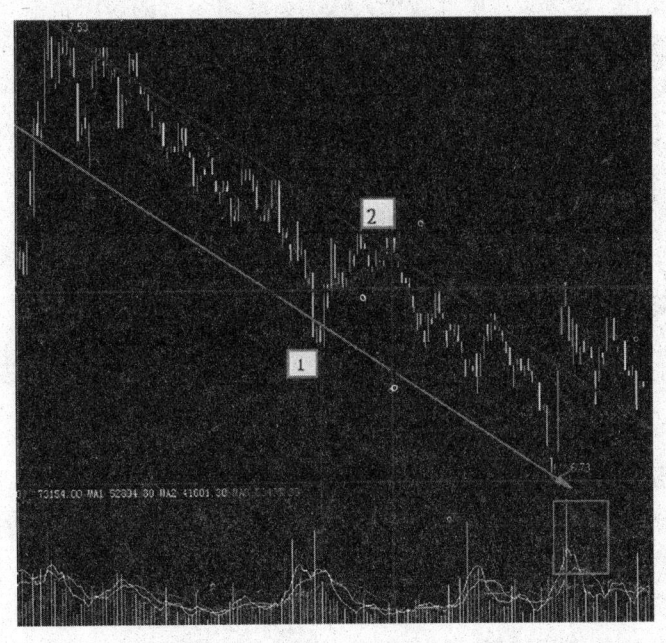

联通是目前深、沪两市具有标杆性的"股票"，它的一举一动，牵动着大盘的"心"。原因很简单，目前基金几乎全线被套，而联通代表着"蓝筹"这一类基金核心品种，它的走势直接反映目前主流资金心态，因此它是我们广大中小投资者最容易也是最直接透过现象看本质的观察主力资金动向的"载体"！

从5分钟分K线观察，联通一直走出一个比较完整的下降通道。通道具体形成的过程是：

通道上轨：从 2008 年 6 月 12 日 13:30 分 7.53 元与 2008 年 6 月 16 日 10:55 分 7.17 元相连

通道下轨：从 2008 年 6 月 12 日 14:25 分 7.26 元与 2008 年 6 月 16 日 9:55 分 7.01 元相连

同时，我们把 6 月 12 日 11:10 7.06 元作一条平行直线，投资者就会清晰地发现联通走势的规律。

当股价第一次运行到"下轨"时，成交量有所放大，开始向上反弹（图中标识 1 处）。当股价反弹到"上轨"时，遇到明显抛盘，同时成交量不增反缩，结果股价攀跌回落（图中标识 2）。当股价再次运行到"下轨"低点 6.73 元时，成交量开始急速放大，一举突破了通道的上轨，但冲击 6 月 12 日的股价中枢平行线 7.06 元时，大盘加速下跌，导致做多主力徒劳而返，但所幸的是始终回调还站在通道"上轨"之上，说明主力还没有丧失信心，而且市场极端恐慌，贸然进攻等于白白"送死"。由此我个人认为，联通今日的逆市抗跌说明主流资金已经开始寻找自救突破口，明日如果联通股价能率先反弹，并且 5 分钟成交量及时放大，短线投机者可以适当跟进，止损价就是联通"上轨"均价！

希望以上通过对"联通"的分析对大家判断类似的股票以及大盘有所借鉴，能在弱市中保住"火种"，最终胜利一定属于我们坚持的朋友！

最后，股市是枯燥的，我们要学会随时调节自己不好的情绪，达到心情舒畅，这样我们在操作时才会提高正确率。下面**根据恐怖片所得之生存法则**，来对比**熊市操作纪律的相异之处：**

就算看上去好像你已经杀死了那个怪物，也千万别傻乎乎地凑上前去检查它是否真的死了。

= 别去买看似已经跌得半死的股票

千万不要大声朗读召唤魔鬼的书或咒语，即便是开玩笑。

= 别去试图寻找熊市的终极底部

千万别去检查地下室，尤其当灯光突然莫名其妙地熄灭以后。

= 市场突然变脸的时候，别去抄底

作为一个最普遍的规则，就是不要试图去解开那种可能向你敞开地狱大门的疑团。

= 别认为熊市的底部是天堂

绝不要身处坟墓（教堂地下室、公墓、墓穴）等可能与死人有关系的建筑或房屋里，也别在它们的上面、下面、旁边或者附近。

= 别陷入万劫不复的板块下跌

周围突然传来可疑的动静，你四处查看却发现那只是一只该死的猫。如果你还想保住你的小命，马上从房子里开溜。

=看见危险信号要知道离开

如果房间里的设备开始自己运转起来，逃命去吧！

=如果大盘莫名其妙地波动，逃命

别从死人身上拿任何东西。

=别试图抄别人的底

如果你发现了一个看上去已经荒芜了的城镇，这里一定发生过什么可怕的故事。为了自身安全赶紧根据有关线索离开那里。

=曾经套死人的股票，远离

别傻到拿DNA再造技术开玩笑，除非你知道自己在干什么。

=加倍补仓制造傻瓜的速度加倍

如果你正试图从怪物的魔爪下逃命，那你可要作好心理准备：你至少会摔到两次以上。

=如果你试图解套，那么会颠沛流离

如果你身边还有一位女士，那么你们要遇到的险境就更多了。要特别注意的是，尽管你在狂奔而怪物看上去步履蹒跚、行动迟缓，但它的速度仍然足以追上你。

=和新手在一起，死亡概率高；熊市总是比你的脚步快

如果你的同伴或者同事突然开始显露出一些令你非常陌生的行为举止，例如常发出粗鲁的"嘶嘶"声、嗜血、两眼狂热地放光、口吐泡沫、毛发越来越浓密，那么赶紧甩掉他，越快越好。

=如果有人被套疯，离场

查看一下地图，已经确知有些地方干脆就不要去，比如下列所在：榆树街——电影《榆树街恶梦》（也译作《猛鬼街》）中的地名。特兰西瓦尼亚——罗马尼亚西部一个地区，以特兰西瓦尼亚阿尔卑斯山脉和喀巴阡山脉为边界，传说中吸血鬼的故乡，德拉库拉的诞生地。百慕大三角——还用再废话吗？缅因州任何一个小镇——美国缅因州以荒凉闻名，盛产恐怖故事。

=万人坑，乱葬岗，远离

某月黑风高之夜，你车里的汽油不幸用完了，千万别去附近那个看上去已经荒废了的房子里借电话求助。同样，如果你的车坏在半路上，看起来附近惟一的避难所就是不远处山坡上那个古老阴森的大厦/古堡，而最好的办法就是呆在车上别动。

=别去借钱或求助试图解困

小心那些陌生人，尤其是当他们使用以下工具时：链锯、射钉枪、围栏修剪

器、电动雕刻刀、收割机、割草机、丁烷喷灯、烙铁、锯……或者任何从死去同伴那里来的东西。

  =千奇百怪的方法会使你失败

  仔细听一下现场的声音，并且注意观众的反应，因为通常他们都非常精明——甚至超乎你的想象。

  =场外人的智商比你高

  如果任何音乐里包含尖锐刺耳的小提琴断奏音，千万别听！

  =盘中诱多脉冲波，别进

  注意看电影里的演职员表以及演员们的片酬，通常排名越靠前或者片酬越高、名气越大的演员，他的角色在电影里的成活率也就越高。跟着他们准没错！

  =请跟着有丰富革命历史的老股民走，存活率高

  别把你那些锋利的厨房刀具全都放在同一个工作台上的同一个木模子里面。

  =危险集中在一起，则危害大

  那个荷尔蒙分泌过于旺盛的家伙死定了。

  =谁勇敢，也就是不怕死，则一定死

  如果任何一个你的同伴（别管男的女的）困在出了毛病的电梯里，别和他们呆在一块儿，他们注定死翘翘了。

  =别人套死的地方，正是你的禁区

  如果你觉得房间里有什么危险诡异的东西而想四处查看，看在上帝的份上，快点把那盏要命的灯打开！

  =如果想知道危险，先观察清楚

  一个房间没有仔细检查过，就不要到下一个房间去。它通常就在你的背后！

  =来自背后的危险，深不可测

  如果走廊深处有一个虚掩着的门，别往下走了！

  =好奇心害死你

  如果你的朋友已经被杀手逮个正着，别光站在旁边没用地大呼小叫，把握住机会，自己逃命去吧。

  =逃自己的命，让别人等死吧

  决不，永远也别从大路拐到沙石路或土路上去。

  =越生僻的领域越不适合你

  一定要确保汽车的电池是新的，这样你在任何紧急关头都能打着火就走。

  =记得逃命工具

  千万别说什么"我马上就回来"，因为你通常就再也回不来了。

  =千万别说我马上解套，事实上你逃不了

第3章 实战篇

　　如果你身处一个墓地、废弃的宅子，或者任何怪异的场所，这时出现了一只黑猫，那么不管这个小畜生表现得多么友善，宰它没商量！如果出现的是一个恶魔似的孩子，这可能就得费点周折了。

　　=奇怪的市场信号你要避开

　　小心那些会说话的或者看上去过于逼真的玩具或洋娃娃，你都见过恰克（《鬼娃新娘》中附身于玩偶的杀人狂）身上发生了什么事。

　　=危险的信号你要醒悟

　　别浪费时间用那些尸体的肉啊器官啊什么的，拼凑出一个妖怪一样的活物来。就算你能成功，那个玩意儿也会来找你并最终＊＊你。

　　=别玩火自焚

　　如果你投宿在一个前不着村后不着店的旅店，一个看上去非常神经质而且仓促不安的男人来接待你，那一定会发生什么恐怖的事。

　　=别把你的安全托付给不可靠的外人

　　千万别让那些陌生人搭车，即便他（她）长的像圣诞老人。

　　=别让友善蒙蔽你的眼睛

　　如果树或者其他无生命的东西开始吃你的孩子，千万别犹豫，赶紧带着剩下的孩子逃命去吧。

　　=逃命是止损的最高境界

　　如果你家的水龙头里流出的不是水，而是血或者任何颜色的黏稠物体，别费神去找水管工了，赶快逃命要紧。

　　=危险无处不在

　　假如你照镜子的时候发生下列情况：发现身后有什么影子，可转过身看却什么都没有；你在镜子里看见一个完全陌生的房间，根本不是你所在的那间；你在镜子里看见的不是你自己；你镜子里的倒影警告你在不算太晚之前赶紧走人……那么你最好使出吃奶的力气，尽快找到最近的出口溜之大吉。

　　=如果在熊市你无所适从，那么离开

　　如果你的老爸老妈告诉你没什么可担心的，这个世界上根本没什么妖魔鬼怪，千万别相信他们，快走！没必要等着救他们，反正不管你做什么，他们都死定了。

　　=他人的话可能是你的丧钟

　　如果你打开门发现自己的房子已经不是原来那样，别去看个究竟了。事实上即便你关上门再打开后，发现房子又恢复了原来模样，那也别死心眼了，快点搬家吧。

　　=变化无穷的市场会吞噬你

如果你来到一个小镇上，发现所有的居民都在偷偷盯着你看，而且他们都行为古怪，那你可别在晚上时在那里停留。如果你想搭救其中那个看上去还算正常，而且显然受到惊吓的人，还是趁早放弃吧，那是在浪费时间。

=别试图比别人聪明

如果当时居民或者邻居告诉你某个房子是鬼屋，所有在那里过夜的人都死得非常恐怖，信他们吧！

=宁可相信不安全的告诫

深夜，灌木丛生、浓雾笼罩的大森林里，渐渐传来的沙沙声决不是银兔宝宝发出来的。

=危险总是未知

不管是多好的朋友，一旦他变成一个不死之躯（吸血鬼），他（她）都必定会来干掉你（通常还要享用你的肉体）。

=你无法战胜你曾经熟悉的市场，因为它变了

别忘了每次都要先看看你的汽车后座上有没有人！

=别忘记危险来自脑后

如果你认为第一次就已经把怪物/杀手杀死了，地狱之门已经永远关闭了，那么你就已经处在极度危险当中。千万别放松得太早。

=别想一次解决所有麻烦

如果物体以某种神秘的方式移动了，那一定是一种不好的征兆。

=看不懂的肯定危险

风雨交加的夜里，你记得原本关得很严的窗户突然打开了，别关！当怪物过来抓你的时候，它可是你惟一的逃生之路。

=留下可能性的逃命途径

如果你碰巧拥有一个古老而奇怪的手工制品，而某个异乡人（通常是苍老消瘦的东方人、吉普赛人、印第安巫师）警告你千万要做/别做什么事情，千万别倔脾气不听劝告，故意反其道而行之，否则只能证明不是他们蠢而是你蠢。

=听从善意的告诫，别莽撞

死刑犯、连环杀人狂被处决或者某个恐怖宗教组织的周年纪念之夜，可怕的场面将会上演。尤其是在原来的犯罪现场，如果赶上百年纪念那就更没跑了。通常你或者最好的朋友最有可能"恰好"是当初参与者中某个人的后代。

=谨防前车之鉴

千万别接受来自即将被处以极刑的变态杀人狂的任何东西；同样，别接受刚刚被处决的杀人狂的器官移植。

=别染上市场的疯狂和危险

第3章 实战篇

当发生下面的情况时：当地居民都非常恐惧，诡异的死亡事件不断发生……只有一个人非常平静、温和，甚至还举止高雅。当地人尽管都非常害怕这个人，但是又对他出奇地恭顺。如果这个人提到当地人是如何不懂世故、愚昧、没有头脑，那么毫无疑问，这个人一定是妖怪/妖怪的控制者/妖怪的召唤者。

=不合理的事情总有其不可知的本质

如果你们其中一个同伴失踪了一会儿，但是在大家焦急时很快又出现了，他再不像失踪前那样害怕慌张，并且再三向你们保证，什么事情也没发生，没什么可担心的。记住，千万别让他走在你的后面，他肯定已经加入到敌对阵营当中了，或者变成什么其他东西了。

=不要相信市场已经对你毫无威胁了

只要你的同伴中还有三个或者更多的人活着，你就处在危险当中，随时可能成为炮灰。如果剩下你和另外一个人活着，你的成活率将大大提高。如果你已经是最后站着的人了，虽然你可能正处在千钧一发的危险境地，但是你幸存的可能性几乎都可以放礼花庆祝了。

=熊市，你只需要成为最后一批幸存者

永远、永远、永远也别打开那些贴着"美国陆军/海军绝密研究方案"或者"化学污染物"之类标签的罐子、集装箱、盒子等等一切能盛东西的容器。

=不要让好奇心干傻事

如果你的朋友已经变成了魔鬼，但是突然间他又变好了，正常了，别理这一套，快点干掉他，他绝不正常！

=曾经变态的市场，不会很快友善

如果你刚杀掉那个狂人/恶魔，别光站在尸体旁边发傻，而且别扔掉手里的枪、刀或者诸如此类的杀人工具。因为：a. 他们肯定还没死；b. 你需要这些工具再杀他们一遍。

=别忘记防范风险，一而再，再而三

杀掉你们群体中自私贪婪的家伙，否则他最后很可能会害死你。

=贪婪是死神的好帮手

身处那些偏僻的小镇时，千万别拿当地流传的关于凶残丑陋的杀人狂的传说开玩笑。我敢和你打赌那一定是真的，而且你会因此激怒他。

=相信那些市场的陷阱存在，别去试探

千万不要是团体中惟一的圣徒/圣女，那样的话，或者可能你会丧失自己的信仰，首当其冲地被杀掉；或者可能你将作为献祭的牺牲，当了其他人的替死鬼。

=不要成为懵然无知的牺牲品

千万别跟着你们这伙人里最自私的家伙或者浮夸的圣徒，他（她）一定会把你引向通往地狱的不归路。

=不要和夸夸其谈的人同赴黄泉

千万别和那些拿腼腆的陌生孩子开涮的人为伍，看着吧，那些倒霉蛋马上就要开始他们的噩梦了。而且他们一定会以最血腥、最可怕的方式死去。

=别和不尊重市场的人结伙

遭遇妖魔鬼怪时，如果你们中间有一个极度恐慌的女人（当然也可能是男人）拿着枪却吓得不敢射击，赶紧把枪抢过来自己去干掉怪物，或者干脆拿出自己的武器，把怪物和那家伙一起干掉，尤其是周围怪物已经不止一个时。那家伙肯定是你们逃生的累赘。

=处理危险要及时果断

赶紧上去抽那个尖叫不停、歇斯底里的疯丫头几个嘴巴子，让她消停下来。要不然她一定会在大祸临头的时候，把大家搅得心烦意乱。

=制止不镇定的念头，客观地处理危险

只要还是晚上，厄运就不会真正结束。

=只要还是熊市，牛市的曙光还早

如果你觉得自己已经从噩梦中醒来，别大意，因为很可能你仍然身处梦魇之中。

=你可能并不能认识到所处的险恶环境

一定要留意动物或孩子给你的警告，他们绝对比你知道的多。

=善于利用良性的信号

如果你酒后开车撞了一个当地的吉普赛人/巫师/占星师/预言家，那你就小心检查一下回去等死吧，几乎可以肯定，你会比他们死得更惨。

=鲁莽会造成市场的惩罚

当你被怪物/杀人狂追赶时，千万别往建筑物的最顶上跑。那时候你就只剩下一条路可以走了——跳下去。

=危险来的时候，你别一心向上

如果怪物/杀人狂正在追杀你时，千万别傻到把警察也卷进来。一则他们不会相信你的话，更糟的是他们还多半会把你关起来。这样当追杀者找到你时，你就连逃都没办法逃了。

=不必要的求援可能耽误时间

那些警察之类的当权者绝不会对你的危险感兴趣，也不会急着采取什么行动。相反，如果他们显得很热心，那你可要小心，因为他们才是真正的杀手/怪物，你刚刚所经历的危险相比之下只是迷惑性的假象。

= 市场之外的所谓援助方可能并不存在,而往往正是他们在攻击你

如果你正在被追杀,不管局面多么糟糕,也别往楼上跑。

= 别把自己逼入绝路

当怪物还离得很远时,就别浪费你的子弹了,你肯定射不中它。

= 别浪费宝贵的资源

如果你要和某个家伙交朋友,一定要把他的祖宗八代来龙去脉调查个底儿掉——包括去拜见他的父母,天知道他们是不是变态杀人狂或者什么妖魔鬼怪。别偷懒,否则最后他们一定会＊＊你。

= 怀疑一切可能使你活得长久

千万别相信任何人!你永远也不知道谁才是幕后凶手。

= 危险的制作者你永远不知情

如果你现在才十来岁,千万别和朋友一起去露营。或者为了安全起见,干脆就别交任何朋友。

= 别涉及不安全的领域

别拿考古当职业。别和死人搅在一起。

= 别接触危险和不祥

如果你怀了孕而你的丈夫开始变得行为古怪,赶紧逃命吧,走得越远越好!

= 熟悉的事物一定会变化

别吃某个瘦小枯干的老女人给你的吃的或喝的,如果它还散发着奇怪的香草味就更要当心了。

= 诱惑和危险同在

别戴你捡来的首饰。

= 别试图拾取不属于你的利润

如果你的朋友全都已经死掉,最后只剩下你和一位姑娘两个人,那么下面有两种可能:或者你们一起活下来,或者只有那位姑娘幸存,如果只能剩下一个人的话,肯定不是你。

= 相信墨菲法则

女巫布莱尔教育我们:在森林里露营,我们永远都是缺乏经验的。

= 在市场中,我们永远像婴儿

最后一条提示是给所有杀人狂和罪犯头子们的:下一次当你们拿枪瞄准那些英国特工或者其他什么好人的时候,别说那么多废话了,赶紧开枪干掉他们,这样你就赢了。

= 解决危险的要诀是果断

the Bible of Retail Investor

第 4 章
未来 3 年最具潜力行业分析及龙头金股

投资其实很简单,找到朝阳行业,抓住行业龙头,咬定青山不放松,坐享投资回报即可。关键是如何找到朝阳行业呢?

本章概要

第 1 节 "军工"承载着中国人的梦想开始腾飞
第 2 节 "新三农"孕育农业历史性机遇

第1节 "军工"承载着中国人的梦想开始腾飞

2007年以来，国防科工委、国资委、发改委等部门曾经单独或联合出台了很多相关文件，表明了政府大力推进国防科技工业市场化的决心和态度。虽然这些文件的出台提供了很好的政策环境，不过由于各方面的原因，许多军工上市公司的业绩到目前为止依旧没有太大起色，但是，政府改革的决心是确定的。国防科技工业市场化和上市公司主营业绩的提升是一个长期的过程。

政策的保证

胡锦涛总书记在十七大报告中明确提出："加快中国特色军事变革，做好军事斗争准备，提高军队应对多种安全威胁、完成多样化军事任务的能力，坚决维护国家主权、安全、领土完整。"国家对国防的重视，为军工行业的发展提供了根本的保证。

一系列重大项目的启动

海南航天基地的建设、大飞机项目启动、嫦娥一号在2007年底发射等一系列重大项目极大地推动了军工行业的发展。

体制改革深入，资产注入不断。胡锦涛总书记在十七大报告中明确提出："调整改革国防科技工业体制和武器装备采购体制，提高武器装备研制的自主创新能力和质量效益。建立和完善军民结合、寓军于民的武器装备科研生产体系。"未来中国国防科技工业的改革将不断深入，股份制改造是中国军工的发展必然之路，因此未来军工上市公司将会进行持续的资产注入。

军工产业"十一五"的发展战略

1. 加快国防科技工业转型升级，建设模式由任务型转向任务能力结合型，国防科技工业要在完成国家任务的同时，不断提高自身发展能力，实现平稳、可持续发展。

2. 体制、机制由计划指令为主转向更多地采用市场手段，适应社会主义市场经济的要求。

3. 科技发展由跟踪研仿为主转向自主创新为主，努力掌握和拥有支撑武器装备和高技术产业持续发展的前沿技术、基础技术和关键技术。

4. 增长方式由粗放型转向集约型，大力推进产业的高技术化和集约化发展，加速机械军工向数字军工转变。

军工行业的特殊性及特点

我国核工业、航天、航空、船舶、兵器、电子六大军工产业是国家高新技术产业的重要孵化器，是国民经济发展的重要推动力。国家对国防科研的投入会收到双重效果：一方面，它会提高部队战斗力，增强国防实力，增大国防安全系数；另一方面，它会产生巨大的社会经济效益，促进国民经济快速增长。

1. 军工行业优势

（1）竞争对手少

军工行业一般都是技术含量高，投入巨大，政府严格控制的行业。进入的政策壁垒、资金壁垒都比较高。对于从事军品生产的一些民营和非国有企业，即使是允许进入军工领域，也是被限定在某一军工集团自身不愿、不想或不能进入的领域，与现有军工企业的产品会存在较大差异，对军工集团不会构成冲击。

（2）行业竞争程度低

我国军工行业包括核、航天、航空、船舶、兵器、军用电子六大行业，十大军工集团公司。六大行业中，主要军工资产由一两个集团控制，两集团之间存在较为明显的分工，竞争不是很激烈。

（3）产品替代风险较小

由于军品进口渠道较少，目前国内军品的替代风险尚不是很大。如果欧洲对华军售解禁后，产品替代风险才会上升。

2. 军队依赖国产装备

中国军品在国际上的竞争力比较差，受到技术和政治实力的影响，短期内在国际军品市场上难以取得突破。国内市场就自然是国内军工产品的目标市场。中国军工行业长期以来自力更生的现实，加上军工行业计划经济的运作模式，使中国的军工行业保持非常高的利润空间。

3. 上游价格风险可完全转移

生产军品的原材料都有稳定的供应渠道。普通原材料能在市场上获得，而特殊原材料，同样可以采取非市场化的手段，获得供应保障。同时，上游原材料的价格风险几乎全部可以转移到产品中。

行业发展的关键驱动因素

1. 国防费用增加，刺激军工装备制造发展

在国家 2007 年度财政预算中看到，国防费用投入预算为 3509 亿元，同比上涨 17.8%。而从国际上军费开支变化情况来看，自 2004 年全球军费突破一万亿美元大关后，军费开支的增长速度不减，直逼美苏两强相争时的最巅峰。另一方面，从我国所处的地缘位置来看，台海问题、领岛领海争端、"核包围"等都直接威胁到国家的安全。在这种情况下，国家势必要在战略上保持强有力的威慑作用才能够维持现状，达到地区间力量的平衡。因此，未来几年，政府在国防费用上的支出将保持目前的增速，维持平稳增长的势头。

2. 国防资产证券化进程加速

(1) 资产注入是主旋律

集团整体上市或利用向已上市公司资产注入是军工企业优质资产上市的主要方式。已上市公司将成为未来一段时间内军工企业借助资本市场扩张的主旋律。从目前军工上市公司的主营业务来看，相当大一部分从事的是零部件加工等业务，集团公司的大型主机业务和核心产品都没有进入上市公司，这在很大程度上增加了上市公司抵御风险的能力。而业务品种单一，产业规模小也限制了上市公司内涵式增长的潜力。通过向上市公司注入优质资产，可以扩大规模，丰富产品，延长产业链，提高抗风险能力，通过外延式扩张增强企业内涵式增长的潜能。

(2) 产业整合提升整体价值

从目前各大军工集团下属的上市公司数量来看，呈现出分布不均，整体偏多的格局。未来以自身主营业务板块为核心，整合上市公司资源的行动将会陆续展开。而从各家上市公司从事的主营业务来看，存在不少的重叠和近似的业务。在目前做大做强上市公司的背景下，这些企业之间的资源重组和产业整合，延伸产业链，将会在未来逐步拉开序幕。

(3) 下游行业持续向好，刺激民品业务发展

军工民品的快速增长，得益于下游行业的持续向好。根据对 18 家军工上市

公司的产品和产业链关联性分析，可以看出军工民品集中的行业包括汽车零部件制造、工程机械和机床制造、铁路机车制造几个领域。

2008年整体上市是军工企业最大亮点

首先，军工企业股份制改造中整体上市"瓶颈"终被打破。以前，国家安全等方面的因素，在军工企业股份制改造中确定了"军民剥离后民品上市"的思路。但是，这种改造思路必定使军工产业脱离资本市场，从而影响军企发展。我国军工企业大多依靠国家投入，在资金紧缺的情况下，企业发展必定受阻。而剥离民品再上市的做法，也限制或减缓了一部分企业利用资本市场发展的机会。目前计划上市的相关军工企业，首先要进行的便是"军品和民品"的剥离，这一过程往往复杂而耗时较久。而国防科工委制定出台了《军工企业股份制改造实施暂行办法》和《中介机构参与军工企事业单位改制上市管理暂行规定》，为军工企业整体上市扫清了障碍。

根据《办法》，政府鼓励境内资本（指内资资本）以及有条件地允许外资参与军工企业改制。

军工企业改制实施目录管理。国防科工委负责组织制定、发布军工企业股份制改造分类指导目录。军工企业按照国有独资（或国有全资）、国有绝对控股、国有相对控股、国有参股（含国有股全部退出）等四种类型实施改制。

经国防科工委批准，国有控股的境内上市公司可以对国有控股的军工企业实施整体或部分收购、重组。但是，收购、重组必须受国防科工委的监管。同时，允许外资并购改制为国有参股的企业。但是，禁止外资并购国有独资、国有绝对控股的军工企业，并限制外资并购国有相对控股的军工企业。

值得注意的是，办法规定，军工企业整体或部分改制上市，及以其他方式进入上市公司的，须编制军工企业上市框架方案。这意味着军工企业股份制改造中整体上市"瓶颈"被打破，同时也意味着"剥离军品后民品上市"的改革思路已经改变。国防科工委对涉及军品业务的中介机构将实施资格审查，不允许有外资参股或外资背景。根据《军工企业股份制改造实施暂行办法》规定，"军工企业整体或部分改制上市，及以其他方式进入上市公司的，申请人还应编制军工企业上市框架方案"的条款，意味着已经为"军企上市"铺平了道路，而这也扫除了军工企业股份制改造中可能存在的障碍。

其次，军品资产的注入＋民品资源的整合是未来军工行业发展的新生动力。

军品资产的注入

军工集团的资产重组、收购兼并和产业整合，将是目前军工行业最大的投资机会。军工集团虽然上市公司众多，但大多数核心的资产仍在上市公司之外，因此未来资源整合的空间很大。

资源整合是军工集团未来发展的必然之路。在"十一五"期间，国防科工委提出了全行业总收入年均增长 15% 以上，工业经济效益综合指数提高 30 点以上的奋斗目标，各个军工集团也都制定了雄心勃勃的发展计划。从国外军工巨头企业的发展历程来看，坚持军民并举，通过并购重组整合资源是企业快速发展的根本之路。因此通过资本市场整合资源，迅速做大做强，将是军工企业发展的必然之路。兵器集团就表示，在"十一五"期间，旗下所有上市公司都将会有资产的注入。

政策的放开使资源整合成为可能。国防科工委对军工行业提出了"大协助、小核心、寓军于民"的产业格局。军工的产业链包括器件、分系统和总装，除了核心的总装资产外，对于器件和分系统资产进入上市公司，国家已经逐步放开。外部竞争、行业周期和股改后的利益一致使得资源整合的难度缩小。根据政策，除了核心保军企业外，国家将逐渐开放军工市场，非保军企业将逐渐面临市场竞争压力。同时，由于军工行业的周期性较强，如果不抓住这几年的行业景气时期迅速做大做强，未来发展将面临很多问题。在股改完成后，随着激励制度的健全，各方的利益逐渐一致，资本的力量在博弈中得到空前的体现，这些都使得军工集团有动力逐渐把资源注入到上市公司。考察未来军工集团的资源整合，有几个方面是值得注意的，这决定了未来资源整合的力度和强度。

1. 军工集团对资源的整合是否有一个清晰明确的战略。11 个军工集团，对旗下资源整合的认识程度是不一样的，因此是否有一个明确的战略，决定了未来整合的速度和力度。航天科技集团通过火箭股份进行资源整合、航天科工集团围绕五大发展方向进行资源整合都具有明确的战略方向。

2. 大股东拥有的资源。由于军工集团比较庞大，业务庞杂，因此上市公司的大股东拥有的资源决定了企业在整合中所能获得的利益空间。如中国卫星（行情，股吧）作为五院、四创电子作为 38 所的独家上市公司，资源整合进行得就比较顺利。

3. 上市公司的产业基础。对于军工集团来说，资源在上市公司中的选择，取决于上市自身的产业基础。兵器集团对辽通的资源整合就是因为其有很好的产业基础。

4. 持股比例和控制力度。由于利益的原因，在资产整合时，军工集团持股比例较高，控制程度较强的上市公司将会在资源整合中获得明显优势。像火箭股份、航天长峰、西飞国际等。

民品资源的整合

对民品资源进行整合，实现军民结合，是我国未来军工行业发展的必然之路。在"十一五"期间，军工集团将把加快发展民品作为重大发展战略，给予积极的扶持。在军品处于行业周期的高潮时，军工集团有更强的动力和更多的资源来发展民品。由于长期的研发和积累，在发展军品的同时，军工集团掌握了一大批优势的民品资源。围绕这些资源，在"十一五"期间，军工集团将逐渐整合重组进入上市公司，这其中蕴涵着巨大的投资机会。像新华光、四创电子、辽通化工、北方天鸟等。

重点关注军工细分领域

（一）航天产业——跨上新台阶

中国航天事业自 1956 年创建以来，经历了艰苦创业、配套发展、改革振兴和走向世界等几个重要时期，迄今已达到了相当规模和水平，形成了完整配套的研究、设计、生产和试验体系；建立了能发射各类卫星和载人飞船的航天器发射中心和由国内各地面站、远程跟踪测量船组成的测控网；建立了多种卫星应用系统，取得了显著的社会效益和经济效益；建立了具有一定水平的空间科学研究系统，取得了多项创新成果；培育了一支素质好、技术水平高的航天科技队伍。

中国航天事业是在基础工业比较薄弱、科技水平相对落后和特殊的国情、特定的历史条件下发展起来的。中国独立自主地进行航天活动，以较少的投入，在较短的时间里，走出了一条适合本国国情和有自身特色的发展道路，取得了一系列重要成就。中国在卫星回收、一箭多星、低温燃料火箭技术、捆绑火箭技术以及静止轨道卫星发射与测控等许多重要技术领域已跻身世界先进行列；在遥感卫星研制及其应用、通信卫星研制及其应用、载人飞船试验以及空间微重力实验等方面均取得重大成果。

空间技术

1. 人造地球卫星。中国于 1970 年 4 月 24 日成功地研制并发射了第一颗人造地球卫星"东方红一号"，成为世界上第五个独立自主研制和发射人造地球卫星的国家。截至 2000 年 10 月,中国共研制并发射了 47 颗不同类型的人造地球卫星,飞行成功率达 90% 以上。目前,中国已初步形成了四个卫星系列——返回式遥感卫星系列、"东方红"通信广播卫星系列、"风云"气象卫星系列和"实践"科学探测与技术试验卫星系列,"资源"地球资源卫星系列也即将形成。中国是世界上第三个掌握卫星回收技术的国家,卫星回收成功率达到国际先进水平;中国是世界上第五个独立研制和发射地球静止轨道通信卫星的国家。中国的气象卫星、地球资源卫星主要技术指标已达到 20 世纪 90 年代初期的国际水平。近几年来,中国研制并发射的 6 颗通信、地球资源和气象卫星投入使用后,工作稳定,性能良好,产生了很好的社会效益和经济效益。

2. 运载火箭。中国独立自主地研制了 12 种不同型号的"长征"系列运载火箭,适用于发射近地轨道、地球静止轨道和太阳同步轨道卫星。"长征"系列运载火箭近地轨道最大运载能力达到 9 200 千克,地球同步转移轨道最大运载能力达到 5 100 千克,基本能够满足不同用户的需求。自 1985 年中国政府正式宣布将"长征"系列运载火箭投入国际商业发射市场以来,已将 27 颗外国制造的卫星成功地送入太空,在国际商业卫星发射服务市场中占有了一席之地。迄今,"长征"系列运载火箭共实施了 63 次发射;1996 年 10 月至 2000 年 10 月,"长征"系列运载火箭已连续 21 次发射成功。

3. 航天器发射场。中国已建成酒泉、西昌、太原三个航天器发射场,并圆满完成了各种运载火箭的飞行试验和各类人造卫星、试验飞船的发射任务。中国航天器发射场既可完成国内发射任务,又具有为国际商业发射服务和开展其他国际航天合作的能力。

4. 航天测控。中国已建成完整的航天测控网,包括陆地测控站和海上测控船,圆满完成了从近地轨道卫星到地球静止轨道卫星、从卫星到试验飞船的航天测控任务。中国航天测控网已具备国际联网共享测控资源的能力,测控技术达到了世界先进水平。

5. 载人航天。中国于 1992 年开始实施载人飞船航天工程,研制了载人飞船和高可靠运载火箭,开展了航天医学和空间生命科学的工程研究,选拔了预备航天员,研制了一批空间遥感和空间科学试验装置。1999 年 11 月 20 日至 21 日,中国成功地发射并回收了第一艘"神舟"号无人试验飞船,标志着中国已突破了载人飞船的基本技术,在载人航天领域迈出了重要步伐。

空间应用

中国重视研制各种应用卫星和开发卫星应用技术,在卫星遥感、卫星通信、卫星导航定位等方面取得了长足发展。中国研制和发射的卫星中,遥感卫星和通信卫星约占 71%,这些卫星已广泛应用于经济、科技、文化和国防建设的各个领域，取得了显著的社会效益和经济效益。国家有关部门还积极利用国外各种应用卫星开展应用技术研究，取得了很好的应用效果。

1. 卫星遥感。中国从20世纪70年代初期开始利用国内外遥感卫星，开展卫星遥感应用技术的研究、开发和推广工作，在气象、地矿、测绘、农林、水利、海洋、地震和城市建设等方面得到了广泛应用。目前，国家遥感中心、国家卫星气象中心、中国资源卫星应用中心、卫星海洋应用中心和中国遥感卫星地面接收站等机构，以及国务院有关部委、部分省市和中国科学院的卫星遥感应用研究机构已经建立起来。这些专业机构利用国内外遥感卫星开展了气象预报、国土普查、作物估产、森林调查、灾害监测、环境保护、海洋预报、城市规划和地图测绘等多方面、多领域的应用研究工作。特别是卫星气象地面应用系统的业务化运行，极大地提高了对灾害性天气预报的准确性，使国家和人民群众的经济损失有了明显的减少。

2. 卫星通信。中国从20世纪80年代中期开始利用国内外通信卫星，发展卫星通信技术，以满足日益增长的通信、广播和教育事业的发展需求。在卫星固定通信业务方面，全国建有数十座大中型卫星通信地球站，联结世界180多个国家和地区的国际卫星通信话路达2.7万多条。中国已建成国内卫星公众通信网，国内卫星通信话路达7万多条，初步解决了边远地区的通信问题。甚小口径终端（VSAT）通信业务近几年发展较快，已有国内甚小口径终端通信业务经营单位30个，服务小站用户15 000个，其中双向小站用户超过6 300个；同时建立了金融、气象、交通、石油、水利、民航、电力、卫生和新闻等几十个部门的80多个专用通信网，甚小口径终端上万个。在卫星电视广播业务方面，中国已建成覆盖全球的卫星电视广播系统和覆盖全国的卫星电视教育系统。中国从1985年开始利用卫星传送广播电视节目，目前已形成了占用33个通信卫星转发器的卫星传输覆盖网，负责传送中央、地方电视节目和教育电视节目共计47套，以及中央32路对内、对外广播节目和近40套地方广播节目。卫星教育电视广播开播十多年来，有3 000多万人接受了大、中专教育与培训。近年来，中国建成了卫星直播试验平台，通过数字压缩方式将中央和地方的卫星电视节目传送到无线广播电视覆盖不到的广大农村地区，使中国广播电视的覆盖率有了很大提高。中国现有卫星电视广播接收站约18.9万座。在卫星直播试验平台上，还建立了中国教育卫星宽带多媒体传输网络，面向全国开展远程教育和信息技术的综合服务。

3. 卫星导航定位。中国从20世纪80年代初期开始利用国外导航卫星，开展卫星导航定位应用技术开发工作，并在大地测量、船舶导航、飞机导航、地震监测、地质防灾监测、森林防火灭火和城市交通管理等许多行业得到了广泛应用。中国在1992年加入了国际低轨道搜索和营救卫星组织（COSPAS – SAR-

SAT），以后还建立了中国任务控制中心，大大提高了船舶、飞机和车辆遇险报警服务能力。

空间科学

中国在 20 世纪 60 年代初期开始利用探空火箭、探空气球开展了高层大气探测。在 70 年代初期开始利用"实践"系列科学探测与技术试验卫星开展了一系列空间探测和研究，获得了很多宝贵的环境探测资料。近年来，开展了空间天气预报的研究工作及相应的国际合作。从 80 年代末开始利用返回型遥感卫星进行了多种空间科学实验，在晶体和蛋白质生长、细胞培养、作物育种等方面取得了很好的成果。中国空间科学在基础理论研究方面取得了若干创新成果，在空间物理学、微重力科学和空间生命科学等领域建立了具有一定水平的对外开放的国家级实验室，建立了空间有效载荷应用中心，具有支持进行空间科学实验的基本能力。近年来，利用"实践"系列科学探测与技术试验卫星对近地空间环境中的带电粒子及其效应进行了较为详细的探测，并首次完成了微重力流体物理两层流体空间实验，实现了空间实验的遥控操作。

从神舟五号飞船到神舟六号飞船，再到"嫦娥一号"卫星，一系列重大事项标志着我国的航天事业正步入快速的发展通道。"十一五"期间，我国将研制近 100 颗空间飞行器，发射 50~60 颗卫星，包括通信广播卫星、地球资源卫星、返回式卫星、气象卫星、导航卫星和科学试验卫星六大系列。到"十一五"末，我国将建立由 60~70 颗卫星组成的空间信息系统，较目前投入运行的数量（36颗）翻一番。而且明确提出，我国航天产业还将启动并实施包括载人航天工程、月球探测工程和新一代运载火箭工程等一系列重大航天科技工程，实现航天产业跨越式的发展。

在国防科技众多领域中，航天工业与国际先进水平之间的差距最小。我国在运载火箭发射技术、大中小型卫星研制、导航应用、载人航天等方面已居世界前列。2007 年航天科技集团为尼日利亚通信卫星一号发射成功，实现了中国整星出口零的突破。鉴于我国同广大第三世界国家的良好邦交关系，有望获得更多的海外卫星研制和发射订单，逐步扩大航天工业的外部需求。

航天科技和航天科工两大集团均有涉及卫星应用的业务，目前沪深两市仅有航天科技集团下的中国卫星一家涉及此块业务的上市公司，不排除未来两大集团还会有卫星应用领域资产通过注入上市公司或者首发上市新公司进入资本市场的可能，如果有这方面的动作，将会是非常好的投资机会。

（二）航空产业——处于新一轮景气周期上升阶段

航空产业将带动机械制造、电子、冶金、化工、材料、能源、信息和计算机等许多基础产业和高新技术的发展，对工业基础、科学技术、国民经济有很大的促进作用。

谨慎对待大飞机项目。中国30多年来发展大飞机的航空历程说明，大飞机项目很容易中途夭折，政府换届、航空工业规划调整、国防战略调整都多次让大飞机项目的发展付出下马停工的惨重代价，对于这次的大飞机项目还必须谨慎对待。

发展支线飞机更切实际

目前，我国航空业的总机队规模为1 024架，其中支线飞机72架，仅占市场运力的7.1%，远低于欧美36%和43%的支线飞机比例。我国空运力集中于枢纽机场，前20位的大中型机场占80%的市场份额。对国内1 066个城市之间的客流分析，平均每班旅客少于80人的航班占航班总数的86.5%。国内81.7%的城市每天不到一个往返航班。上述数据足以证明，国内支线航空是最具发展空间的。

国内支线客机市场一直由波音、空客、庞巴迪和巴西航空等国外航空巨头垄断，不过我国在支线飞机领域也取得了较大突破。西飞集团研制的新舟60（MA60）是我国自行研制的新一代支线客机，在国内支线航空运输以及非洲、东南亚、拉美等地区具有较广阔的市场。预计至2010年，新舟60支线客机在国内的销售量将达到96~130架，国际市场份额预计达到193~290架。我国首架完全国内研发、全球配套，具有自主知识产权的支线飞机ARJ-21，2007年底总装下线，2008年试飞，目前已经获得订单71架。ARJ-21支线飞机瞄准的是支线航空市场最具潜力的70~110座的细分市场，最终目标是打入国际市场。同比国际市场上同类型的支线飞机，ARJ-21在性能及预售价上都具优势，其中低成本的优势将成为其同国际航空巨头竞争的最大筹码，ARJ-21的购买、使用等综合成本比国外同类型飞机要低10%左右，因此，未来发展前景极为看好。

两大航空集团从事飞机制造业的上市公司，基本上都以外贸航空为主业，如一航的西飞国际、二航的成发科技。根据国防科工委综合计划司的最新统计，2007年前三个季度，两航空集团零部件转包生产实现交付达到3.7亿美元，同比增长32.5%。

（三）船舶制造——行业景气高峰将持续

我国船舶工业发展势头强劲。2007年前三季度，我国船舶工业继续保持快速增长，各项指标再创历史新高。得益于毛利率的提高以及生产效率的大幅提升，我国船舶行业利润继续呈现爆发性增长。根据国家统计局数据，2007年1~8月船舶及浮动装置制造981家企业共实现销售收入155.45亿元，同比增长

57.87%；实现利润总额 110.49 亿元，同比增长 124.83%。

未来几年国际造船业仍将处于高景气期。2007 年 1～9 月份世界新船累计成交量达 2 993 艘/17 840 万载重吨，已经突破 2006 年全年创出的历史最高纪录 1.67 亿载吨，远高于年初预期，预计 2007 年新船成交量将破 2 亿载重吨大关。从当前国际造船形势来看，国际经济贸易持续快速发展，航运市场持续走强，造船市场将进一步兴旺，预计造船行业的景气将至少持续到 2010 年。其中，散货船成交量大幅增长，有力地支持了国际造船市场兴旺势头的延续，是行业景气高峰持续的最重要支撑因素。

国际船舶制造业向我国转移趋势显著。我国船舶制造业无论是绝对值指标还是相对值指标都逐年提升，2006 年我国新船完工量超过 1 452 万载重吨，是 2 000 年的近 6 倍，稳居世界第三位，与日、韩两大国际船舶巨擘的差距逐年缩小；占世界新船总完工量的比重也逐年提升，由 2000 年的 5.46% 上升到了 2006 年的 19.52%，到 2010 年我国新船完工量将占到世界份额的 25%。船舶制造业属于劳动密集、资本密集和技术密集型产业，鉴于我国在船舶制造成本、海岸资源上的比较优势，以及船舶制造技术的明显提升，中国船舶制造占世界份额还会提升，国际船舶制造产业向我国转移的趋势仍将继续。

（四）核技术由军事转向民用

2007 年 5 月 22 日，国家核电技术有限公司的成立，标志着我国核技术由军用开始向民用转变，同时，核电发展进入了高速发展期。国家政策上以引进第三代先进的核电技术，通过消化吸收和再创新，形成自主的核电技术品牌，实现核电设备的国产化，最终实现核电的批量化生产。受此政策影响，国内的核电设备制造行业进入快速发展期。

目前国内主要掌控核技术的集团是中国核工业集团，下属子公司中，已上市的中核科技没有真正涉核技术的项目，但是中核集团公司确定了"军民结合、发展核电、调整结构、突出效应、强化经营、科技兴核"的 24 字发展方针，不排除将核电资产注入上市公司。

军工行业重点上市公司资产整合点评

"十一五"将是我国军工企业发展的重要时机，国防科工委下属十大军工集团将是我国军工企业进行资产整合的最直接进行者，它们的战略发展目标充分体现了国家对整个国防工业的具体目标，它们各自的主业情况和未来发展规划也关系到未来军工资产注入旗下上市公司的可能性和具体的时间表。

我们注意到，国防科工委体制改革司司长透露，将用5年左右的时间，基本完成军工企业公司制股份制改造；到2010年末，军工企业利用资本市场直接融资500亿~600亿元，并鼓励军民结合的资产和业务进入资本市场，鼓励军工企业整体上市；除国有独资军工企业外，国防科工委不排斥外资参股军工企业；目前，各大军工集团都已有子公司在沪深两市实现上市，可适当关注这类公司的表现。

重点公司资产整合进度及评级

西飞国际（000768）：跻身世界级飞机制造商

图例：

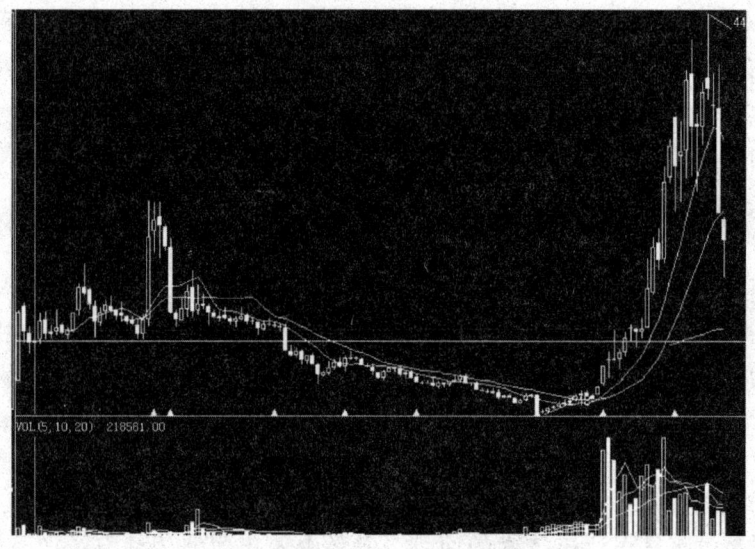

截图（西飞国际月线1997年—2008年2月）

总理视察西飞集团和一航、二航整合或合作消息均属重大利好消息。西飞集团全称为西安飞机工业（集团）有限责任公司。西飞国际股票的上市公司为西安飞机国际航空制造股份有限公司，是由西安飞机工业（集团）有限责任公司（简称"西飞集团"）独家发起，以募集方式设立；该公司是从事大中型航空零部件制造的专业公司，属于航空制造业。而西飞集团是中国航空工业第一集团下属企业。国资委大政策方向很明确，欲把央企等集团公司的资产，转入先上市的子公司，逐步快捷地实现整体上市，解决直接融资问题，把央企做大做强。而一航资产如果上市，很有可能借下属公司西飞国际的壳，通过定向增发来实现。长期来看，军工股无疑是好股票。总理都说，让大飞机飞上蓝天是国家意志，不仅必须做，而且一定要成功。

西飞集团以飞机业务相关资产认购西飞国际（000768）定向增发股票事宜已完成，由此公司将拥有包括军机、民机在内的飞机整机的生产制造能力，公司业务结构将从单一的飞机零部件生产转变为以飞机整机生产为主，飞机零部件生产为辅，业务收入将主要由飞机整机收入和飞机零部件收入组成。西飞集团拟用于认购的资产包括民用飞机研发、飞机技术服务、除特殊型号军机的总装、军机调整试飞外的飞机生产制造业务、飞机用户支援、飞机改装维修业务以及飞机生产技术装备、设备维修、飞机生产所需辅助生产系统的相关资产和负债。根据《资产评估报告书》，上述飞机业务相关资产的账面净值为 307 229.71 万元，评估净值为 339 926.37 万元。经模拟计算，非公开发行完成后，西飞国际 2007 年末净资产将比 2006 年增加 3 倍左右，2007 年营业收入和净利润将分别比 2006 年增加 3 倍和 5 倍左右。根据《盈利预测审核报告》，假设 2007 年 10 月 1 日为合并日，按本次非公开发行股票上限 66 000 万股计算，西飞国际 2007 年每股收益将达 0.36 元。具体效益提高体现在以下两个方面：

第一，民机收入将产生巨大利润

公司在定向增发修改方案中增加了民机投资，拟分别投资发起设立一航成飞、一航沈飞两家民用飞机公司，公司成立后主要从事国外转包生产、ARJ21 支线飞机零部件和其他民用飞机生产。公司承担 60% 工作量的国产新支线飞机 ARJ21 销售在我国一航新市场战略下订单快速增长。前期 ARJ21-700 飞机总装下线仪式上，深圳航空与中国一航签署了购买 100 架 ARJ21 的订单，ARJ21 订单总数已达 173 架，合同价值约 52 亿美元。近期西飞集团与云南英安航空签署了购买和租赁 10 架新舟 60 的合同，意向订购 10 架。整体上看，旺盛的市场需求、价格优势以及政府的有力支持将给公司民机业务带来相当大的成长空间。

第二，整合一航飞机制造业务

西飞国际将利用新增的募集资金，与同属中航一集团的成飞集团、沈飞集团建立合资公司，整合中航一集团旗下以 ARJ21 为代表的民机生产和零部件国外转包业务。

根据新方案，西飞国际拟分别利用不超过 22 500 万元资金，与成飞集团、中航投资有限公司合资设立一航成飞民用飞机有限责任公司，与沈飞集团、中航投资合资设立一航沈飞民用飞机有限责任公司。两家合资公司的注册资本都为 50 000 万元，其中西飞国际占注册资本的 45%。成飞集团和沈飞集团在上述合资公司中都是以民用飞机业务相关资产及货币出资 20 000 万元，占 40% 的股权，中航投资以货币出资 7 500 万元，占 15% 的股权。一航成飞民机和一航沈飞民机主业均是从事国外转包生产、ARJ21支线飞机零部件和其他民用飞机生产。

西飞、成飞、沈飞这次建立合资公司是根据中国一航"专业化整合、资本化运作、产业化发展"战略转型而实施的整合行为。中航一集团旗下以ARJ21为代表的民机零部件制造和国外转包业务有望通过西飞国际的平台整合在一起。

目前，民用航空制造业蓬勃发展，运输市场需求量增长很快。我国国外转包项目发展势头良好，但参与主体较多，各主体单位在飞机部件制造方面存在比较优势，在转包生产项目上存在一定竞争关系，因此对民机优势资源进行整合是实现民机产业做大做强的必然之举。

西飞国际投资设立飞机制造公司项目将解决现有企业在转包生产上竞争的问题，形成较大的民机制造规模，有利于把民机产业做大做强。投资设立的飞机制造公司整合了民机资源，形成了较大的民机制造规模，解决了军民机混线生产问题，增强了在国际民机制造市场上的竞争力，有利于西飞国际发展成为世界航空业制造商的战略合作伙伴。

注：一航集团背景介绍

中国航空工业第一集团公司（以下称中国一航）为中国航空制造业旗舰企业，目前总资产1 000多亿元，在A股市场拥有西飞国际、中航精机、力源液压、贵航股份等四家上市公司。

中国一航成立于1999年，是特大型国有企业，拥有大中型工业企业47家，科研院所31个，直属专业公司及事业单位22个，共有员工24万人，资产总额1 000多亿元。

据了解，现在中国一航旗下的四家上市公司中，西飞国际在"专业化板块整体上市"方面，已经先行一步。2006年10月25日，西飞国际发布公告称，公司计划定向增发6.6亿股，大股东西飞集团以其拥有的飞机业务相关资产认购不低于发行股份总数的55%，西飞集团整体上市走出关键一步。

据悉，中国一航的整体上市思路为：先通过下属子公司的专业整合、资本运作，形成产业发展若干板块，随后专业化板块整体上市，最后通过股权置换，实现一航的整体上市。

业内人士认为，西飞国际是波音公司唯一的747组件生产合作伙伴，是中航一集团的核心资产运作平台，通过大股东注资，西飞国际将形成完整产业链，成为集团整合飞机制造类资产的平台。

二航集团背景介绍

中国航空工业第二集团公司作为中国航空工业的主力军之一，是在原中国航空工业总公司所属部分企事业单位基础上组建的特大型国有企业，于1999年7月1日正式成立，是国家授权投资的机构，由中央直接管理。公司注册资本126亿元，总资产660亿元。

中国航空工业第二集团公司拥有工业企业、研究院所和其他企事业成员单位共78个，经过重组改制，在建立现代企业制度方面取得了进展。拥有在香港上市的中国航空科技工业股份有限公司和在国内上市的6家A股公司控股权，持有中国航空技术进出口总公司、中国航空工业供销总公司50%的股份。

该集团旗下的主要资产有：

1. 飞机类：洪都航空工业集团、常州飞机制造厂、石家庄飞机工业有限责任公司、保定螺旋桨制造厂、湘陵机械厂、荆门宏图飞机制造厂；

2. 直升机类：昌河飞机工业（集团）有限责任公司、哈尔滨飞机工业集团；

3. 发动机类：中国南方航空动力机械公司、北京长空机械有限责任公司、哈尔滨东安发动机（集团）有限公司、成都发动机（集团）有限公司、中南传动机械厂、常州兰翔机械总厂；

4. 机载设备类：北京曙光电机厂、豫北机械厂、平原机器厂、泛华航空仪表电器厂、兰州飞控仪器总厂、南京宏光空降装备厂、武汉航空仪表有限责任公司、长春航空机载设备公司、万里机电总厂等；

5. 其他：中国航空工业浦东开发中心、中国航空技术进出口总公司、中国航空汽车工业总公司、香港长天工业有限公司、中振会计咨询公司、徐州航空压铸厂、青岛前哨精密机械公司、景德镇航空锻铸公司等。

综上所述：西飞集团飞机业务资产注入公司，是军工资产整体注入上市公司的开始，通过定向增发，公司形成了完整的飞机制造产业链，完成了从飞机零部件制造商向整机制造商的转变。西飞集团注入的资产包括飞机研发、飞机生产制造等及辅助生产系统的相关资产和负债。从事整机的制造和销售，必将显著提升公司的经营规模和盈利能力，由于集团公司的防务资产注入了公司，公司已然成为我国首家真正意义上的军工上市公司，批量生产成熟的航空产品全部进入公司，对其整体盈利水平的提高大有裨益。行业研究员认为，尽管大股东资产2006年盈利不能进入公司，但注入资产将在2008年度充分发挥盈利提升作用，看好公司未来盈利增长前景。

中核科技：(000777)：核技术旗舰起航

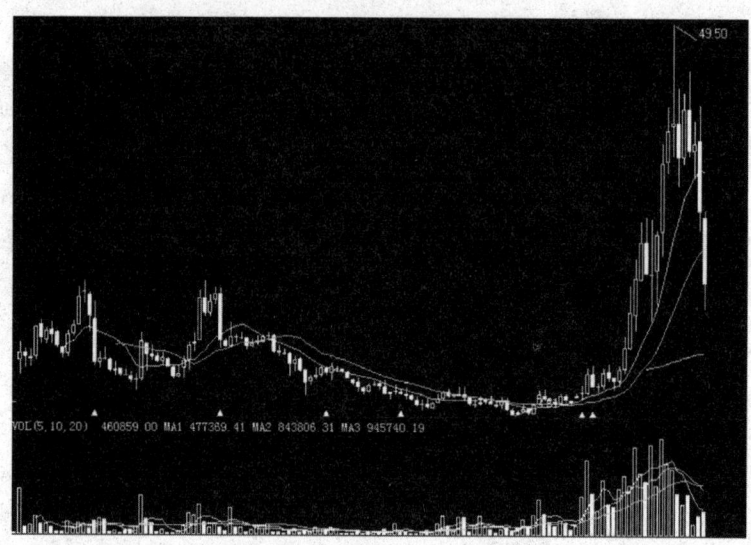

截图（月线 1997 年—2008 年 2 月）

"十一五"期间将是我国核电发展的重要时期，为抓住核电大发展的机遇，中核集团日前推出了在今后 5 年以核电技术创新为重点，打造核电自主品牌，实现经济效益年均增长 15%、5 年翻番的奋斗目标。

据悉，中核集团从今年起将在核电项目开发建设方面重点做好四个方面的工作：一是继续积极参与并全力支持落实核电自主创新项目，做好国产百万千瓦级核电站（CNP1000）的自主化设计、科研开发工作和第三代核电技术招标工作，并在环流器 2A 装置实验方面力争取得新成果。二是全力抓好大型先进压水堆核电站重大专项的计划、组织机构和管理模式的确定。安排中远期核能技术研究项目，开展海水淡化项目安全审评工作，争取尽早立项。三是大力开展铀矿地质勘查技术、铀浸出新技术的研究与开发，降低采冶成本，提高铀资源利用率。四是以"充分授权、强化责任、配套支持、加大激励、有效监督"为原则，创新产业发展扶持政策，培育新的经济增长点，重点加快发展核应用技术产业、非核产业、核环保产业和核仪器设备制造业。

"十五"期间，中核集团参与建设和运营的核电工程都取得了阶段性的成果。其中，秦山核电基地投产的 5 台机组全年发电量达到了 226 亿千瓦时；江苏田湾核电站 1 号机组成功实现了首次临界，2 号机组进入全面调试；新建的秦山二期核电扩建工程、三门核电项目等新项目前期工作进展顺利。此外，集团所属核二院与核动力院还首次以总承包的形式承接了岭澳二期核电站核岛及相关设计。集团国产百万千瓦级核电站（CNP1000）自主化设计和科研工作取得重要进展，经国家环保总局核安全审评中心对其已完成的初步设计进行预审评后认为，设计建立在成熟的技术基础上，在安全方面的考虑也更全面和周到，可应用于工程实践。大型先进压水堆示范工程成功入选了国家中长期科技发展规划重大专项，环流器2A装置试验上了新台阶。作为我国聚变研究的主要力量，中核集团还参与了国际热核聚变实验堆（ITER）计划工作。

公司依托大股东的雄厚实力积极进军了核技术民用的高科技领域，成为国内最大的特种阀门制造商（核电、火电、石油化工、天然气输送及船艇等领域的特种阀门处于垄断地位）。中核科技作为中国核工业集团的唯一资本运作平台，实施资产注入的可能性较大。2007年2月7日，中核科技曾公告称，大股东有意将秦山一期核电站注入中核科技，以实现借壳上市，但尚无时间表。由此可见，中核集团利用上市公司进行资本运作的意图十分明显。除秦山核电站外，大股东旗下还有北京核仪器厂（我国最大的核辐射探测器与核仪器科研生产基地）、西安核仪器厂（民用核仪器仪表生产）、西安核设备厂（大型压力容器、核电设备和自动消防设备生产）等可注入资产，从这个角度来讲，上市公司未来成长就具有很大空间。

航天科技（000901）：核心技术引领未来

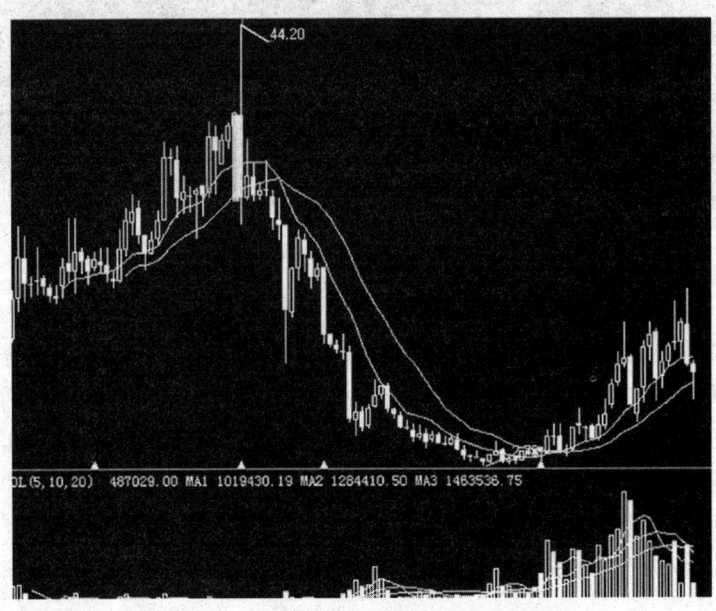

截图（月线全部至今）

公司是航天系统第一家上市公司,公司依靠大股东中国航天科工集团的支持,前期置入了航天固体运载火箭有限公司拥有的北京发射系统工程技术分公司的全部资产等,使其成为拥有航天核心技术的军工企业。

航天长峰(600855):成长提速

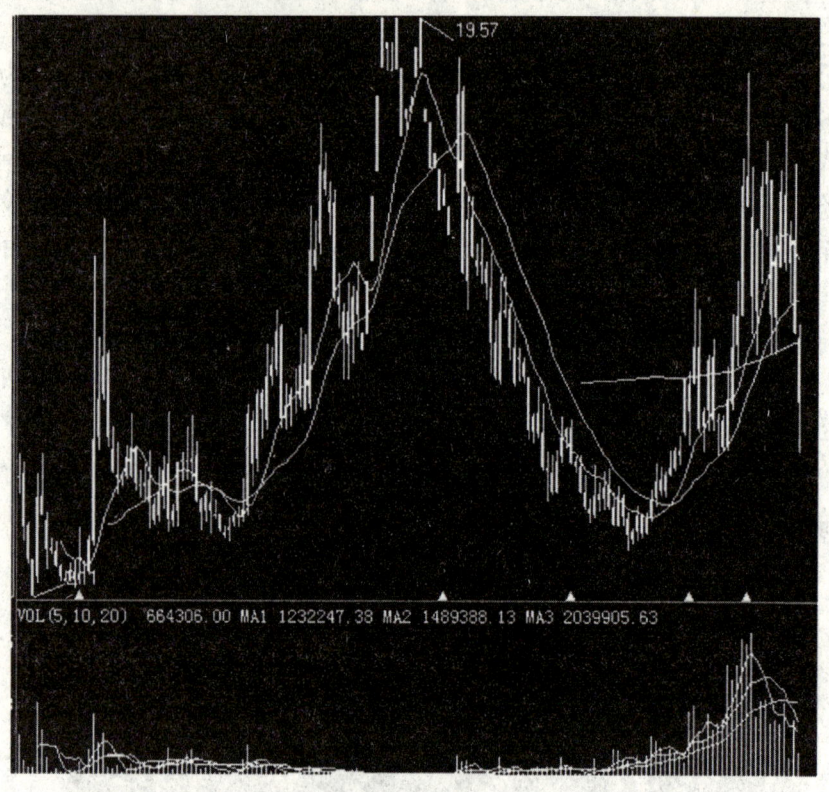

截图(月线全部至今)

公司是我国首家经国防科工委批准的军工资产上市企业,也是国内唯一能生产第三代红外成像设备的企业,该设备是国内石油、电力、交通运输等领域的急需产品,同时还是国家武器装备现代化急需的装备。大股东表示将在两年内完成优质资产置入航天长峰的工作或置入资产经审计的净资产收益率不低于15%,相应的销售收入不低于2亿元,并将在适当的时机提高持股比例。集团优质资产的注入预期更加提升了该股巨大的内在价值,目前该公司的成长价值被严重低估。笔者观察发现,在股价滞长过程中,资金进场步伐明显加快,未来拓展空间值得期待。

风帆股份（600482）：受益"海洋战略"

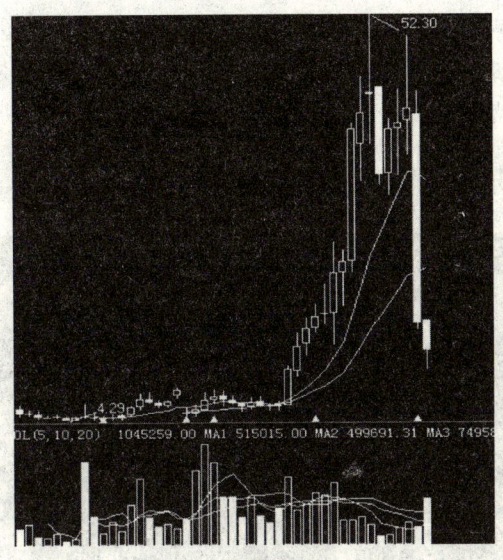

截图（月线全部至今）

向大股东定向增发，收购淄博蓄电池厂等优质军工资产，潜艇用铅酸蓄电池相关资产也将被注入，全面做强主业。预计2008年，公司每股收益为0.69元。可中线关注！

成发股份（600391）：发动机部件制造进入核心产业链

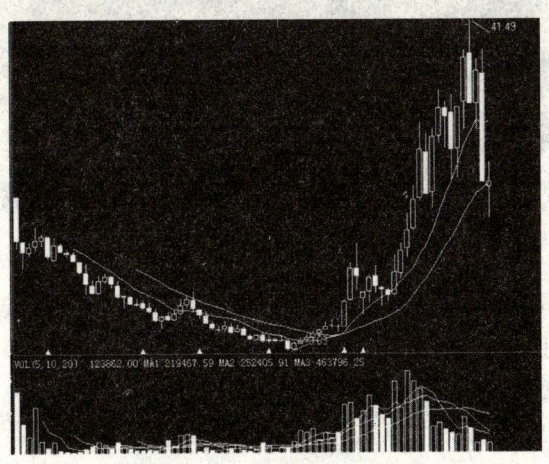

截图（月线全部至今）

在发动机部件制造技术上已居国际一流水平，2005年一次性取得热处理等全部七项特种工艺的NADCAP认证，已是GE叶片与环形件的核心供货商之一，连续三年成为GEnx发动机最佳供货商之一。从明年开始公司制造基地将整体搬迁，产能将进一步提升，特别是将受益于我国航空制造业的快速发展。该公司的发展战略是成为世界级航空发动机及燃气机零部件供应商。

轴研科技（002046）：产业扩张空间巨大

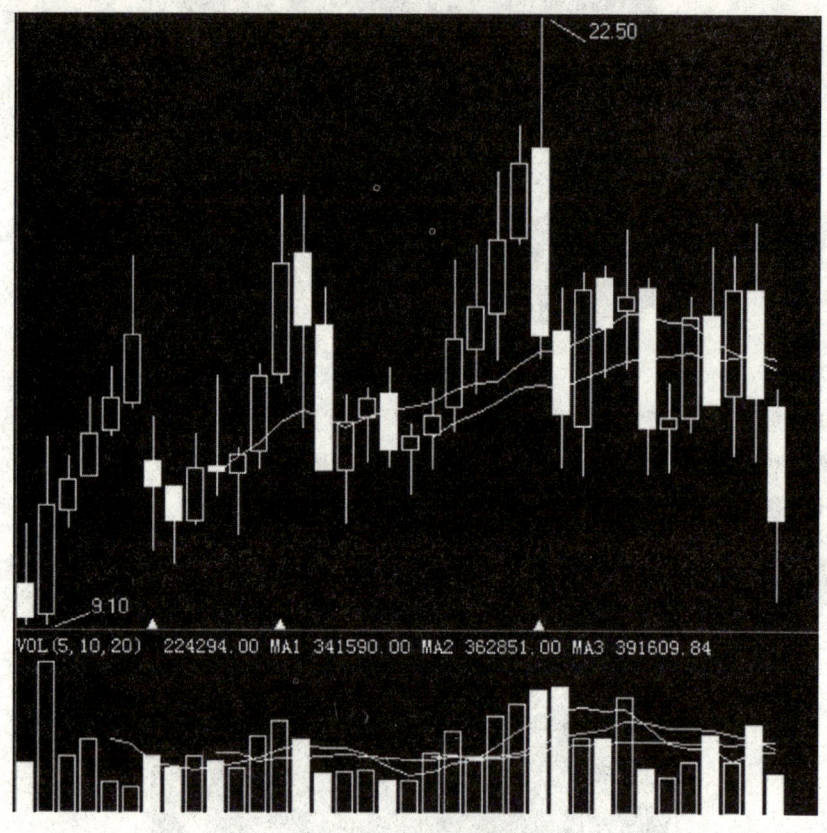

截图（月线全部至今）

洛阳轴承研究所将其主要营业性资产投入到上市公司。其特种轴承广泛应用于运载火箭、卫星、航天飞船、舰船及其他特种领域，上市公司在该领域居于国内市场垄断地位；精密机床主轴轴承列入国家火炬计划、国家级新产品，是机械行业"十五"纲要重点扶持与发展的高新技术产品。未来产业扩张空间巨大。

航天机电（600151）：拟增资新光硅业

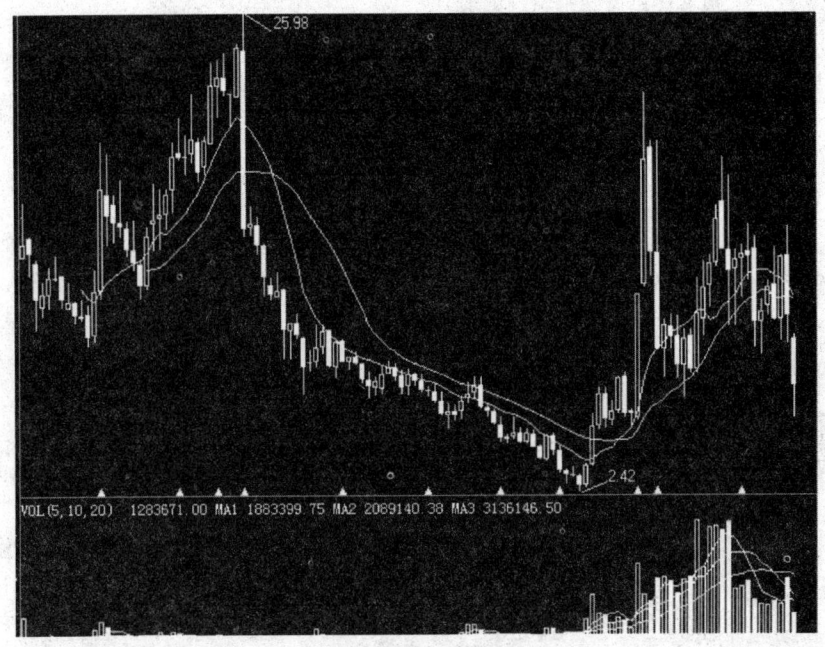

截图（月线全部至今）

公司拟增资扩股新光硅业。公司公告称就公司增资新光硅业一事与新光硅业主要股东川投集团正在洽谈中，川投集团口头上向航天科技集团公司表示欢迎公司的加入。公司将与新光硅业各股东展开合作方式、溢价标准等洽谈，并称具有较大不确定性。

公司2006年工作重心为锁定原材料。在原材料极为短缺的2006~2008年，公司在新能源太阳能光伏产业上的布局以从多种途径锁定原材料为主，包括积极介入新光硅业。在战略布局上，没有盲目扩大下游生产线建设，体现出集团公司以及公司管理层高度的大局观。虽然2006年由于策略重心安排的问题，在新能源业务上的盈利能力很难达到预期，但是这个产业是一个长达10年、20年的产业，对产业的布局才是决定企业未来命运的关键因素。一旦入主成功，公司在2008年将产生质的飞跃，将从一个完全的汽车零部件公司，蜕变成集新能源、新材料为主的高科技公司。

军工类上市公司一览

股票名称	股票代码	流通盘（万股）	产业方向
航天电器	002025	3 084	生产军用继电器、连接器
航天信息	600271	7 980	国家金税工程的增值税专用发票防伪税控系统及其配套设备与金卡工程和金盾工程相关的IC卡及计算机软、硬件产品的研制生产，以及计算机系统集成项目和服务等
航天科技	000901	6 720	主要从事运载火箭、人造卫星、载人飞船和多种类战略、战术导弹武器系统的研究、设计、试制、生产和试验
航天通信	600677	17 074	目前成为国内唯一经过国防科工委和军方批准的总装总体上市的武器系统军工企业
航天长峰	600855	11 798	主要生产导弹和雷达的数控、制导系统
航天机电	600151	14 144	卫星及卫星应用、运载火箭应用及其他民用航天相关产品的研制开发、生产等
航天动力	600343	6 500	是中国最大的固体火箭发动机研制、生产基地
哈飞股份	600038	14 820	航空产品及零部件的开发、设计研制、生产和销售
成发科技	600391	5 000	以开发研制、生产经营航空发动机、燃气轮机等航空高科技产品为主业
洪都航空	600316	10 800	基础教练机、通用飞机、其他航空产品及零部件的设计、研制、生产等
西飞国际	000768	28 370	大中型飞机零部件制造（包括军用飞机零部件和国际转包业务两部分）
贵航股份	600523	7 000	通用设备、专用设备制造和销售、生产销售橡胶、塑料制品
中航精机	002013	2 000	座椅精密调节装置、各类精冲制品、精密冲压模具的研究、设计、开发、制造和销售；救生系统工程技术的开发和应用
北方股份	600262	5 500	重型汽车行业
晋西车轴	600495	4 000	是中国及亚洲最大的铁路车轴生产基地之一
新华光	600184	3 000	主要从事晶体硅太阳能电池研制和生产，公司将积极进行太阳能电池面板玻璃的研制开发
中核科技	000777	6 720	主导产品为核电阀，广泛应用于各类核电站的基础建设中

续表

股票名称	股票代码	流通盘（万股）	产业方向
宝钛股份	600456	6 000	产品包括钛、钨、钽、铌金属的冶炼，钛应用于飞机、舰艇、宇宙飞船
中钨高新	000657	7 452	生产的钨材料主要用于飞机、导弹上
四创电子	600990	2 000	公司是国内仅有的几家具有批量化生产通信射频组件产品的公司之一，是无线通信设备及组件等产品的专业研制生产企业
宜科科技	002036	4 050	主要产品黑炭衬、粘合衬、军工衬系列产品的市场占有率分别达 40%、30%、25%

第2节　"新三农"孕育农业历史性机遇

一、我国是农业大国，国家对农业的重视程度如何？有哪些相关的利农政策？

农业发展前瞻：惠农强农菜篮子成重中之重

简介：改革开放三十年来，已诞生了九个与农业相关的中央一号文件，其中最近四年来就连续出台了四个。时值 2008 年中央一号文件出炉前夕，从 2007 年 12 月 22 日至 23 日召开的中央农村工作会议透露的信息来看，"三农"问题可能仍将是 2008 年一号文件的主题之一。

农业丰则基础强，农民富则国家盛，农村稳则社会安。为保障农业稳定发展，此次中央农村工作会议诞生的惠农强农政策，不仅在广度、深度上有所跨越，还强调了要"高度重视'菜篮子'产品生产，确保'菜篮子'产品生产稳定、价格稳定和市场稳定"。

加大农业投入广度深度

本次中央农村工作会议（下称"会议"）指出，要坚持并完善农业支持保护和补贴制度，特别要加大对保护和提高农业综合生产能力的补贴力度。

2007 年，中央财政用于"三农"的支出达到 4318 亿元，同比增长 22.8%。

而有关专家指出，2008年中央财政用于"三农"的资金还将再创新高。

会议指出，我国农业支持保护和补贴制度将继续完善，对农民的直接补贴力度和对粮食主产区的扶持力度都将加大。2007年农业基础建设的投入也将大幅度增加；耕地占用税的新增收入主要用于"三农"；各地预算安排的城市维护建设支出要确定部分资金用于乡村规划、基础设施建设和维护。

提高农业补贴不仅有利于解决"三农"问题，改善民生，也将成为政府控制和治理通胀的重要调节手段。

此前，财政部部长谢旭人指出，2008年将动用财政政策抑制通胀，对于生产成本中农资价格的过快增长，政府将加大补贴投资力度进行调控，形成农业增效、农民增收良性互动机制。专家据此分析，农业可能是今后抑制通胀政策最大的受益者。

"加大对动物防疫体系建设的投入力度"是此次会议的亮点之一。此前禽流感、猪蓝耳病等给我国养殖业带来极恶劣的影响。据国家发改委、财政部等五部委统计，禽流感使全国农户减收80亿元，企业减少销售收入200亿元，减少就业岗位上百万个；而猪蓝耳病更是2007年全国猪肉价格大幅上扬的重要原因之一。对此，会议提出要"切实加强动物疫病防控，全面强化农产品质量安全工作，着力改善农产品市场调控"。

力稳"菜篮子"价格

本次中央农村工作会议明确指出，要"高度重视'菜篮子'产品生产，确保'菜篮子'产品生产稳定、价格稳定和市场稳定"，为此"必须全力促进农业生产不停滞不滑坡，切实保障主要农产品基本供给不脱销不断档，努力实现主要农产品市场价格不大涨不大落"。

二、在具体的老百姓生活相关的养殖业、粮食价格方面2008年国家有什么政策措施？

在养殖业方面，除了防治动物疫病，国家还将拿出更多的资金扶持生猪等禽畜品种的养殖规模。

2007年12月20日下发的《国务院办公厅关于进一步扶持生猪生产稳定市场供应的通知》显示，2008年7月1日至2009年6月30日，在对养殖户（场）饲养的能繁母猪每头补贴50元的基础上，每头补贴将增加到100元；2008年中央财政将继续安排25亿元资金，扶持一批生猪标准化规模饲养场（小区）的基础设施，特别是粪污处理设施建设。

而在粮食价格方面，2007年以来，农业生产资料价格迅猛上涨，主要化肥品种价格高位运行，农用柴油价格上涨幅度超过10%，受农业生产资料价格快速上涨的成本拉动，虽然我国粮食生产已经连续第四年获得丰收，但2007年新粮上市后，价格不但不降，反而出现大幅上涨。2007年前三季度，我国城乡居民的食品消费价格比同期上涨了10.6%，其中粮食消费价格上涨了6.3%。

针对粮食价格上涨，国家近几年来持续加大对粮食主产区的扶持力度，增加了对生产资料的补贴。近日财政部和国家税务总局还联合取消了小麦、稻谷、大米、玉米、大豆等原粮及其制粉的出口退税，共涉及84个税则。此前，部分粮食或以粮食为原料的加工品的出口退税率为13%。财政部税政司副司长郑建新对此表示："国务院决定取消一部分原粮及其制粉的出口退税，这样可以通过税收杠杆的作用，引导国内粮食供求的平衡，同时也可以达到平抑物价的作用。"

三、国家通过何种手段促进"农业改革大发展"？

扶持农业产业化和特色农业

除了强调粮食生产，本次中央农村工作会议还指出，要"引导各类市场主体参与农业产业化经营，健全农村市场体系和培育农村流通主体"，并且"要充分挖掘农业内部增收潜力，拓展非农就业增收空间"。

此前，2007年的一号文件就已经指出，将"扶持农业产业化龙头企业发展"，并"大力发展特色农业"。2007年，中央财政安排农业综合开发产业化项目资金38.8亿元，扶持产业化经营项目1458个，建设经济林、花卉、药材等农业种植基地33.89万亩，发展水产养殖71.2万亩。

财政部国家农业综合开发办日前表示，2008年中央财政将继续加大农业产业化项目的投入力度，通过扶持具有明显竞争优势和辐射带动作用的产业化经营项目，促进优势农产品基地建设，发展区域主导产业，推进现代农业，促进农民增收。2008年中央财政扶持的农业产业化重点产业则包括：专用小麦、专用玉米、优质水稻、高油大豆、棉花、名优经济林、蔬菜、名优花卉、畜牧、淡水水产等。

大力发展特色农业，因为农业不仅具有食品保障功能，而且具有生态保护、观光休闲、文化传承等功能。而我国各农业区域由于自然资源迥异，比较优势突出，也能保障各自特色农业的壮大。

2007年一号文件指出，要因地制宜地发展特而专、新而奇、精而美的各种物质、非物质产品和产业，特别要重视发展园艺业、特种养殖业和乡村旅游业。通过规划引导、政策支持、示范带动等办法，支持"一村一品"发展。加快培育一批特色明显、类型多样、竞争力强的专业村、专业乡镇。

农业金融建设快马加鞭

2008年,服务农业的金融体系、期货市场也将发挥更大的辅助作用。

农村金融资源供给不足是长期困扰我国农业发展、农民增收的难题。温家宝同志曾指示,要推进农村金融组织创新,降低准入门槛,积极培育多种形式的小额信贷组织;同时,积极发展农业保险。

2007年的一号文件中提出,要加快制定农村金融整体改革方案,努力形成商业金融、合作金融、政策性金融和小额贷款组织互为补充、功能齐备的农村金融体系,探索建立多种形式的担保机制,引导金融机构增加对"三农"的信贷投放。

全国各地正在积极探索适合当地的创新型金融组织形式,如吉林就出现了可以向农民提供便利贷款的"农村资金互助社"。

从农业保险来看,2007年实现了历史的突破。商业保险更多地介入到政策性农业保险领域中,根据人保财险的数据,其2007年9月初实现的农险保费收入,是2006年全年农险保费收入的5倍多,并已经超过了2006年全国各保险公司农业保险的保费规模;其他多种形式的农业保险也在逐步探索中。

此外,涉农的期货市场也在蓬勃发展,农民从期货市场中获得的收益也越来越多。棕榈油期货10月29日在大连商品交易所上市,至此中国期货市场上市交易的涉农品种已达12个。而据大商所总经理刘兴强介绍,2008年早些时候还将争取上市我国第一个畜产品期货——生猪期货,这对平抑猪肉价格波动将起到举足轻重的作用。

四、农业的八大子行业细分:粮食、棉花、油料、糖料、畜牧、化肥、种子、乳业。重点把握机会品种。

粮食:中国现代农业发展稳步推进粮食连续四年增产

在中央支农政策的有力推动下,全国现代农业发展稳步推进,粮食连续4年增产,总产量超过1万亿斤,全年农民人均纯收入有望突破4 000元,实际增长7%左右,实现连续4年增幅超过6%。这是记者从今天召开的全国农业工作会议上获悉的。

2007年,农业部落实中央农业建设投资124.1亿元,比去年增长42.9%。优质粮食产业工程、种子工程、植保工程、退牧还草工程和渔政渔港等一批重大项目建设取得新进展,农业综合生产能力稳步提高。

——粮食超过10 000亿斤成为今年国民经济发展中的一大亮点。经济作物稳定增长，棉花产量首次突破700万吨，糖料、蔬菜、水果等再创历史新高。畜牧业生产克服成本上升、周期波动、疫病等影响，总体保持增长。全年肉类总产量8 130万吨，禽蛋3 030万吨，奶类3 650万吨，分别增长1.0%、2.9%、10.5%。生猪生产扭转去年下半年以来一度下滑的趋势，从9月份开始逐步得到恢复，生猪存栏、出栏和能繁母猪数量稳定增长。

——农产品质量安全水平稳步提高。《农产品质量安全法》全面实施，质量追溯、责任追究等配套制度不断完善，标准、检测、认证体系进一步健全。全国已创建220个标准化示范县（农场）。农产品质量安全例行监测制度普遍建立，全国大中城市的676个农产品批发市场全部纳入监测范围。

据了解，今年农民增收的特点，一是农产品价格恢复性上涨，农民出售农产品收入增加；二是农民外出务工人数继续增加，工资性收入明显增加；三是国家大幅度增加生产性补贴，农民得到的实惠增多。

重点公司推荐：北大荒（600598）

北大荒（600598）作为我国目前规模最大、现代化水平最高的商品粮生产基地，拥有耕地62.4万公顷，可垦荒地24万公顷。在公司主营收入中，土地承包费占据主营收入和主营业务利润中的较大比例。近几年来，其他业务也发展迅速，占主营利润的比例也逐年提高，但是承包费仍占有70%以上的比例，对公司收益起着举足轻重的作用。由于购销体系改革和不断出台的惠农政策的托市作用，粮食景气程度将持续上升并保持高位。粮食价格的上涨，农民无疑是最大的受益者，而农民收入增加将提升租地热情，土地承包费将因此提升，公司将在这个过程中受益。考虑到公司必须牺牲一部分收益用以支持国家的惠农政策，因此我们预计，公司承包费收入将保持每年5%的缓慢而稳定的上升态势。此项收入近乎为无成本收入，可以有效地提升净利润，为公司收益稳定增长提供保障。

米业公司成长迅速

自2003年北大荒控股北大荒米业有限公司98.55%的股权以来，米业的销售收入每年保持着20%～35%之间的增长率。由于东北地区每年稻谷产出为一季，公司收购大多集中在当年的11月至次年的2月，销售实行全年销售，米业公司的利润则来源于公司收购稻谷和销售大米的差价。米业加工行业技术门槛低，行业竞争激烈，盈利能力微薄，但由于大米需求的刚性特征，而且稻谷必须经过初加工才能进入市场销售，因此公司此项业务虽然盈利能力不高，却可以为公司带来稳定的收益。随着我国经济的逐步发展，大米必然进入品牌消费的时代，北大荒的东北大米在国家产业政策扶持的背景下，有潜力成为东北大米的品牌代表。随着品牌的不断巩固，大米价格提升空间加大，销售净利润率也将不断改善。

随着人民币的持续升值，包括土地、劳动力在内的生产要素价格面临系统性的重估，生物能源更是对粮食消费格局产生了深刻影响，粮食价格长期上涨预期明确，这使得北大荒具备了相对清晰的长期增长背景。北大荒作为长期看好粮价的战略性配置品种，值得长期关注。

从收入规模上看，北大荒未来的成长性唯有依赖米业公司盈利能力的显著提升，包括精制米产品的发展，以及副产品综合利用，才能解决北大荒成长速度欠缺的问题。前期发行的转债中有一半的项目投向米业公司，但对结果谨慎乐观。此外，作为典型的"大集团、小上市公司"格局，北大荒集团的整体上市令二级市场充满想象，目前的股价中也包含了对此事件的预期。而从另一方面来看，目前场内外市场的巨大价差使得大股东很自然具备了对整体上市的渴望。但大股东的资产质量不见得好于上市公司，因此整体上市仍属变数，无法纳入基本面分析框架。

其他辅业发展稳定

公司下属的浩良河化肥分公司从上世纪 70 年代初就开始以重油为原料生产尿素（氮肥），但由于重油价格持续攀升导致严重亏损。从 2003 年开始的"油改煤"化肥工程项目，将重油为原料改为以煤为原料生产尿素，2004 年下半年度该分公司开始扭亏增盈。新建甲醇项目现已投入试生产，预计 2007 年产量达到 8 万吨，2008 年产量达到 10 万吨，由于目前国内甲醇处于供不应求状态，价格较高，均价在 3 000 元/吨以上，将成为公司业绩主要增长点。公司控股 51.22% 的子公司哈尔滨龙垦麦芽有限公司采用垦区生产的专用啤酒大麦生产麦芽，麦芽产能达到 26 万吨，主要供应哈尔滨啤酒、华润啤酒、青岛啤酒等在黑龙江设厂生产的啤酒企业，销售比较稳定。另外，纸业公司节省了污水处理设备的购置和运行费用，公司周边都是水稻稻田，加工原料非常有保证。加上公司为黑龙江省主要文化纸生产企业，生产规模又不大，因此产品销售较为顺利，而且毛利率高于行业平均水平。总体上看，北大荒辅业投资规模不大，产品多为农垦系统内部消化，因此收益稳定，风险较小。

五、种业、糖业未来发展趋势以及未来潜力上市公司介绍

（一）种业：2008 年玉米种子毛利率将逐步恢复

我们认为，2008 年玉米种子毛利率将逐步回升，最主要的理由是经历了几

年严重的供过于求，大量制种企业由于存货难以销售而面临出局的厄运。2008年玉米种子供给将从19.2亿公斤下降到18亿公斤，尤其是新制种量从16.2亿公斤下降至10.5亿公斤，由于存货的竞争力普遍不足，行业供给的压力将大为减轻。我们预计，2008年玉米种子毛利率将显著回升，而没有明显库存积压的企业由于产品的竞争力，将显著受益。

敦煌登海背后是先锋，德农和敦煌登海之争本质上是中外种业之争

近两年玉米种子市场郑单958一家独大，占据20%~30%的市场，而万向德农旗下的北京德农最为行业领先者，拥有11%的市场份额。

而不容忽视的是外资力量的崛起，全球种业龙头杜邦先锋通过登海先锋和敦煌先锋已经开始参与国内玉米种子的竞争。登海先锋2004年开始销售活动，2006年已实现净利润3 200万元，同比增长9倍；敦煌先锋也将于2008年开始正式销售。先锋的策略完全不同于国内企业，在产品质量和成本投入上远高于国产种子，实现单粒播种和袋装销售后售价是国产种子的3倍，毛利率从国产的30%提高到68%。

目前出现的德农和敦煌登海之争本质上是中外种业之争，随着敦煌先锋和登海先锋的逐步成熟，这一中外之争将会愈演愈烈。

良种和营销推广体系是种子公司竞争力的关键，先锋的经营理念将极大冲击国内种业公司

我们认为，良种和营销推广体系是种子公司竞争力的关键，这一点德农和先锋都有能力做到。

目前，先锋对国内种业公司的冲击将在两方面有利于国内种子行业。

首先是市场容量的上升，"先玉335"的单粒播种、袋装销售使部分制种企业逐步放弃价格竞争，玉米种子市场容量由过去50亿~70亿元提升至100亿~200亿元。

其次是毛利率的提升，每公斤20元的售价使"先玉335"的毛利率达到68%，远高于之前的30%。在我们文中对德农和先锋盈利的测算中，登海先锋仅有北京德农销量的1/20，但盈利却达到了北京德农的1/3。

良　种

所谓"良种"的能力，是种业公司自身的研发能力和发现潜在良种的能力。因为我们通常所说的种业过剩是总量过剩，也是结构性过剩，品种间的差异非常大，好的品种比如郑单958、浚单20、先玉335等销售稳定，销售不理想的品种比如登海种业的登海系列。所以，"良种"的能力非常重要，这是判断种业公司竞争力的核心。

而"良种"又分为两点,即种业公司自身的研发能力和发现潜在优良品种的能力。

国内过去的研发基于各地农科院,各个农科院和种业公司都有一定的研发能力,同时又不具有绝对的研发能力,使得过去陆续产生登海系列、农大 108、郑单 958、浚单 20 等不同品种的交替领先。

对于国内种业公司,发现潜在优良品种和自身研发能力同样重要。因为任何企业不存在自身的绝对研发优势,就需要借助外力发展。"良种"的产生需要漫长的过程,一个试验田良种,需要经历企业在不同地区的推广试种,才能证明是优良品种。这个过程需要大量的投入和 3~4 年以上的时间,所以发现潜在良种是一个种业公司的重要竞争力。

我们在认为北京德农仍将是国内领先的种业公司时,碰到的最多的问题是德农不具有很强的自身研发优势。我们认为,在国内不具备绝对研发优势的企业背景下,德农的研发和发现良种能力已经构筑了在品种上的竞争力。而且,事实证明,公司在过去持续发现推广国内销量前两名的"郑单 958"和"浚单 20",行业地位变得强者更强。

销售推广能力

与"良种"同步的是销售推广能力,分为制种推广能力和销售推广能力。

所谓制种推广能力,既有前面说到的把地区性的种子推广开来,也包括制种时候的质量控制。以郑单 958 为例,四家授权单位是北京德农、金博士、秋乐和金娃娃,北京德农是四家中自有繁育基地最多的,同时也是制种质量控制最好的。相反,金娃娃几乎是四家中制种质量控制最差的,所以产品售价和销售能力也最低。

所谓销售推广能力,包括经销商控制和经销商返利。因为种子行业是一个经销商预付款和销售结算返利的行业,其伴随着企业规模扩大而对经销商控制的加强;同时,经销商价差和经销商返利给予销售渠道以足够的动力。

这点上,北京德农在国内的控制力上明显领先。目前先锋所冲击的是全新的销售理念和返利规模。

因此,我们认为,在现阶段北京德农和先锋(中国)将领先国内其他企业,分享国内种业市场。

德农和先锋代表两类方向,都值得推荐。

我们认为,先锋的经营生产理念将极大冲击国内的种业市场,比如单粒播种、以每亩需种量按颗粒出售、加大成本投入提高产品售价,这些都是之前国内厂商所不曾策划的。

同时,先锋对国内冲击所带来的最大的好处是可以使我们重新认识原本的种业市场容量。正因为售价的改变，使我们原本估计的 50 亿~70 亿元的玉米种子市场容量有可能上升到 100 亿~200 亿。而先锋完全可以利用一部分利润用于经销商的返利上，这一点将不同于四家授权的郑单 958 以价格竞争为主。

同时，单粒播种的理念 2008 年也将迅速传播开来，我们了解的包括北京德农的郑单 958 在内的不少品种也将采取每亩需种量袋装销售，玉米种子市场容量将因此迅速放大。

两类方向：总结我们所说的北京德农和先锋，代表了目前国内种业发展的两类方向。

北京德农是国内种业的代表，并且取得了一定的行业地位（10% 的玉米种子占有率），目前正逐渐走出玉米种子市场，向水稻种子以及复合肥销售方向发展。

以先锋为背景的登海种业和敦煌种业以先锋良种为依托，以截然不同的质量、成本和定价策略区别于国内企业具有更强的盈利性。

登海种业

登海 11 号仍是主要销售品种

从玉米种子的分品种销售情况看，登海 11 号仍是公司的当家花旦。但销售毛利率却非常低，只有 5.49%，与其他种子相比明显偏低。主要原因是种子转为商品粮处理造成的损失。2006/2007 年度全国玉米种子的制种面积达到 490 万亩，预计新产种子 12 亿公斤。本年度玉米种子的剩余量将达到 6 亿~8 亿公斤。供求形势相当严峻，所有的玉米种子企业 2007 年都得经受考验。2008 年会相对乐观！

先玉 335 成为新的亮点

登海种业（002041）2007 年上半年净利润同比下降 67.14%，实现每股收益 0.046 元。净利润同比减少 1 639.8 万元，主要是由于公司对库存种子中存放时间长、质量下降且竞争力弱的品种进行转换，合计 508 万公斤，影响净利润 1 300 万元。另外公司的主销品种在全国降价倾销的形势下，销售费用增加，导致盈利能力下降。主销品种中先玉 335 的销量、毛利率均为两位数增长，登海 9 号、11 号收入同比下降明显。先玉 335 是美国先锋公司选育的优良玉米杂交种，出苗快、整齐、苗期生长健壮，上半年实现收入 5 546.86 万元，同比增长 87.12%；毛利率 68.05%，同比增加 11.44%。

区域销售中北方区收入增长明显，南方区销售出现下滑。北方区实现销售收入 1.56 亿元，同比增长 40.98%，原因是暖冬气候导致播种的区域在面积和时间上得到延伸。南方区实现销售收入 2845 万元，同比下降 28.94%，是由于南方种业企业多，行业竞争激烈所致。

公司遇到的困难

公司遇到的最大挑战就是郑单958。目前全国有四家公司生产经营郑单958，与其占全国玉米种子25%的市场份额相比，登海种业市场份额不过7%左右。在它的冲击下，平均售价高出1元左右的登海种子销售量大幅度减少。

郑单958倾销风波

登海对郑单958市场销售模式的看法是：存在低价倾销嫌疑，迅速打破了原有市场竞争格局。其负责人说："郑单958的市场表现，是多家公司集中炒作的结果。"郑单958的营销模式是河南省农科院科研成果转化的一次新尝试。在这以前，农业科研机构的科研成果转化，一般是自己办公司或者与企业联合搞科研两种模式，但这两条路都没能走通。为了科研成果的有效转化，河南省农科院选择了第三条道路，公开招标拍卖玉米新品种的育种、销售许可经营权。包括华冠科技在内的四家大公司就是这样同时取得了郑单958的育种、销售经营权的。

郑单958的市场行为不能简单认定为价格倾销，如果有不正当竞争，那也是县一级的种子商贩们搞乱了市场，郑单958之所以能够以较低的价格行销市场，是因为育种成本有优势。

敦煌种业

根据中华人民共和国农业部二〇〇八年一月二十三日第979号公告："根据《中华人民共和国种子法》、《农业转基因生物安全管理条例》、《农作物种子生产经营许可证管理办法》和《关于设立外商投资农作物种子企业审批和登记管理的规定》等有关规定，我部批准发放河间市国欣农村技术服务总会等28个单位《农作物种子经营许可证》。"敦煌种业控股子公司敦煌种业先锋良种有限公司正式取得农业部核发的《农作物种子经营许可证》。

敦煌种业是我国最大的玉米种子生产企业，国内市场的占有率达10%。2006年，由于全国玉米种子生产面积过大，市场供大于求矛盾突出，销售市场疲软，价格低迷；但2007年，在农产品价格大涨契机下，玉米种子类公司面临极佳机会。银河证券研究员认为，涨价增加了上游行业的收入和利润。公司已通过ISO9001质量管理体系认证，拥有完善的种子质量保证体系，所生产的粮食、棉花、油料、瓜类、蔬菜、牧草、花卉等七大系列1 000多个品种的种子、棉花产品畅销国内20多个省（市）和美国、韩国、日本、德国等10多个国家。公司规模优势突出，旗下种子和棉花两大产业目前拥有五大专业基地。公司与美国先锋海外公司合资设立的公司已于2007年上半年奠基开工，预计当年就可生产5 000吨，并达到盈亏平衡。2009年产量将翻倍，达到10 000吨。敦煌种业2007年中报、三季报连续披露亏损，令投资者对公司发展前景产生动摇，希望了解亏损的原因和解决办法。亏损报告主要是季节性亏损原因造成的，而 2007 年全年的经营绩效还要等第四季度财务报表出来后才知道。典型的农业企业都是两头收入，即主要收入都实现在年初和年末。因此，每年的 6 月至 9 月，即第三季度，公司基本上只有成本，没有收入。

敦煌种业科技新亮点

敦煌种业先锋良种有限公司的生产线上，以玉米脱粒后的玉米芯做燃料的旋浮式硫化床锅炉，正在把"煮豆燃豆萁"演绎成循环经济新模式。由清华大学设计制造的国内首台旋浮式硫化床锅炉，改变了种业生产中传统的燃烧烘干方式，变燃煤为燃烧玉米芯，经循环硫化仓的三次恢复性燃烧工艺，未燃烧尽的玉米芯实现全燃烧，达到了循环经济效应。经过硫化床锅炉烘干，敦种－先锋玉米种子的含水率基本保持在 12%，提高了种子标准化生产，种子质量达到了单粒播种的需要，经过先锋良种国际有限公司授权，目前公司已经可生产先玉 335、先锋 32D22、先锋 33B75、先玉 420、先玉 428 等五个玉米杂交品种。

作为敦煌种业先锋良种有限公司的另一大投资方，杜邦先锋属美国杜邦国际集团的全资子公司，在世界五大洲近 70 个国家生产和销售玉米杂交种子，玉米杂交种子销售量占北美市场的 40%，占世界市场 20% 的份额，敦煌种业先锋良种有限公司是美国杜邦公司在中国建立的第二家种业合资公司。目前，敦煌种业先锋良种有限公司一期工程日处理玉米鲜果穗 380 吨，设计年加工玉米种子 7 000 吨。对于具体的收益，将体现在 2008 年的中报中。

投资 2 000 万美元的敦煌种业先锋良种有限公司在甘肃酒泉宣告成立。该公司的合资方包括国内最大的玉米种子生产企业敦煌种业（600354）和世界玉米种子巨头美国先锋公司，前者占新公司 51% 的股份，后者占 49% 股份。美国先锋公司是世界 500 强杜邦公司旗下的全资子公司，致力于玉米杂交种子为主的农作物种子研发、生产和营销，在世界玉米杂交种子市场的占有率达 20%，年销售收入 28 亿美元，是名副其实的行业冠军。敦煌种业是中国最大的玉米种子生产企业，国内市场占有率达 10%，年销售收入七八亿元。本次合作，敦煌种业看中的是先锋公司在技术、管理、服务方面所具备的世界一流水平。而美国先锋公司则看中敦煌种业管理团队、28 年的制种经验、生产能力及资源优势。敦煌种业的制种基地位于河西走廊西端，是全国制种条件最具优势的地区。河西走廊光照充足、气候干燥、昼夜温差大、自然隔离条件好，是优质的制种基地。

美国先锋为合资公司提供的"秘密武器"就是引进先锋的技术生产玉米良种。合资公司遵循美国先锋公司全球统一的质量标准，生产的种子具备国际水准：质量高、适应面广、成活率高、产量高、商品性好。国内一等玉米的克重指标要求达到 710g/升，而先锋公司玉米种子生产的玉米平均克重达到 760g/升。

种子仅性能优良还不够，还要有良好的地域适应性，先锋的12个玉米品种获得了国家、省区、市级审定，可以在市场上销售。例如"先玉335"品种，是市场上少之又少的春、夏玉米都通过国审的玉米品种，不但适应性好，所产玉米的克重更高达780g/升。此外，先锋种子在抗虫、抗病、抗疫（干旱、盐碱）等方面都有良好的表现，能够大大提高生产效率。"好货不便宜"，先锋种子的市场价格比国内种子高出三倍左右。

敏感的中国农民会买账吗？

这里不得不提到先锋种子的"杀手锏"——能够做到国内其他同行都做不到的单粒播种。目前国内种子需要"一穴三粒"播种，以提高成活概率，而先锋种子可以实现"一穴一粒"的单粒播种，并且满足芽率、芽势、纯度三方面的指标要求。因此，推广这种高品质良种还能节省大量农田，具有很高的社会价值。先锋公司的种子还能带来10%的增产，并且由于不断投入研发，每年推出的种子还有额外2%的增产能力。因此，合资公司引进的先锋种子对精打细算的中国农户还是很有吸引力的。这也是先锋公司能将玉米推广到世界近70个国家的原因所在，通过为农户增收实现自我的发展。合资公司拟于2007年开工建设具备国际先进水平的种子加工厂，引进美国全自动种子加工生产线4条，设计产能7 000吨，计划8月底建成并投产。据介绍，当年可生产5 000吨，并达到盈亏平衡。2009年产量将翻倍，达到10 000吨。一位投资者向董事长王大和问了个比较担心的问题，农户用了合资公司的种子，来年再用生长出来的玉米做种，不就不需要再购买公司的种子了吗？王大和不禁笑了笑，说："农作物杂交是一项突破性技术革命。如果用生长出来的玉米做种，来年产量会下降30%。因为用杂交种子再制种，没有了杂交基因的继续介入，就会丧失部分性能。所以，玉米杂交良种必须每年都买。"正因为如此，先锋公司每年不断投入研发，提升种子性能，以满足市场的需求。

（二）糖业：国际和国内食糖产业现状分析

1. 世界食糖产量处于长期稳定增长的趋势中。近两年，由于世界食糖产量增长较快，而消费增长比较稳定，世界糖市场出现了供大于求。

2. 巴西是世界第一大产糖国和食糖出口国，产量约占世界的25%。巴西作为世界上最大的用甘蔗生产原糖和燃料乙醇的国家，也成为了世界上原糖和燃料乙醇生产成本最低的国家，原糖生产成本约合6.5美分/磅，原糖价格为10~15美分/磅，燃料乙醇价格约合0.2美元/升，汽油价格为0.6~0.7美元/升。

3. 印度是世界第二大产糖国，食糖产量已连续两年快速增长，超过了全球糖产量的20%，虽然预计2007/2008榨季，印度的食糖产量会低于先前预期的

3 178万吨,甚至有可能从2006/2007制糖年的3 064万吨降至2 600万吨的水平,但国内过剩量依然很大,出口部分有望继续增长。

4. 欧盟27国的糖产量约占全球糖产量的14%,由于政策的变化,欧洲的食糖市场从先前的供大于求转向供求趋紧,由传统的净出口转向了净进口。

5. 美国的糖产量约占全球糖产量的5%。过去几年,美国燃料乙醇工业呈现出良好的发展势头,燃料乙醇的需求量剧增,美国玉米的种植面积在增加,占用了其他农作物的种植面积,如小麦、大豆、甘蔗,预计随着美国能源法案的实施,将进一步推动美国玉米种植面积的扩大,甘蔗和甜菜的种植面积将很难增长甚至会继续减少。

6. 我国食糖产销量仅次于巴西、印度,居世界第三位。2003年以来,我国食糖产销基本平衡。

7. 从长期趋势看,我国食糖产量呈现周期性的波动,2006/2007榨季刚好处于上升周期,且上升趋势会延伸到2007/2008榨季甚至2008/2009榨季,其中甘蔗糖所占比重也处于上升趋势中,而甜菜糖所占比重处于下降趋势中。

8. 未来我国食糖消费量的增长主要来源于:一是人均食糖量的增长,二是有效禁止糖精的使用,此外,玉米价格的大幅上涨,甘蔗糖对淀粉糖产生了较强的替代作用,进一步扩大了食糖的消费空间。

9. 甘蔗已成为一种重要的能源原料,原糖与乙醇形成了替代关系。市场方面已把食糖价格的走势与石油价格的走势紧密地联系在一起。

10. 产量的过剩使得全球食糖市场2008年仍将维持供大于求的格局,供给过剩将给国际糖价短期上涨形成压力,将主要呈现震荡调整局势,甚至还有下调的可能性。预计糖价将在2008年后走向供需关系趋紧的状态,届时,糖价将出现回升,并可能维持走高,因此国际远期糖价相对看多,有上涨的诱因。

11. 目前国内白糖市场依然供大于求,短期糖价持续上涨的可能性不大。但在国内糖价比较疲软,而国内粮食作物如大豆、小麦价格大幅上涨,玉米、水稻价格也有明显上涨的情况下,农民将根据种植效益,增加播种收益高的,减少收益低的,若甘蔗种植面积大幅减少,国内食糖的供求形势发生改变,那么2008/2009榨季之后的国内远期糖价将相对看多,同样具有上涨的诱因。

12. 1996年之后,我国食糖产量逐渐提高,食糖供应基本满足了市场需求,扭转了过去大量依赖进口的局面,2006~2007年,我国食糖产量进一步增长,自给程度也进一步提高,加上我国食糖进口的配额限制,尽管国内价格要大大高于国际市场价格,国际食糖市场价格波动对国内价格的影响将减小,但如果未来国内供求关系发生变化,对国际市场的依赖增强,那么国内糖价与国际糖价的联动性将增强。

我国糖料和食糖业的发展概况

我国食糖生产的基本原料是甘蔗和甜菜，甘蔗生长于热带和亚热带地区，甜菜生长于温带地区。作为重要的食糖生产国和消费国，糖料种植在我国农业经济中占有重要地位，其产量和产值仅次于粮食、油料、棉花，居第四位。我国食糖产销量仅次于巴西、印度，居世界第三位（如果把欧盟作为一个整体统计，我国食糖产量居世界第四位）。2003年以前，我国食糖产量在600万~800万吨之间，消费量基本维持在800万吨左右，食糖生产不能满足国内需求，大多数年份依靠食糖进口来弥补。2003年以来，我国食糖产量、消费量均超过1 000万吨，产销基本平衡。国际上大多数发达国家制糖是采用"原糖——精糖"二步法的制糖生产方法，即"田间糖厂（产出半成品的原糖）+ 精炼糖厂（产出精制糖）"生产方式，先是生产原糖，然后再回溶生产精炼糖的方法。大部分糖厂生产原糖，然后供给精炼糖厂进行精炼生产并作为饮食用糖供应市场，在国际贸易中也是以原糖为主。我国糖厂几乎全部采用一步法生产，即糖厂通过甘蔗榨汁、沸腾浓缩、中心分离、提炼等工艺一次性直接生产出日常消费的白糖，所以我国食糖市场流通和消费的基本都是白糖。与二步法相比，我国一步法生产的一级白砂糖只相当国际耕地白糖的标准，质量相对较差，基本没有出口市场。

生产概况

1. 我国糖料发展目标

根据我国农业部发布的有关文件，我国糖料种植的发展规划包括：一是以发展甘蔗良种为重点，大力提高甘蔗单产和含糖率，因地制宜地推广甘蔗机械化播种、收割技术，加快国有糖厂技术改造步伐，降低生产成本，推广多种形式的产业化经营模式，提高产业的整体效益；二是建设优势区域：重点建设桂中南、滇西南、粤西3个"双高"甘蔗优势产区；三是到2007年，3个"双高"甘蔗优势区平均亩产由目前的4吨提高到5吨；含糖率由13.3%提高到14.5%，达到甘蔗生产发达国家的平均水平。

2. 我国糖料生产的区域分布

我国甘蔗糖的主产区集中在南方的广西、云南、广东湛江等地，甜菜糖主产区主要集中在北方的新疆、黑龙江、内蒙等地。20世纪90年代以来，由于东南沿海地区产业结构升级和农业结构调整，我国甘蔗生产逐渐向西转移，区域布局得到优化。按照气候条件适宜、具有一定的生产规模、制糖产业布局合理等原则，我国选择桂中南、滇西南和粤西为全国甘蔗优势区，包括48个县（市）。目前最大的蔗糖基地广西种植面积已在1 000万亩以上，占全国总面积的45%以上。

3. 我国食糖的产量及分布

产量处于上升趋势中，有周期性波动。我国 18 个省区产糖，南方是甘蔗糖，北方为甜菜糖。甘蔗糖占全国食糖产量的 80% 以上，近三年达到 90% 以上，2003/2004 榨季，全国食糖总产量 1 002 万吨，甘蔗糖产量 944 万吨，占 94.1%，甜菜糖产量 59 万吨，占 5.9%；2004/2005 榨季全国食糖总产量 917.4 万吨，其中甘蔗糖产量 857.10 万吨，占 93.4%，甜菜糖产量 60.3 万吨，占 6.6%；2005/2006 榨季，全国食糖总产量 881.5 万吨，其中甘蔗糖产量 800.8 万吨，占 90%，甜菜糖产量 80.7 万吨，占 10%，比例有所增加。从长期趋势看，我国食糖产量呈现周期性的波动，2006/2007 榨季刚好处于上升周期，且上升趋势会延伸到 2007/2008 榨季甚至 2008/2009 榨季，其中甘蔗糖所占比重也处于上升趋势中，而甜菜糖所占比重处于下降趋势中。2006/2007 榨季，食糖产量为 1 199.4 万吨，预计 2007/2008 榨季，产量将达到 1 389.5 万吨。

糖业是广西的支柱产业之一。近年来，广西甘蔗种植面积超过 1 000 万亩，占广西耕地面积的 1/3。2004/2005 榨季，广西甘蔗种植面积 1 026 万亩，平均亩产 4.45 吨，全区 34 家制糖企业共 95 家糖厂开榨，共生产白糖 532 万吨；2005/2006 榨季，食糖产量达到 537 万吨，产糖量占全国总产量的 61%，比上榨季提高了 3 个百分点，表明广西糖业的龙头地位进一步巩固。广西制糖企业低成本竞争优势突出，生产成本比广东、云南低近 200 元/吨，比北方甜菜低近 350 元/吨。广西 15 家大型制糖企业集团拥有糖厂 67 家，其生产能力和产糖量分别占全区的 87.8% 和 88.91%，是广西和全国糖业界最具实力和影响力的大型企业集团。

云南全省有 11 个地、州、市产糖。年产糖 10 万吨以上的主要集中在滇西、滇西南、滇南的临沧、德宏、保山、思茅、版纳、红河、玉溪等 7 个地、州、市。这 7 个地、州、市的食糖产量占全省产糖总量的 96% 以上。

广东省的糖料及食糖生产集中于湛江地区，湛江地区的食糖总产量占全省的 80% 以上。

珠江三角洲目前是我国最大的炼糖基地，拥有东莞糖厂、顺德糖厂、江门甘化（广东甘化）等著名炼糖企业，制糖技术和产品质量在国内一直处于领先地位，食糖加工能力超过 80 万吨，年加工原糖 60 万吨左右。近 10 多年来通过进口、进料和来料加工开展炼糖业务，参与国际食糖贸易。

消费概况

1. 我国食糖总体消费情况

我国是世界第四大食糖消费国，过去我国食糖年消费约 800 万吨左右，约占世界食糖消费量的 6.2%。2003 年和 2004 年我国食糖消费量有较大的增长，分别达到 1 030 万吨和 1 140 万吨，人均年消费食糖量（包括各种加工食品用糖）约 8.4 公斤，远远低于全世界人均年消费食糖 23.65 公斤的水平，为世界人均年消费食糖量的三分之一，也低于同期台湾人均 23.9 公斤、香港人均 31.0 公斤的水平，属于世界食糖消费"低下水平"的行列，西方一些发达国家人均年消费食糖 35~40 公斤，高的达到 50~70 公斤。这主要是由我国的饮食习惯决定的，食糖在我国仅仅是调味品，而不是能量补充品，因此很难达到西方国家食糖消费的水平。

2. 我国食糖消费特点

季节性。食糖的消费旺季，如中国传统的春节、中秋节以及夏季冷饮的消费旺季等，淡季如每年的 5、6 月份。

食糖消费与区域经济发展水平和居民收入水平有一定的关系，但与居民的饮食习惯关系更加密切，例如经济发达的珠三角、长三角和京津地区是我国食糖消费的主销区。

工业消费占主要部分。2005 年我国食糖工业消费所占的比例为 79%，民用消费的比例为 21%。

受替代品的影响较大。如淀粉糖和糖精的生产和销售量会直接影响食糖的消费量及其发展空间。

消费具有刚性。食糖消费的价格弹性很小。

在欧美国家，食糖、淀粉、脂肪构成居民热量的三大来源，人均消费量大，可替代产品多，而我国则将食糖作为健康甜味剂应用，人均消费量较小。

3. 我国食糖消费构成

根据中国糖业协会统计，2004/2005 年工业消费占 79%，民用消费占 21%。工业消费包括食品工业、饮料、制药等，食糖是其重要的原料。我国食品工业、饮料业、饮食业等用糖行业的迅速发展，推动了我国食糖消费的稳步上升。

近年来，我国食品工业用糖平均每年增长幅度约在 17% 左右，其中主要是饮料和糖果、罐头、糕点等行业用糖。根据国家统计局对规模以上企业的统计，全国与食糖消费有关的主要食品和饮料产量连续 5 年呈现增长趋势。自从国家加强对化学合成甜味剂的监督管理以及推行食品质量市场准入制度以来，食糖销售已有较大幅度增长。

4. 我国食糖消费的前景

2001 年 12 月国务院公布的《中国食物与营养发展纲要（2001-2010）》明确了 2010 年中国食物与营养发展的总体目标：为保障合理的食糖摄入量，到

2010年达到城乡居民每年消费食糖10公斤、农村居民每年消费食糖8公斤的目标，即人均每年食糖摄入量为9公斤，按14.3亿人口计算，2007年食糖需求量为1 210万吨（不包括糖精），2010年我国的食糖年消费量可望达到1 400万吨以上。但近两年，我国食糖消费增长迅速，2006/2007年度，消费量已达到1 300万吨。此外，我国食糖消费水平低的另一主要原因是糖精超量超范围地滥用。据统计，我国糖精每年销量达到1万吨左右，按400～500倍的甜度当量计算，相当于400万～500万吨食糖，因此，如能有效禁止糖精的使用，则我国食糖生产还有较大的发展空间。此外，食糖价格的下降和玉米价格的上涨在一定程度上也促进了食糖消费，甘蔗糖对淀粉糖产生了明显的替代作用，进一步扩大了食糖的消费空间，2005年，我国淀粉糖产量有430万吨。

进口概况

根据中国加入世贸组织的承诺，中国对粮、油、糖、毛等大宗农产品进口实行关税配额管理。1999年发放160万吨进口食糖关税配额，5年内配额数量每年增加5%，到2006年，进口食糖关税配额增长到194.5万吨。在该项配额内，进口关税15%，配额外进口关税为50%。为稳定供应，我国与古巴签订有长期进口原糖协议，每年从古巴进口原糖40万吨，进口原糖大都直接转入国家储备。

过去我国食糖一直靠进口来弥补缺口，因而成为世界食糖进口大国。1994年进口食糖155万吨，1995年达到290.5万吨，1996年之后，随着我国食糖产量逐渐提高，食糖供应基本满足了市场需求。1999年底，南方主要产糖区受灾，糖产量有所下降，2000年主要用国储糖出库来补足供需缺口，净进口22.59万吨，2001年因自然灾害因素影响产量导致全年食糖缺口152.4万吨（占需求量的19.1%），净进口100.31万吨。2003年，我国食糖生产量和消费量双双突破1 000万吨大关，其中食糖生产1064万吨，消费1 000万吨，净进口67.19万吨。2004年产量到1 002万吨，消费1 140万吨，缺口140万吨，全年进口93.9万吨，净进口89.69万吨；2005年我国食糖进口89.42万吨，出口15.8万吨，净进口73.62万吨；2006年，我国食糖进口136.50万吨，出口15.4万吨，净进口121.09万吨。

2007年我国食糖进口量额均下降，进口额降幅远大于进口量降幅。2007年我国进口食糖119.3万吨，同比下降12.6%，出口11.05万吨，净进口108.3万吨，同比下降10.6%；2007年我国食糖进口额3.80亿美元，同比下降30.8%，净进口额3.31亿美元，同比下降32.1%；12月当月食糖进口量4.45万吨，同比下降72.9%，进口额0.16亿美元，同比下降72.4%。

进口量在关税配额之内，且占比下降。2007年食糖进口配额仍为194.5万吨，年进口食糖占进口关税配额的61.3%，同比减少8.9个百分点，从古巴进口的食糖最多，占全国进口量的31.8%。

1. 国际、国内食糖价格和供求形势分析

受印度、中国大幅减产的影响，2005年国际糖价大幅上涨，2006年食糖产量恢复，糖价开始大幅回落，2007年产量继续增长，糖价在低位震荡，国际糖价参考美国NYBOT白糖期货，从年初265美元/吨，到年末的290美元/吨。进入2008年，原糖期货价格有所上升，2月初稳定在320美元/吨左右；国内糖价同样经历了2005年的大幅上涨，2006年糖价回落，2007年以震荡为主，2008年初回升，参考郑州白糖期货，从2007年初3650元/吨，最高时突破4200元/吨，年末回落到3800元/吨左右，2007年以震荡为主，2008年2月，回升到4000元/吨。

影响后期国际糖价的主要因素是巴西和印度。巴西是传统第一大食糖生产国和出口国，也是全球第二大酒精生产国和第一大酒精出口国，对全球食糖和酒精市场影响巨大。国际原油的上涨——期货价格突破每桶100美元大关——会进一步拉动农产品价格的上涨。另外，巴西主要是用甘蔗生产燃料乙醇，油价的上涨和食糖生产成本的提高，令巴西将生产重心转移到了乙醇上，食糖库存趋于下降，长期来看对国际糖价是一个利好因素。

近几年，印度食糖产量持续大幅增长，美国农业部预计2007/2008榨季印度产量可能首次超过巴西，成为全球第一大食糖生产国。印度的大幅增产在很大程度上造成了国际糖价的走软，印度也将加大乙醇的生产。另外值得注意的是，根据最新报道，由于2006年国际糖价偏低，在此背景下，印度农民疏于田间管理，并减少生产投入，进而导致甘蔗单产下降，加上因甘蔗收购价偏低和拖欠款问题得不到解决，糖厂推迟开榨等原因，本制糖年印度的食糖产量可能达不到先前预期的3178万吨，而且还有可能从2006/2007制糖年的3064万吨降至2600万吨的水平，但国内过剩量依然很大，出口部分有望继续增长。自2007年10月份开榨以来，2007/2008榨季印度食糖出口已经超过160万吨，预计到9月份榨季结束之前还能出口140万吨，达到300万吨，比2006/2007榨季的180万吨大幅上升。国际糖价每次上涨都将为印度创造一次扩大出口食糖的有利机会，目前印度产糖的出口价比巴西和泰国更具竞争力，但近期印度国内糖价上涨，糖厂倾向于内销，同时印度政府对食糖出口提供运费补贴受到WTO调查等因素有可能对出口造成负面影响。

由于印度国内粮食供应短缺，政府把小麦的最低收购价格从850卢比/100公斤调高至1000卢比/100公斤，不少蔗农因此放弃种植甘蔗，转种粮食作物，基于此，不少国际组织认为2008/2009制糖年印度的食糖产量还有可能再下降

20%~25%，降到 2 200 万~2 300 万吨的水平。

甘蔗已成为一种重要的能源原料，原糖与乙醇形成了替代关系。在 2006/2007 年度，巴西甘蔗用于生产食糖和乙醇的比例大约为 50:50。近几年，随着石油价格的大幅上涨，生产乙醇的比例逐渐增加。市场方面已把食糖价格的走势与石油价格的走势紧密地联系在一起，石油价格的涨跌不仅影响全球经济状况，影响国际运费，还会影响酒精产量，进而影响全球食糖的价格和产量。

总体来看，2007/2008 年度世界食糖市场供大于求的压力一时难以突破，将主要呈现震荡调整局势，甚至还有下调的可能性，但原油价格的进一步上涨，其他农产品价格上涨的比价效益和消费的增加将对国际糖价构成一定支撑。预计糖价也将在 2008 年后走向供需关系趋紧的状态，届时，糖价将出现回升，并可能维持走高，因此糖的远期价格相对看多，有上涨的诱因。

国内食糖市场供求分析：近几年，我国白糖产量一直在持续增加，根据数据，2006/2007 年度，白糖产量为 1286 万吨，增长 36.09%，预计 2007/2008 年度，产量为 1 385 万吨，增长 7.74%，进口方面，我国食糖进口实现配额管理，2008 年将维持 194.5 万吨，配额外进口食糖征收 50% 的进口关税，对国内供求的影响不大。近几年，由于玉米价格的上涨，甘蔗糖形成了对玉米淀粉糖很强的替代作用，国内甘蔗糖的消费增长较快，加上国内的收储政策、产区天气等因素皆对国内糖价构成了支撑，不可能出现像 2006~2007 年国际糖价的大幅回落情形，市场将以震荡调整为主，如果市场供求关系发生逆转，也有可能会出现回升。

决定我国食糖生产成本的主要因素包括：糖料收购价格、糖加工成本、各种费用（如财务费用、仓储费、销售费用等）、各种税（增值税、环保税等）。2006/2007 榨季广西甘蔗维持在 260 元/吨左右，广东甘蔗在 300 元/吨左右，按照 8 吨甘蔗生产 1 吨白糖测算，2006/2007 榨季大集团白糖生产成本维持在 3 300 元/吨左右，小企业在 3 400 元/吨左右。

2007/2008 榨季甘蔗收购价在 260 元/吨附近，白糖生产成本依然会维持在 3 300 元/吨以上。

这在一定程度上成为糖价波动的底部支撑，因为当糖价低于生产成本时，不光会引起糖厂亏损，更会波及众多的蔗农，糖厂会联合起来暂停销售或引发国家启动收储机制，从而保护整个食糖产业。

根据最新的中国糖业协会公布的数据，截至 2008 年 1 月末，我国 2007/2008 榨季已累计产糖 684.49 万吨，与上一榨季同期相比增长 14%，上一榨季产糖量为 600.85 万吨。其中，甘蔗糖产量达 579.9 万吨，上榨季同期产量为 489.75 万吨；甜菜糖产量达 104.59 万吨，上榨季同期产量为 111.1 万吨。而截至 2008 年

1月末，本榨季全国累计销售食糖336.33万吨，累计销糖率为49.14%，这一数字远低于上榨季同期的63.63%。其中，销售甘蔗糖288.54万吨，销糖率为49.76%，低于上榨季同期的63.49%；销售甜菜糖47.79万吨，销糖率45.69%，低于上榨季同期的64.26%。以上数据显示，目前国内白糖市场并不乐观，依然供大于求，短期糖价持续上涨的可能性不大。

2007/2008榨季，广西甘蔗生长受天气影响很大。2007年广西遭遇了1951年以来的第四次大旱，昼夜温差很小，导致甘蔗株矮节短茎细，剖开有空心，糖分含量降低。同时，遭遇了从1999年至今6年未遇的大面积严重霜冻，有些地方7月就已有霜冻，甘蔗生长点有很多坏死，而且7月又是甘蔗生长最快的月份，使得广西产蔗损失较大。从2008年1月下旬开始，广西主要蔗区遭遇了历史上罕见的长时间大范围低温冰冻灾害，使得部分蔗区的甘蔗均不同程度地出现了叶面结冰、蔗茎倒伏的现象，给甘蔗的生长和榨季生产造成了严重的影响。另外，长时间低温冰冻天气造成了原料蔗运输困难，甘蔗入厂进度缓慢；农民砍收的劳动强度增加，甘蔗生产成本提高；同时还使得甘蔗的糖分损失，并影响新春甘蔗的种植，受灾的新植甘蔗萌芽慢，生长停滞；冰冻天气还易造成宿根甘蔗蔗头和新植蔗种感染病菌，造成蔗兜烂种，一些已经砍收后的甘蔗因管理不及时，有些蔗兜已经变黑，生长点坏死。

据官方公布的数据，截至2008年1月，广西十大产糖地市甘蔗受灾面积为283.26万亩，初步预计影响蔗糖产量10万吨左右，最新的更具体的减产数据尚难以评估，这在一定程度上对白糖价格形成利好，特别是在人心思涨情形之下，利好总能发挥最大的效应。但从最新的现货产销形势看，库容压力并未真正解决，不排除一波强势上拉之后的价格回落，因此需要保持谨慎心理。

春节过后，白糖期货和现货市场出现一波较大的上涨行情，其中远期合约涨幅较大。甘蔗的生长周期大多是三年，近两年，我国甘蔗产量的持续增长主要源于2005/2006榨季甘蔗种植面积的增加，因此，根据甘蔗生长的周期性，我国甘蔗产量的增长会持续到2008/2009榨季，而这一榨季的结束也是新的甘蔗生长周期的开始，种植面积的变化将成为决定未来糖价走势的关键因素。在目前国内糖价比较疲软，而国内粮食作物如大豆、小麦价格大幅上涨，玉米、水稻价格也有明显上涨的情况下，农民将根据种植效益，增加播种收益高的，减少收益低的，若预计2009年甘蔗种植面积大幅减少，国内食糖的供求形势发生改变，那么2008/2009榨季之后的国内远期糖价能够相对看多，有上涨的诱因。

从国内市场与国际市场的关系看，1996年之后，我国食糖产量逐渐提高，食糖供应基本满足了市场需求，扭转了过去大量依赖进口的局面，2006~2007年，我国食糖产量进一步增长，自给程度也进一步提高，加上我国食糖进口的配额限制，尽管国内价格要大大高于国际市场价格，国际食糖市场价格波动对国内价格的影响也不大。但如果未来国内食糖供求关系发生变化，对国际市场的依赖增强，那么国内糖价与国际糖价的联动性将增强。而2008年国际期货大宗糖业交易价格将呈不断上涨趋势，因此可重点关注：贵糖股份、南宁糖业。

贵糖股份：新能源受政策扶持

近期国内食品市场掀起了轮番涨价浪潮，而糖除了具有消费概念和涨价题材外，我国用甘蔗生产燃料酒精，也为市场带来了想象空间，因为国际石油价格近期出现了井喷，同时国家发改委不久前出台了可再生能源中长期发展规划，规划提出，可再生能源消费量占整体能源消费量要从目前的8%提高到2020年的15%，为达到这一目标，预计未来总投资额将达2万亿元，重点发展包括水电、生物质能、风电、太阳能等可再生能源产业的发展。正是在此预期下，近日包括天威保变等太阳能概念股表现较为突出，故以燃料乙醇为代表的生物质能概念股也应引起关注。

循环经济新增长点显现

贵糖股份（000833）是我国最大的制糖综合生产企业之一，其白砂糖的质量连续多年被评为行业第一；文化、生活用纸质量也得到了市场的认可。公司被国家发展和改革委员会等六部委列入全国首批循环经济试点企业；公司的碳化制糖技术、蔗渣造纸技术、白水回收、烟气脱硫除尘等技术均处于国内同行业领先水平。值得关注的是，其采用先进的技术用蔗糖生产的副产品以及蔗糖的深加工提取酒精，酒精具有环保节能等特征，随着乙醇汽油替代普通汽油，酒精需求量将大幅增长，这对公司可持续发展能提供有力的保证，也是其新增利润点所在。

南宁糖业

冻雨对公司2007/2008榨季的影响不大，糖分仅下降一个百分点。但估计公司蔗区有近25万亩甘蔗地需要重种，预计需要蔗种30万吨，因此，2007/2008榨季入榨量将减少到458万吨，2008年产糖量将减少3.9万吨。受冻雨的影响，公司武鸣的香山、东江糖厂蔗区将有不少蔗农换种木薯（武鸣是广西壮族自治区木薯主产地），伶俐糖厂蔗区也将有部分蔗农换种木薯。预计2008/2009榨季南宁糖厂蔗区种植面积将同比缩减6.7%至98万亩，低于全区12.5%的降幅预期。由于新植蔗的产量要低于头年宿根蔗的产量，所以，2008/2009榨季公司蔗区的亩产量也将受到影响。桂中、南地区受灾情况要好于桂北地区，而且公司的甘蔗第一大产地明阳糖厂蔗区几乎没受灾，所以，公司2007/2008、2008/2009两个榨季受本次冻雨的影响要低于全区水平，并将因此受益。但公司2008年的业绩增幅无法与2005/2006榨季或2006年的情景相提并论，这是因为当初全国甘蔗种植面积同比下滑了 6.6%，而公司的种植面积却上涨了 8%。此外，当初公司不存在大量甘蔗留种及大规模甘蔗重种的情形。

本次雪灾很可能会使糖价提前进入上涨周期，根据甘蔗三年生的生长特性以及国内糖价以往变化趋势来看，这轮糖价上涨趋势将至少延续到 2008/2009 榨季结束，因此，公司 2008、2009 年的业绩都将出现大幅增长。预计 2008、2009 年公司每股收益将分别达到 0.84 元、1.12 元，同比增长 50%、32.7%。

酿酒食品概念、新材料概念、中盘概念、券商重仓概念、QFII 持股概念、定向增发概念。

（1）定向增发：公司拟非公开发行不超过 3 000 万股股票，募集资金将投资 20 173.50 万元用于东江糖厂日榨甘蔗 6 000 吨技改工程，项目达产后预计年新增销售收入约 19 068 万元，利润总额 4 108 万元；投资 3 072.10 万元用于甘蔗高糖高产糖田示范基地建设项目，项目达产后预计年新增销售收入 1 083.90 万~1 355.30 万元，利润总额 677.90 万~949.3 万元；投资 2 944.14 万元用于年产 1 万吨生活用纸工程，项目达产后预计年新增销售收入 6 076 万元，利润总额 652 万元。

（2）产糖大国：目前我国已成为继巴西、印度之后的世界第三大产糖国，公司力争达到 60 万吨糖产量的"十一五"规划目标。我国已有 3 000 多年的甘蔗生产记录，公司所属甘蔗行业是国家支持发展的产业，同时也是广西和南宁的支柱产业。2006 年公司甘蔗种植面积 90.35 万亩，比上年增加 6.62 万亩。

（3）外资合作及新材料：拟与丹麦公司、香港公司合资成立新公司，生产 SAP 复合纤维超级吸水材料。亚洲只有 3 家企业生产该种材料，市场前景看好。

（4）合作企业：公司主要销售商包括可口可乐、百事可乐、健力宝、娃哈哈等著名企业。公司制糖造纸厂被世界名饮料企业"百事可乐"公司认定为中国区域条件认可供应商。

（5）完善产业链：公司继续完善"甘蔗—糖—浆—纸"产业链，公司的生产能力已达到日榨甘蔗 2.6 万吨，年产蔗渣浆 11 万吨，机制纸 5 万吨（母公司），酒精 3 万吨。

六、化肥行业未来的趋势及 2008 年价格趋势预测

化肥行业：2007 年国内化肥行情分析

2007 年国内化肥市场供需大体平衡，价格总体保持平稳，但局部时段价格上涨明显，其中尿素行情高位稳定，复合肥紧俏上涨，钾肥随进口价补涨。业内

人士预计2008年化肥价格仍将高位运行并呈稳中略升的走势。

2007年国内化肥价格行情分析

1. 零售价格：国产主要化肥品种零售价格除尿素略降外，均呈小幅上涨走势。其中仅尿素零售价比上年下降0.6%，碳铵、磷铵、过磷酸钙、氯化钾平均零售价分别比上年上涨2.0%、2.9%、2.3%和2.3%。

2. 出厂价格：尿素、碳铵、磷铵、过磷酸钙平均出厂价分别比上年上涨0.1%、3.7%、3.3%和2.2%,；亦呈小幅上涨走势。

3. 月环比价格：尿素价格季节性上涨明显，1~2月小幅上涨，3~5月季节性上涨，6~8月略有回落，9~10月止跌转涨，11~12月涨幅明显并达全年最高点；复合肥价格因货俏急剧走高，钾肥价格受进口影响上涨，总体走势与尿素基本一致。

4. 进口价格：进口化肥中，除过磷酸钙略降外，其他品种化肥价格均呈小幅上涨走势。

2008年国内化肥价格走势预测

2008年国内化肥价格走势总体上仍将高位运行，并呈稳中略升的趋势，具体分析则因化肥有季节性需求的规律，使全年化肥价格将呈现高峰期上涨与淡季小幅下降的波动。业内人士预计在春耕春播期间尿素价格有可能再创新高，每吨将超过1900元；而进口复合肥在目前每吨3300元的高位上还可能再上涨500元左右；钾肥主要靠进口，其价格至少将每吨上涨300元，达到3500元/吨的高位价。

从目前化肥市场行情走势分析，今年影响国内化肥价格稳中趋涨的主要因素是：

1. 化肥生产与运输成本的增加

2007年全国化肥用煤出厂价格较上年上涨10.8%，全国工业用天然气、工业用电价格也分别较上年上涨10.0%与3.17%。2008年化肥生产用的煤、气、电及其他原材料价格仍面临着继续上涨的压力，化肥生产成本将可能继续增加；2007年11月起全国成品油价格上调，铁路货运价格亦上调且运力偏紧，这将促使化肥运输成本增加。

2. 国际市场化肥价格仍呈涨势

2008年受国际市场石油、天然气价格高位运行的影响，国际市场化肥生产面临原料成本增加的压力；同时受原材料需求的旺盛以及油、气价格上涨的影响,国际海运费用亦将上涨,将增加进口化肥生产运输成本;再加上某些国家对出口化肥的限制政策,必将影响国内外市场化肥的供应与价格。

3. 多种因素有利于改善国内化肥市场的供应

其一,2007年以来国内化肥产量增长较快,年末比上年同期增长13.1%。但全国化肥需求量增幅减缓,据测算,2007年、2008年化肥需求总量分别比上年只增长4.5%、3%左右,这在一定程度上缓解了国内化肥市场的供应。

其二,近期国家出台了一些控制化肥大量出口,保证国内化肥市场供应的政策,如继续实行化肥进口关税配额制度,对部分化肥及制肥原料出口关税税率进行调整等,这都将有利于增加国内市场化肥供应,抑制化肥价格过快上涨。

该行业可重点长期跟踪:云天化(600096)、泸天化(000912)、冠农股份(600251)

后 记

"磨刀不误砍柴工。"这是一个人人皆知的道理。但有多少人能做到在砍柴前花费一定的时间和精力先去磨刀呢?

进入股市多年,坎坎坷坷、跌跌撞撞,有教训,也有收获;有痛苦,也有喜悦。对"磨刀不误砍柴工"这句浅显易懂的道理有了深刻的理解和切身的体会。当我看到众多股民朋友举着锈迹斑斑的大刀冲进股市直奔主题——赚钱——的时候,我真为他们着急和担心。

其实我在各种媒体和培训班讲课的时候,曾多次苦口婆心地告诉大家,当你准备投资的时候,就应该有学习投资理论和投资技巧的心理准备和行动。不要怕学不会,因为只要你有学习的意识并认真去学,就能学会;不要怕起步晚,因为只要从现在开始学习,就不算晚;不要怕麻烦,因为你把血汗钱拱手奉献给股市的时候,你会更有解决不了的大麻烦。当你真正拥有了锋利的砍柴刀的时候,你一定会信心十足,挥刀自如,也就迎来了收获的季节。到那时,你一定对自己学习的付出感到非常值得和庆幸。

作为一个证券行业的工作者,有义务、有责任帮助广大的投资朋友。我用自己的知识和经验编写了这本书,如果这本书对大家有所帮助的话,就权当是一块磨刀石吧,让大家磨出一把把锋利的投资大刀,去收获你的喜悦和成功!